周勵　趙雨
藤田梨那　可越　著

回望故土

——尋找與解讀司馬桑敦

目錄

前言

王光逖先生（筆名司馬桑敦，一九一八年—一九八一年），去世距今已二十七年了。出生在中國東北地區的王先生，身經抗日戰爭和國共內戰，輾轉中原，南渡台灣；東西冷戰時期又東渡日本，作為台灣《聯合報》特派記者在日本僑居二十三年；晚年移居美國，致力於創辦中文報刊，但終大志未果，客死彼地。享年六十三歲。

上一個世紀的動盪風雲使多少中國人，尤其是知識分子背井離鄉，四處流落。王光逖先生的一生歷盡滄桑，充滿艱辛。然而，作為一個知識分子，他與其忍聲吞氣，毋寧用了他的筆記錄了這段漫長而艱苦的歷史。

王光逖先生的寫作涉及到報導、評傳、傳記、小說、遊記、國際關係研究等方面。他的作品中有背井離鄉、別婦拋雛的悲哀；有對戰爭的反思、自省；有對「人」的追求；有對異文化的理解；有對自由民主的嚮往；有對獨裁政治的批判。這些作品凝結著王光逖先生畢生的血淚。

正因為這樣的人生經歷，這樣的搏力書寫，在文化交流全球化的今天，他的寫作被新的一代知識分子所注目。他為我們提示著思考歷史，思考文化交流，思考理想的政治理念的重要體驗和線索。

近年來，中國大陸、日本、台灣、美國的學者已開始關注王光逖先生所作的工作，著手於這方面的研究。本書中所收集的論文及史料是這項研究的一部分成果。

從黑暗的海底打撈出沉浸經久的寶船，揭開照耀今天的珠光，為讀者提供思考人生和歷史的有益的啟示，並以此紀念王光逖——司馬桑敦先生，這就是我們出版本書的目的和願望。

藤田梨那

二〇〇八年八月十二日寫於東京

第一章　司馬桑敦的人生與故鄉

火一樣的青春

——記我的父親王光逖（司馬桑敦）在東北淪陷後的抗日活動

周勵

一九八一年七月十三日，我的父親王光逖（司馬桑敦）在美國洛杉磯逝世，安葬在芳草如茵的玫瑰園。有八十多位朋友（有些人遠道而來）為他舉行了隆重的葬禮。

我是一九八一年九月五日，接到我的姑姑從洛杉磯發來的信，才知道這個不幸消息的。當時，我正翹首企盼與我隔斷了三十三年聯繫的父親的回信。我還從堂兄那裡得知，父親得知找到了我們，非常興奮，想馬上回國，看看故鄉，「看看我的私人計畫能有多少配合上國內的四個現代化」。他正和朋友積極籌辦一份報紙，想以此為陣地，自由地發表言論，溝通海峽兩岸的心聲，他任總主筆，兼管兩個文藝副刊。然而，「壯志未酬」，正當他和他朋友合夥辦的報紙開張的前夕，正當接到的我的第一封信還未來得及回信時，他竟遽爾逝去。這對他，對我們，是怎樣的悲哀啊！

我的父親一九四八年離開長春，去台灣，一九五四年派往日本，任台灣《聯合報》駐日特派員。一九七七年從《聯合報》退休，到美國定居。

父親離開我時，我還很小，但我長大後，不斷聽到家裡親人、父親朋友講起父親在哈爾濱辦報，參加讀書會，到關內打游擊，以至於作為抗日思想犯被抓進監牢的故事。我從父親的故事中，悟出了他的一種精神品格：始終心繫祖國命運，總有強烈的責任意識，一直風風火火，不斷追求進取。在我追思默念他的過程中，他的這種精神品格，化為血液，滋養著我的生命，化為一種力量，激勵我的人生。

在紀念抗日戰爭勝利五十周年的日子裡，我向同事、朋友們講起我的父親在東北淪陷後的抗日活動。現在，我把父親的這些活動經歷記錄下來，作為對為民族的解放、為抗戰的勝利曾獻出了青春和熱血的我的父親的悼念。

我的父親王光逖一九一八年出生於遼寧省金州古城一個商人家庭，兄弟四個，他排行老四。他天生聰敏，喜歡讀書，讀歷史，看小說，對被奴役的地位，很小就感到壓抑。「九・一八」事變時，他十三歲，念高小，開始關心周圍環境，關心國家大事，到圖書館天天看報成了他的習慣。他意識到國家的衰弱與自己的體弱，於是從師習武，練就一套螳螂拳，並常在地面挖坑，腿綁沙袋，由坑向外跳，練習腿勁，以備將來為國效力。

一九三二年春天，十四歲的父親從高小畢業，隻身北上，投奔了嫩江地區的東北抗日義勇軍。當時他的二哥在那裡當連長，他編在「抗日救國教導隊」，成了一名少年兵。大人的軍服、大人軍帽穿戴在他瘦小的身上，顯得格外少年老成。比他僅小五歲的我的堂兄，曾見過他當年這種逗人的形象，但他卻一本正經地向堂兄講了一個大軍帽救他的故事。在一次戰鬥中，敵人一槍擊中父親的帽沿。哧溜！帽子轉了半圈，嚇得他趕忙趴下。帽沿在他的後腦勺上半天不動。他當連長的二哥從遠處看到了，著急地喊：

「老四！老四！你怎麼啦？」

父親聽到喊聲，抬頭把帽子戴正，衝他的哥哥一笑。他的哥哥這才放心地罵了一句。

以後這支抗日義勇軍解散，父親又去上學，進了瀋陽共榮專科學校。但在義勇軍的這段經歷，卻給他留下了難忘的印象。爬冰臥雪、槍林彈雨，打仗的艱苦與緊張，構築了他後來在台灣寫的小說《崖》的氛圍。

一九三八年春天，二十歲的父親在哈爾濱街頭流浪。他曾在小綏芬河任一年多郵政局長，因新結識的朋友，一位中學校長被懷疑為「反滿抗日」分子而被捕，他處境危險，便放棄了郵政局的工作，來到了哈爾濱。沒有工作，沒有親人，他流浪街頭找工作。他困在旅館，餓得發昏。這很像蕭紅、蕭軍在《跋涉》裡寫的遭遇。他早就看過以三郎、悄吟名字出版的《跋涉》，此時正是《跋涉》這本書給了他精神上的慰藉與力量。幸而遇到了同鄉的鄭大哥。鄭在《大北新報》有認識人，就把父親介紹到《大北新報》作記者兼國通社的日文翻譯。我父親是個外向性格的人，他的才氣、膽識以及不屈服的精神，都會在與人初識時顯露出來。鄭大哥夫婦兩人也不是尋常人。丈夫口才很好，說話很有內涵；妻子也精明強幹。他們慷慨地將自己套間住房的外間給父親住。這所住房就是「潔淨街五十六號」，後來成了馬列主義讀書會的一個學習地點。不久，這對夫婦雙雙離開了哈爾濱，到一面坡去工作。究竟去做什麼工作，不便細問。但他們一去就沒有再回來，猜測他們是去一面坡抗聯部隊了。他們走後，鄭大哥的裡外間就全歸我父親住了。就是在這個住所，我父親和他的朋友們寫下一首首抗日鬥爭的詩篇；也就是在這住所，我父親和我母親結婚，誕生我姐姐和我……。這是我們最初的家園，也是我的父親、母親以及他們的朋友終生難忘的精神故里。我父親的朋友陳隄、我母親周墨瑩，都曾以「潔淨街五十六號」為題目，寫過回憶文章。

潔淨街五十六號，在哈爾濱南崗馬家溝潔淨街路南，是一座灰白色的俄式小洋房，看上去像是二層小樓，其實上面的閣樓僅為裝飾美觀而設計的，並不住人。房主人姓馬，早年在中東鐵路局當俄文翻譯，待遇優厚，建造了這座洋房以為晚年退隱之用。此時，房主人在一所學校任俄語教員，因為人口少，自己住著臨街的部分，而將靠近院落的一個套間租人。這就是鄭大哥夫婦居住的，後來由我的父母居住的那個套間。就在這個住房成為我的家後，由高山、小辛領導的讀書

哈爾濱南崗區潔淨街五十六號。（一九八六年）

會（也稱「左翼文學小組」）在這裡活動了將近三個多月。

那是一九三九年十一月，我的父親和母親剛剛結婚。在我們家的外間屋裡，放兩張床，一個大寫字檯，一個書架。書架上，擺放著我父親剛從日本買回的《魯迅全集》，裝幀精緻，很是顯眼，還有高爾基、羅曼·羅蘭、巴比塞、巴金、果戈里、蕭軍和蕭紅的作品……還有不少理論書。不僅書架上擺放著書，床底下箱子裡也都是書。寫字檯上放著父親正在翻閱的日本河上肇編譯的《唯物觀經濟學史》。室內燈光明亮，窗簾緊閉，紅地板擦得乾乾淨淨。

晚飯後，高山、關沫南、陳隄、艾循、沙郁等人，陸續來到這裡。大家分坐在兩張床上，我父親坐在一把椅子上。高山來到後，大家則把他讓到寫字檯前的椅子上。

高山，原名佟世鐸，又叫佟醒愚，吉林人，「九・一八」前在上海藝術大學讀書，參加學生運動、工人運動，同時也參加了中國左翼作家聯盟小組的活動，曾被國民黨逮捕，在南京監獄關押四年。出獄後來到哈爾濱，用葉福、高山、夏航等筆名在《大北新報》發表文章。他是這個讀書會的領導人。他蒼白清秀的面孔，戴著一副近視鏡。他沒有多餘的話，來了之後就打開書給大家講《社會發展史》。從晚飯後六點鐘，一直講到九點、十點左右。大家默默地聽著。我父親還邊聽邊做筆記，有時還在書上劃著。聽講完，大家就走，也不討論。母親在醫院工作，也愛好文學，不滿日偽統治，念初中時，曾在教師出的歌頌「王道樂土」作文題目旁因寫上「扯蛋」二字，拒絕作文，而被學校記過。她也喜歡兩蕭寫的《跋涉》，是《跋涉》這本書將我母親與我父親的心靈溝通起來。此時，她也如饑似渴地聽著，並時時為大家倒水，關注著屋外的動靜。轉年二月，我家又來了一位高個子、戴高度近視鏡的青年人，他就是秦占亞，筆名小辛。秦占亞在哈爾濱的北滿特別區師專和北京大學讀書時，兩次都因他那叛逆的性格被開除學籍。在北平被捕出獄後，受中共北平地下黨負責人王學明的派遣，一九三六年來到北滿，一直在珠河縣一面坡堅持地下工作。此時，他正是從一面坡來，住在我家外間，父親介紹他到《大北新報》當了記者。

有秦占亞參加後，讀書會就比較活躍了。他給大家講哲學的必然性與偶然性，常舉日常生活中的例子來解說，比如，老鼠掉在水缸裡，看來是偶然，其實有必然性在其中。他還引導大家討論、聯繫抗戰的實際。他說，不僅要有理論，還要有實踐。怎麼去實踐，大家爭論很熱烈。

讀書會在以高山、小辛為中心人物的啟發下，秘密傳閱著《馬克思讀本》、艾思奇的《大眾哲學》，以及魯迅的、高爾基的作品等。讀書把一批志同道合的文學友人聯繫起來了，除了陳隄、關沫南、艾循、沙郁之外，問流、李作東、張志閣、牢罕、丁寧、鐵川等人，都是此時期哈爾濱左翼文學陣線的成員。通過讀書，把大家不屈服於現實的思想情緒更加激發起來，大家都想以實際行動擺脫亡國奴的悲慘命運。

我父親首先想到的一個實際行動，是組織一個話劇團。一天，他去找陳隄商量這件事。

陳隄年長我父親三歲，但從第一次與我父親認識後，就被我父親身上的魅力吸引住了，他們成了好朋友。陳先生在一篇文章中回憶道：

……哈爾濱放送局（電台）召開一次文藝座談會，座談生活與創作的關係，一個人的講話立即引起了我的注意，那聲音像洪鐘般響亮，並且鏗鏘有力。只見他高高的個兒，黑纏纏的長方臉盤，嵌著一對炯炯有神的大眼睛，在講話中不時地目動著，講到關節的地方，是高高舉起又落下的手勢。他穿一套黑色的西裝，脫了上衣裡邊的襯衫也是黑色的，還紮著黑色的領帶，黑皮鞋擦得嶄亮。只聽他說：「在現在應該傾吐我們的苦悶，應該找出一條我們應走的路子……讓那些風花雪月的東西見鬼去吧！」我吃驚了。我對他產生了讚佩的心情，他說出了我的心音，也可能是與會者絕大多數人的心音。他就是王光逖……

——陳隄：《在潔淨街五十六號》

此時，我父親找到陳隄，對他說，話劇能啟迪人們的思想，不管有沒有文化的人都能接受。暫時沒有合適的劇本，不妨先演曹禺的《雷雨》、《日出》……。我們也抓緊趕寫劇本，以喚醒群眾起來戰鬥。

陳先生當然積極支持我父親的想法，並為他的熱情所感動。他們很快地在《大北新報》上登出了招收演員的啟事，劇團定名為「新星話劇團」。父親與陳先生都自任編導，也擁有了一大批男女演員，熱火朝天地幹了起來。他們決定先演曹禺的《原野》，以煽起人們復仇的火焰。父親一面導這個劇，一面趕寫《滿江紅》話劇，截取南宋名將岳飛發誓收復半壁河山那一段，以暗示我們要收復東北失地。

《原野》沒有排練成熟，父親的劇本還沒有寫完，他們的籌畫不知道怎麼被日本暗探知道。這個還沒有真正出世的「新星話劇團」，就被扼死在搖籃中了。幸虧有《大北新報》的一位負責人出面遮擋一番，話劇團的成員才沒有被逮捕，但也星散了。

「新星話劇團」的夭折，打擊自然不小，但並未使我的父親氣餒。就在潔淨街五十六號他的住所，他和他讀書會的朋友們高山、小辛、關沫南、陳隄等，商議辦一個文學刊物。

他們共同分析了當時的文藝界情況，認為文壇充斥的是漢奸特務文學，媚日親日文學，哥哥妹妹文學，歌功頌德粉飾太平的虛假文學。這些文學無疑對群眾是麻醉劑，是毒藥，必須清除，清毒。用高山的話說，就是「掃除垃圾，培植鮮花」，從石頭縫中發展我們求生存的文學。

經過幾次醞釀討論，他們決定利用日本浪人山本久治的《大北新報》創辦一個文藝副刊，以合法的陣地，去進行群眾的啟蒙工作。這事交由我父親負責去與《大北新報》編輯局長（即今天的報社總編輯）郭祉祥交涉。

那麼，為這個文藝副刊起個什麼名字呢？我父親提議：「叫『大北風』吧，附在《大北新報》上，有『大北』兩個字，日本人不會多心。」其實叫「大北風」，他們的真正用意是表示他們的一種志向：讓風自北方來，吹醒酣睡的人們。

父親與郭祉祥的交涉很順利，郭祉祥為報紙開拓銷路，很早就希望有人給他辦副刊。於是，在一九三九年九月四日，正值星期日，《大北風》創刊了。除掉兩欄廣告，是整整一大版，每版可容納一萬多字。在創刊號上，有高山、陳隄、牢罕、關沫南、金明等人的作品。金明（我父親的筆名）寫的是刊頭報尾的引讀和綜評性的文字。《大北風》以嶄新的面目、昂揚的姿態闖入哈爾濱文學界，它逐期發表揭露現實、渴望光明的創作、理論、批評的文字，也著重以雜文形式抨擊那些認賊作父的漢奸文學，掃蕩那些搔首弄姿的娼婦文學。

旗幟鮮明，朝氣蓬勃的《大北風》一和廣大讀者見面，就受到了熱烈的讚賞，被譽為與二十年代末期附刊在《國際協報》的《蓓蕾》文學週刊和三十年代初期附刊在《國際協報》的《文藝》週刊鼎足而立的三大文藝副刊。由於《大北風》的雜文觸到了以幽默大師自詡，實則庸俗淺陋、油腔滑調的曲狂夫和無病呻吟的徐漪，以及以攀附特務為榮的徐娘等人的痛處，曲狂夫第一個跳了出來，於一九三九年十一月七日在《濱江日報》「創作與批評」欄拋出了題為〈讀完《大北風》後〉，蓄意將文學批評引向政治誣陷，胡說什麼《大北風》接受了史達林的指令開始清理文壇了。在這種情況下，《大北風》僅出十三期，便不得不宣告停刊了。

《大北風》雖停刊了，但它的編輯和撰稿者，並沒有偃旗息鼓。一九四〇年二月三日，《大北新報》召開了第一次文筆人座談會，我的父親把《大北風》幾個主要撰稿人召集在他的小屋裡醞釀著給《大北風》改換名字。他和大家共同商定，還是原來的編輯宗旨，只是改換刊物名字。他們將《大北風》改為《大北文藝週刊》（不久又改為《大北文學》），還是那些人馬（不過大都改了筆名），繼續以《大北新報》作陣地，進行他們的左翼文學活動。

一九三九年冬天，東北形勢開始緊張。到四〇年二、三月，讀書會成員就想找到共產黨的關係（當時還不明確高山和小辛就是共產黨派來作地下工作的。他們的身分，是後來知道的），想通過華北抗日游擊區再到延安。高山、小辛在讀書會中作了鼓動工作。

有一天，高山在潔淨街五十六號的住所說：「只用筆桿子與敵人戰鬥不夠……我們應該有人到關內去，到八路軍中去。」他說這話時，也參加過讀書會的關毓華（即陳紫）、宋敏、王忠生三人已第一批入關。這第二批入關的，就是高山、小辛和我的父親。

他們走的那天，是一九四〇年四月一日，我母親清楚地記得這個日子。當時父母新婚不過半年，父親就悄然走了。母親沒有阻攔，她也是一個熱血青年。父親這種捨棄一切，追求真理，投奔抗日前線，獻身於偉大事業中的精神，就是在今天，也令我欽佩不已。他這種英雄舉動，讓他的朋友在當年更是敬佩得五體投地。陳隄寫了一篇題為〈靈魂之獻〉的散文來讚美和紀念我的父親。散文是這樣寫的：

相識了短短的一年，但在這短短的一年，客觀現實卻讓我們握緊了手。在這一年裡，我知道你是怎樣用鐵製的鞭子，在抽打自己；更知道你是怎樣要把血和肉獻給這苦難的大群。你只知道堅忍、堅忍、……你彷彿是塊鐵，在烈火中鍛煉，鍛煉成一塊硬的鋼。你不會忘記吧？在我們相識不久的一個春夜，我們從一家低級小飯館醉意朦朧地走出來。我們狂笑著衝向茫茫的黑暗裡去。你說：「如果是夜，那黎明還會遠麼？」我只有用大勇者、前驅者來讚美你。

你去了，正好是在我們去年相識的今天。我不能用狹隘的感情，損害了你的大勇者前驅者的形象，我向你說：「用醜惡來預約美好，用失望來預約希望，你就不會感到悲哀！這是我給你的祝福！」你是微笑著邁上征途。

如今，我知道你已經是風雨的寵兒了。你咆哮吧，像一匹怒獅，那聲音將響徹這空曠的山谷！你奔騰吧，像一道怒潮，沖刷這污穢的大野！假如我的記憶靡有喪失之前，我總會用記憶的繩索，永恆地牢牢地繫住你。你像一盞燈，閃爍在我的前邊，我將循著這燈走，那管它是微弱的，也有助於我迎接黎明的到來。

——《東北現代文學研究史料》八十五．二輯在這散文的末後記有：「一九四〇年五月十一日在友人的家裡。」這「友人的家」就是潔淨街五十六號我們的家。我的父親和我的母親，一向是與朋友有福同享，有難同當，因此，我們家，總有朋友來客居。這篇散文正是陳隄先生在我們家外間居住期間寫的。

大約過了三個月，我父親又回到了哈爾濱。

一九五六年冬，於日比谷公園。（金仲達攝）

是他對革命抱著一種「浪漫蒂克的幻想」，忍受不了抗日游擊隊的吃小米飯、住涼炕的艱苦嗎？不盡然，他並非沒過過艱苦的生活。十四歲在安達參加抗日義勇軍，爬冰臥雪的生活，他過過；剛來哈爾濱，流浪、挨餓的日子，他經歷過。他是承受不了革命隊伍內部「左傾」勢力的猜忌、懷疑、冷淡以至殘害而離開的。據父親回來對朋友講，他們經過天津租界地的八路軍辦事處，由一個交通員將他們帶到華北抗日游擊區，他們被分配在山東省三個縣工作。他自己分在《青年救國報》社工作。當時山東正搞肅清托派運動，活埋、槍斃了許多人（後來才知道，是管社會部的康生搞的），對東北去的人，都抱懷疑態度。在我父親之前去的孔氏夫婦（孔秉坤、朱紅，他們是哈爾濱市委的地下黨員），卻被認為是「托派」，採用逼供的辦法，讓他們承認，夫婦兩人都被活埋了，幸虧當地群眾說情，才把他們的一對兒女救了出來。他們的孩子長大後，奔走取證，終於為他們的父母平了反，定為烈士，這是後話了。

當時我的父親耳聞目睹孔氏夫婦被害情形，思想非常苦悶，不經意哼哼幾句周璇唱的歌。當地縣委書記在大會上就說：「我們隊伍可能混進了敵人，還哼黃色歌曲，腐蝕我們的幹部。」我父親就在大會上聽著。他氣憤、委屈、害怕，終於想辦法又回到了哈爾濱。這段經歷，給他的刺激太大了，他終生在思索。這，能簡單地歸咎於他的浪漫、軟弱嗎？中國的革命情況實在太複雜了。他當年是二十二歲。

我父親從冀魯邊區游擊隊回來後，革命熱情並沒有減弱。他仍然常常把自己關在潔淨街五十六號住所的小屋裡，日夜苦讀，他想從經典著作中做進一步探索。

他仍在《大北新報》任職，接編《大北文藝週刊》，還與關沫南，陳隄等人合編《北地人語》、《南北報》文藝期刊；還利用《濱江日報》，編了《荒火》、《暖流》等文藝期刊。這些期刊仍發揚著《大北風》的戰鬥風格，揭露敵人所謂「王道樂土」的謊話，反映著人民苦難的生活現實，喊出人們渴望自由、幸福的呼聲。

據我掌握的資料，我父親這個時期發表的文章至少有多篇散文，二篇小說，三篇評論，還有一些翻譯作品。他用現實主義手法描繪下層人民苦難的小說〈山洪〉，浮雕出了山洪爆發之際，農村特權階級與農民的衝突，表現了農民遭受的屈辱和不幸。遺憾的是，這篇小說找不到全文，但當年關沫南先生的一篇評論文章中，卻多少寫出了這篇小說的內容和特色。

我的父親似乎更傾心於散文，用散文抒發他浪漫主義的理想，詛咒醜惡的現實。他的散文有〈幽靈獨語〉、〈自己的歷史〉、〈午夜的歌聲〉、〈生之鐵門〉、〈笑〉、〈希望和死〉等，用的是「荒黎」「白黎」筆名。他在散文〈生之鐵門〉中這樣寫道：

……這生之鐵門，是積累了不可計算的時間，由少數人們築成的。在生之鐵門外邊，有神的宗說，有愛的播揚，有許多和平、善美的歌聲，同時，也有憂鬱、悲憤的呻吟。不過，人們這樣做了，鐵門仍然緊緊地關閉著。

有個時代，生之門前曾經掀起過波動，這是一些人們的吶喊。然而，鐵門仍然關閉著。在人之生的過程中，歷史上記載的是創造、生長和滅亡的演進，這裡有春天、太陽、戰爭、饑饉、破滅、復活的故事。然而，這只是些人們徘徊於生之鐵門外邊而已！

我幻想著，不，也許是真實，我想那生之門內有的將是真誠的幸福和自由。我憧憬著那「真」的生。我鄙視那築造生之鐵門的人們！

我將掙拔去歷史上的鐵釘，為了生，我要衝破那鐵的門裡。

——《東北現代文學大系．散文卷》瀋陽出版社，一九九七

在日偽統治的尖刀下，發出這樣的詛咒和憧憬，這是需要勇氣的。而那些不滿於現實的人，正可以從這詛咒和憧憬中，找到慰藉，得到鼓舞。

我的父親因為日文很好，他常從日文中翻譯一些外國作品介紹給哈爾濱文壇。他曾化名翻譯了小林多喜二的小說，雖然沒有找到發表的園地，但他的朋友陳隄卻作了他的讀者。他欣賞小林多喜二的作品，認為小林多喜二是日本的精英，咒罵殺害他的日本軍閥，激憤地與陳先生說：「這筆血債總是要討還的」。陳先生對小林多喜二其人其事以及作品的了解，最先就是從我父親那裡得到的。

他喜歡法國作家羅曼．羅蘭和巴比塞以及他們的作品，他的書裡夾著這兩位作家的照片，我的乳名「巴曼」，即是我父親從這兩位作家名字中各取一個字合成的。（現在我以「巴曼」作我的筆名，以紀念我的父親）。羅曼．羅蘭的《約翰．克里斯朵夫》奮鬥的一生，一直影響著他，這本書也一直陪伴他走到人生的終點。他此時期，翻譯了羅曼．羅蘭的〈《貝多芬傳》．序〉，發表在報紙上。

他特別鍾情於德國詩人、小說家赫曼．赫塞。當時，赫曼．赫塞還未獲得諾貝爾文學獎，世界上還未出現「赫塞熱」，但，赫曼．赫塞那種希望通過自己的作品讓人們潔身自好，不與法西斯勢力同流合污，使每個人的個性得以自由實現的文學主張，特別與我父親的審美追求產生共

鳴。這個時期，他以「金明」「白黎」等筆名，一連翻譯發表了赫曼•赫塞（當時他譯為「赫爾曼希賽」）〈農家〉、〈忘我〉、〈憤〉等幾篇詩和散文。

現實環境的苦悶，使我父親在一九四〇年夏天又隻身出走。這次不是到華北，而是要到華中新四軍或者延安。他第一步先到了上海，寄住在戲劇家周貽白家裡，結識了畫家黑沙駱、雕刻家麥杆等，寫了題為〈文化生活在滿洲〉的報告文學：和小說〈莫斯科瓦飯店〉，以「淳於清」的筆名發表於抗日地下刊物上。

去新四軍、去延安都未能成功，一九四一年春天，我的父親又回到了哈爾濱。就是這年春天，我的姐姐出生。我父親為她起的乳名叫「達克」，期待她以後像法國女英雄聖女貞德（貞尼達克）一樣的英勇。

一九四一年十二月八日太平洋戰爭爆發。第二天，我的父親找到陳隄和關沫南，對他倆說：「看來我們很有可能被捕。逃怕是逃不了的，特務可能早盯上我們了。」

果然不出我父親所料，他們在十二月三十一日和一月一日，先後都被捕了。

太平洋戰爭爆發後，日本軍國主義為了安定東北後方，在一九四一年十二月末，一連在東北搞了兩次大逮捕。第一次是在十二月三十日，在東北範圍內進行「大檢舉」，凡是他們認為「不穩定分子」全部拘捕起來，這一事件名叫「一二•三〇事件」。第二天，他們又重點地檢舉了哈爾濱文學界的「不穩定分子」，我的父親及陳隄、關沫南，因為常發表作品，又是帶著針砭現實的左翼傾向，自然就逃脫不了這災難了。我父親清楚地知道這一點。十二月三十一日夜裡十點左右，我的父親正和他的表弟閻鳳文（建國大學學生，正放假在我家）講練拳的事。我姐姐在裡屋床上睡覺，母親坐在外間床邊一面織著毛衣，一面看著我父親和我表叔連說帶比劃。只見父親把一支胳膊使勁地伸向門口時，推門進來五個人。沒問幾句話，就開始搜查，將我家裡裡外外翻騰一遍：書架、桌子、床底的書箱、相冊，連我母親的衣服包袱也翻到了。他們走時帶走了一些書籍，還帶走了我父親和我表叔。我表叔在一旁站著看他們搜查，本以為沒他的事。不料他們卻說：「你也跟著走吧！」我的母親在旁連連說：「沒他的事，他是我家的客人。」但那幾個人，根本不聽。我的表叔走時只穿著一雙夾鞋，寒冬臘月，一去就再沒回來。我母親曾去拘留所看我父親，並要求放回我的表叔。他們說，沒抓錯。他們把表叔歸入「一二・三〇事件」應抓的人中。光復時，我表叔被救出獄，腿已受傷。這是後話了。

關沫南也是那天夜裡在他的家裡被抓走的。陳隄則是在一月一日正在他任教的南崗小學舉行元旦團拜時被抓走的。他們都被關押在中央大街和西員警大街拐角的秘密拘留所。這就是所說的「哈爾濱左翼文學事件」，也叫「一二・三一事件」。

他們被捕半年後，在七月二十七日，跟他們常來往的艾循、沙郁、問流、牢罕，也被捕了，即為「七・二七事件」。實際是「哈爾濱左翼文學事件」的餘波。一九四二年十月，他們被解往新京（長春）首都員警廳。這年末，陳隄、艾循、問流被投入新京監獄，我父親和關沫南等仍留在首都員警廳。他們在審訊受刑中，受到種種折磨。艾循、問流挺刑不過，死在監獄了。後來，牢罕、趙文選（播演過他們劇本的）、潘淑蘭（與他們只有一點點牽連的），因證據不足，釋放了。我的父親、關沫南、陳隄，一直在監獄關押著。在審訊中他們才明白，特務早就盯上他們了。在《大北風》上允許他們發表那些不合乎「王道樂土」調子的作品，就是讓他們自我暴露。我父親兩次關內之行，也早在特務的視野之內。敵人所以沒有很快動手，是要放長線釣大魚。這使他們也回想起，那次「日滿作家座談會」的事。

那是一九四〇年十一月，從大和旅館裡打來電話，說是新從日本來了幾位作家要求跟陳隄、關沫南及我父親見見面，舉行所謂的「日滿作家座談會」。在北滿，這是第一次，他們弄不清對方的背景和意圖，還是應邀前往。豪華的旅館會議室，坐著幾位四十歲上下的日本作家，其中有北村謙次郎、竹內正一。日本人看到這幾位中國作家都是二十或二十剛出頭的樣子，不免有些吃驚。日本作家向這三個中國年輕人不斷提出問題，我父親以熟練日語回答，並為他們作翻譯。三個年輕人回答得很坦率。但從會議室出來走在街上，三個人仔細一想，不免有些疑惑：「怎麼盡是他們問，我們回答？這也不是座談呀！」到了獄中受審，這三個年輕人才明白，原來這「座談會」也是在讓他們「自我暴露」。

年輕氣盛、血氣方剛的父親及他的朋友們，確實將自己「暴露」得很充分。這種幼稚，著實讓他們吃了大苦頭。太平洋戰爭一打起來，敵人按計劃把他們「收容」到監獄裡了。

我是一九四二年八月出生的，當時父親已關進監牢。母親探監，父親幾次說要看看我。一九四三年十二月，我剛能邁步，母親就抱著我，還挎著一個裝一百個熟鹹鴨蛋的籃子。從哈爾濱上車，有我舅舅送上車；到長春下火車，母親則艱難了。她只好將我放在原地，讓我不動，把鴨蛋籃子送出一段路，再回來抱我。就這樣，往往返返、艱難行進，當到員警聽見到我父親時，我凍得只是不停地哭。而母親氣喘吁吁將鴨蛋遞給父親，父親第一句話則說：「太好了，沫南病了，正好給他吃。」

我的父親和關沫南在獄中一直關押到光復前幾個月被假釋出來。他們以頑強的意志、巧妙的鬥爭策略，熬過了獄中漫長的艱難歲月。我父親以他的才能、熱情，幫助難友、鼓勵難友，給他的朋友們留下了深刻的印象。

我將父親朋友、我的親人文章及口述材料整理至此，我對父親的青年時代形象油然升起無限的崇敬。在山河破碎、民族危難、法西斯横行之時，我的父親沒有旁觀、沉默，而是從少年時起，就挺身而出，敢於承擔起救國救民的責任。他的青春時代，充滿著艱辛與磨難，他為民族解放的偉大事業無私地奉獻了自己的才華和熱血，抗日戰爭的歷史豐碑上，應該永遠記住這樣一個東北青年，一個有著火熱的、閃光的青春年華的人。

父親去世後，一位也居住在美國的朋友寫了一首悽楚的詩悼念他，詩中寫道：

……

匆匆地，與親愛的祖國告別

一別倏忽三十年；悠悠歲月
都付予天涯、海角
縱然不是淪落，也是寂寞
在這大時代的悲劇中，你我
扮演著同樣的角色。
一枝筆，醮著淚，寫
醮著血，寫；寫、寫、寫……
為中國的苦難申訴
為中國的希望呼籲
……
漫道：天涯到處可埋骨
這裡是異邦，不是故鄉
不是故鄉的土地，只收屍骨，不收魂魄
魂魄應該化作
鶴，飛回故國，飛回故鄉的城郭
莫作異國的杜鵑
夜夜泣血

——引自《野馬停蹄》台灣爾雅出版社，一九八二年每當讀到這首詩，我就流淚。

我常常默默地站在窗前，望著遙遠的藍天流淚。在那飄渺的雲端，我在尋找呼喚著父親的魂靈：歸來吧，讓我來抹去你心靈的創傷；歸來吧，在你的故土，安息你不屈的魂靈！

（此文寫於一九九五年八月）

尋找父親

周勵

大約是一九六九年初，我從柳河縣回家過春節，母親讓妹妹從箱子裡拿出一封信皮已折損發黃的信給我，說：「看看吧，這是你大伯父兒子衍繹的信，也許是王光逖讓他來找你們吧。」

王光逖就是我的親生父親。自從一九四八年他帶著他的遠方表妹離開了我們母女，母親一提到他，就直稱他王光逖；並且，一九四九年母親送我們到雙城縣姥姥家再上學時（我和姐姐一九四八年上學，後因戰亂停學），就給我們改了姓，隨她姓周。

母親是位聰明剛強的女性，在雙城縣念初中時，學習成績優秀，數學尤其好。因家境困難，念完初中，就到哈爾濱尋找職業。先在帶有國際性的首善醫院工作，後又考進僅招三十名的哈爾濱市立醫院護士培訓班，成績仍是名列前茅。本應四年畢業，母親學到三年半，需要結婚，出資操辦父母婚禮的三伯父，給培訓班的日本教授送禮，允許母親提前結業，得到了護士資格證書。母親婚後在醫院工作一段時間，有了孩子就辭職了。父親走後，長春一解放，母親就拿著護士資格證書到長春市立醫院工作，三個孩子送到雙城縣姥姥家。生活、工作、精神的多重壓力，使她患了嚴重的眼疾，後來調到一個患者量較輕的區衛生所工作，工作量仍是不少，業餘時間還要給缺乏系統培訓的護士們上課。為了保住眼睛，母親一九五五年不得不病休了。

堂兄這封信轉來時，母親病休在家已有十多年，且已雙目失明。信中寫道：「周墨瑩同志：恕我冒昧，我應稱您『老嬸』，又怕您不同意這麼做，所以同志相稱。我是王光遜大哥的兒子，當初您為了我老叔坐牢、不得不率我的兩個妹妹到金州家過苦日子的時候，我正在大連商業學校讀書，我去趙家街看過您，記得您在家做棉衣，樣子是給我叔在獄中穿的，還記得兩個小妹妹的名字很怪，一個叫『達克』，一個叫『巴曼』，我還記得您當時的樣子是憂鬱而沉默，給我的印象是沉重的……你在我心中的印象一直是使我同情的……這些印象就是我百般設法打聽您的下落、想和您取得聯繫的出發點……」

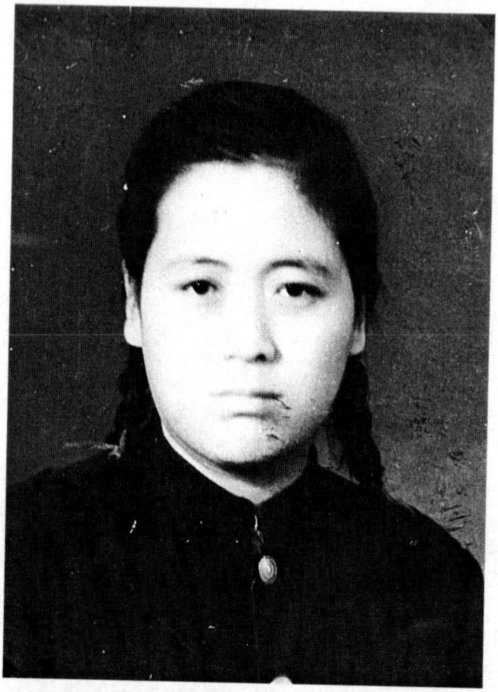

周墨瑩的工作證照。（一九五三年，三十五歲，此時已患眼疾。）

堂兄從大連到長春，並沒有和母親聯繫上，只是從長春市衛生局了解，母親病休在家，母親單位的一位好朋友可能知道母親的地址，就把那朋友的姓寫給了他。堂兄回去給母親朋友寫了封信，並請轉交上述那封信給母親。信封上寫的是「黃同志」收，而母親單位沒有姓黃的，此信壓了很長時間。好在那時打開信不算犯法，人們把信打開，一分析可能是給母親朋友「費秀玉」的，「費」「黃」字寫連了相似，就把信給了費姨。費姨將此信轉到母親手裡時，離寫信時間已近半年多了。

後來知道，堂兄當時還頂著右派的帽子，到長春打聽事，謹小慎微，不敢多問，生怕挨斥責。

儘管堂兄給母親的信中表達的是殷殷企盼聯繫之情，也猜到他可能是受父親委託為尋找我們來探路（母親說，不是父親相告，堂兄不會清楚母親在長春醫務界工作，也不會將母親的名字寫得那麼準確）。我看了信，儘管引起我心海的波動，但我還是把信退給了母親，連堂兄的通信地址我都沒有記下。幾十年了，在高壓政治氣候下，父親像一塊陰雲，一直籠罩在我們的人生路上，影響我的高考、入團等等許多人生大事。此時正值姚文元的〈工人階級必須領導一切〉一文剛發表不久，工宣隊已把我當成縣裡頭號關注該改造的對象（因為我念書最長，十七年；家庭背景最複雜；又看封資修的書——我宿舍枕頭旁放著《李白詩選》和郭沫若《洪波曲》，被傳出去，被說成是封資修的書），還到長春做我的「外調」，此時我怎敢還和傳說去台灣，又傳說在國外的父親聯繫（那怕是他的親屬聯繫）？躲都唯恐不及呢。

寒冬終於過去，春天來了。一九七八年六月，我從柳河縣師範學校調到吉林大學中文系任教。我高中畢業的中學——東北師大附中，是一所全國有名望的重點中學——校長和班主任在不經意間說的話，為我調入吉林大學起了關鍵作用——他們到吉林大學人事處辦事，當時正在研究我的調入問題，本來第一次審批沒有通過，人事處對我這位非吉林大學的畢業生有許多人一再推薦，很納悶，就順便問附中校長和我的班主任，他們回答，我們這個學生很優秀，不是因為家庭問題，應該是進北京大學的，你們如果不要，附中還給她留著名額呢。（此前，附中校長確實表示希望我能回附中任教。）如此，吉林大學人事處立時拍板，批准我調入。（這個細節，是後來推薦我的高中同學向我敘述的。）

調入吉大，就是緊張的充電過程：聽老教師課；到圖書館查資料，中午不回去讓圖書管理員鎖在閱覽室看書；身體不適，也不休息，終於釀成大病，住進醫院。休養期間，才有時間想點別的，於是讓家人把堂兄的信從母親的箱子深處找來，按信封的地址給堂兄去了第一封信。堂兄接到我的信當天就給我回信，落款日期是「一九八○年八月二十一日」。也就是說，從一九八○年八月，開始了我的尋父之旅。

周墨瑩護士證書上的照片。

堂兄的信一開頭就表達他非常興奮的心情：「今天見到你的信。我早已看作命裡注定失掉的東西，忽然降臨到我眼前，表明失而復得，這種高興的滋味會是什麼樣子，你是不難想像出來的！……感謝你不因為時間和情勢的變異而淹沒兄妹的情懷寫信來尋我，謝謝你，謝謝你！」

堂兄是大連的中學語文教師，五十年代，曾寫文章，作報告，當區人大代表，頗有名氣，一九五七年被打成右派，撤職，降薪，下放勞動，一九七八年摘掉右派帽子，恢復到原中學仍教高中語文。二十多年的右派改造生涯，讓他辦事謹小慎微。我們通的前幾封信，彼此介紹各自的經歷境遇。他特別掛念「紅顏薄命」「憂鬱」的「老嬸」和「有著怪名字的兩個小妹妹」後來的命運，我在信中都一一敘述給他。但我和他通信的主要意圖還是尋找父親。在給他的每封信的後邊，我都向他探尋父親的下落，由委婉到明確到急切。

他也明白我的意圖，但他直到第四封信才把父親的通信地址告訴我。他寫了長長的一封信，他向我道歉，說他在一九六六年就和他老叔通信了，他把多年與老叔通信得到的父親資訊簡略報告給我，特別說到父親身體不太好，並把剛收到的父親來信寄給我，讓我先看看父親的筆跡。堂兄是細心的，他為我們幾十年不通音訊父女開始對話，先謹慎作些探查和鋪墊工作。

二、永失父親

父親信中口氣似乎認為堂兄這種謹慎無甚必要。

他一九八一年三月十八日接到堂兄的信，三月二十日即給堂兄回信，信中寫道：

三姐妹於長春。由右至左：周勖（二十歲，大一）、周勵（十八歲，高三）、周勤（十三歲，小六）。（一九六一年春）

……非常感謝你為周勖三姊妹（周勖是我的姐姐）用意周到的想法。其實，我是一個粗線條，夫婦間和兒女間的事，處置自然便可。……當我略知他們的母女現況時，我也有無限感慨。老實說，假若當年我留在她們身邊，也許她們不會有如今天那樣的平適、安寧。她們都能受到很好的教育，都有很好的工作，而且都已成家，並生兒育女，這是我感到非常欣慰的。她們的母親中年失明，使我感到歉疚。伯仁雖非因我而死，但，我卻多少應負一些殺了伯仁之罪。

我先請你把我（在）美國的現址告訴周勵。我頗期待我的女兒能夠給我來信，談談她們全家的三十來年的心曲。

堂兄此信寫於一九八一年四月十五日，我大約在四月二十日左右收到。

當時看到堂兄這封信，我是什麼感覺呢？應該說，令我暈眩。父親找到了！「父親在美國三藩市。我是怎樣的興奮啊！覺得周圍的一切都變了：人是那樣的親切，樹是那樣翠綠，陽光是那樣明媚，天空也變得格外清澈和蔚藍了。」

我馬上給父親去信了嗎？沒有。我此時的心緒太複雜，要向父親傾訴的話語，比「深深的鏡泊湖水」還要多，我需要沉澱。但更主要的是我正忙著撰寫紀念魯迅誕辰百周年的論文。此前，我聽到一點傳言，說我的調入吉大中文系，是靠的某某關係。我本是個既不擅長找關係、又不會送禮的人。聽到這話，就想拿出一篇有分量的論文，來證明自己，也不辜負同學、老師、朋友對我的推薦。眼下，為了現實的生存，為了在吉林大學立住腳，我必須強忍住和分離幾十年的父親急於對話的欲望，集中精力把論文寫好。然而，平靜的心情被打破，思考論文的思路，常常停滯下來，轉而去和父親對話；又強迫自己中斷對話，進入論文思考；可是又不自覺地回憶起自己、母親這幾十年的風風雨雨……兩條思路，一會進入論文思路，一會又進入對話思路，反反覆覆，論文寫作大受影響。本應該在五一前交稿，卻拖到了五月七號才交。交了稿，立時提筆給父親寫信。

千言萬語湧向筆端，寫寫劃劃，一會覺得太多，一會又覺得太略，想放開做女兒的情懷，盡情地寫，又覺不是時候，應先替苦難的母親說幾句話，又考慮信是否會被海關檢查……思慮再三，最後定稿為一千五六百字，用中文系的科研稿紙寫了滿五頁，裝在非常精緻的信封裡，五月九日寄出了。

那時，是一個新時代開始，工作向你提出很高要求，三年提高計畫，十年科研規劃，不斷讓拿出來，壓力不小。我把做好工作、當個好教師，看得比什麼都重要，情緒和時間都被工作上的事左右著。現在想起來，那時我如果能把尋找親情更重視起來，拿出更多點時間去思索，去行動，就會少留些遺憾。

給父親的第一封信寄走後，閒暇下來，我就算計著，最快什麼時候應接到回信，最遲什麼時候應接到回信。但當兩個月過去了，父親還沒有回信，我發慌了，「父親是不是身體不好了？」我想起父親給堂兄信中最後幾句話是：

> 至於我的身體，寫這封信時，剛剛從一場食道出血好轉過來，西醫替我止了血，但，長期的養生，還需要靠吃中藥。我想，我會活下去的。請放心。

「也許父親身體暫時虛弱」、「也許他最近太忙」、「在美國那麼發達的國家，什麼病治不好？再說，父親才六十三歲……」（我後來才明白，人六十歲左右是個最脆弱的年齡段，是經不起折騰的，而此時他已經歷了幾個大的折騰。）

我總在樂觀的相信，過幾天我就會收到父親的信。

過了一些日子，仍未有信，望眼欲穿，心急如焚。

我反思我的信，讓父親有想法，不高興？

這兩個月，我漸漸從政治思維中一點點解放出來，讓自己真實的情感釋放出來。我譴責自己，為什麼父親在病中，我還說指責他的話？母親的失明怎能都歸罪於他？父母間的感情舊債，本不應該兒女去裁判……

我又給父親寫了一封信，沒有了給海關聽的政治話語，完全是女兒對父親的幾十年的思念的柔情抒發。我找出一張我們姊妹三人的合影隨信寄去，當時，姐姐十八歲，念大一，我十七歲，念高三，妹妹十二歲，念小六，充滿青春朝氣。這封信是八月初發出的。

然而，然而……這封信，這張照片，父親卻沒能看到。二姑（我的表姑，父親後來的妻子）來信說，她看了這信和照片號啕大哭，把照片供在了父親的遺像前，說「讓父親一直思念的這三張年輕的面容，緊緊貼著他吧」。

父親於一九八一年七月十三日在洛杉磯凱撒醫院病逝。他的骨灰安葬在洛杉磯市郊的玫瑰崗墓園。

這一消息我是在九月五日接到二姑的信才得知的。那天下午，我從資料室拿到寫著美國寄信地址的大黃信封，欣喜得手有些顫抖，心怦怦劇烈跳動，腳步飄忽地回到教研室，在大桌子前坐下，讓自己平靜一會，小心莊嚴地打開信封。然而，那首先掉出的一張圖，讓我一下從天上掉到了冰窖裡。我看到那圖上面一個箭頭旁邊標有一行字：「這是父親永眠之地！」

信是二姑金琦寫來的。那張圖是玫瑰崗墓園圖。厚厚的十幾頁，報告父親去世的經過，也簡略回答了我信裡向父親提出的問題。

「我哭了嗎？我哭了。為父親去世悲哀嗎？是的。但也許不完全是。我說不清楚自己是怎樣的感情。我只是想喊，喊！蒼天啊，你為什麼這樣不公平！命運啊，你為什麼要這樣捉弄我？」

在很長一段時間裡，我的心都平靜不下來。我常常一個人默默地面對窗戶，望著西邊的藍天流淚。任何人任何話語都無法安慰我。父親去世了，這是無法改變的事實。分離這三十多年中，儘管我們和他沒有聯繫上，但知道他還在這個世界上，我們心中就充滿希望，希望見到他的那一天，把我們心中的委屈和思念，一起傾訴給他，包括我失明的母親，她默默承受著在黑暗中生活的痛苦，多希望有那麼一個時刻，讓父親聽一聽她吐露心中的苦水，她也就痛快了……然而，這一切都不可能了。一切積蓄，一切沉澱，一切恩恩怨怨，都沒能交流釋放，就歸於沉寂，這是怎樣的悲哀！

當堅冰已破，道路已開，分離幾十年的親人就要見面時——我們彼此在道路的兩端已看見了影子，然而，突然，那一端的親人卻消失了，永遠的消逝了。這是怎樣令人悲哀啊！

我本不信神，不信鬼，認為人死後，一切都不存在了。然而，我此時卻希望人死後有靈魂存在。我企盼著父親能像哈姆雷特的父王幽靈一樣在天空出現，那我將不顧一切跟隨他去，聆聽他的話語，傾訴我的衷腸……

我後悔遺憾：「為什麼不早點和堂兄聯繫？」「為什麼沒有在第一封信就把我們三姊妹的照片寄去？父親在去世前能看到長大了的女兒照片那也是對他莫大的安慰啊！」「為什麼我那麼看重寫論文，沒能馬上給父親去信？父親早點接到我的信也許還能回我一封信呢。」「我為什麼沒有將得知父親通訊處的事早點告訴姐姐呢？以致姐姐曾埋怨我，『我是老大，你應馬上告訴我』（我曾自以為是地認為，姐姐正忙於從齊齊哈爾往哈爾濱林業設計院的調轉中；妹妹忙於念業大，她孩子小，只能以高於別人很多分數的成績進入醫大業大，拼命學習以彌補不能進入全日制大學的遺憾；我自作聰明，以為比較她們安定，一切我來代替了）。如果父親去世前也能接到姐姐一封信他該多高興啊！」

深重的遺憾代替了原來的企盼，同樣齧齒著我的心！

我發誓要去了解他，認識他。我搜集他的作品，拜訪他的同事朋友。我要在他的文字中，在人們的記憶中，去尋找我的父親。

父親從大陸到台灣，從台灣到日本，從日本到美國，最後加入美國國籍，在美國去世，安葬在美國。他的著作文章，發表在台灣、香港、美國。我要尋找他的足跡，採訪他的故舊，搜集他的文字，這必將是跨越不同地區、不同國家的艱難之旅；在崗期間繁重教學任務和迫切的提職壓力，沒有更多時間精力，決定這一尋父過程，也必將是漫長之旅。在職期間，我只能在和父親海外親友通信中了解他，並尋找機會了解父親在大陸留下的生命軌跡，同時特別關注來自台灣各方人士，從中了解關於父親的資訊。

三、大陸尋找

（一）從身邊親友了解

父親離開時，我才六歲，而在六歲前，我又和他聚少離多，我出生時他已住進監獄，直到一九四六年秋天，舅舅才把我們母女三人從雙城姥姥家送到長春來和他團聚。

和比我大一歲的姐姐比較，我還算幸運，父親有時帶好動的我出去，喝咖啡，看電影，但我也比較老實的姐姐常挨他批評，記得在外玩，我因接受外人給的瓜子還謊說是媽媽給買的，被父親在餐廳罰站兩個小時；洗臉因沒洗耳朵後，讓重洗，以致我把自己的耳朵後摳破出血……。

這樣的團聚日子不到兩年，父親就走了。除了記得他的嚴厲管教，高瘦的身材，滿架的圖書，家裡總有不少客人，以及他給我們起的名字勖（姐姐名）、勵（我的名）劭（妹妹名），字形相似，字義相近，令我們驕傲，勉勵我們進取向上外，別的記不得什麼了。

在人性扭曲、政治代替一切的年代，對於跟著國民黨走的父親是不敢懷念，也不能去了解的。到了改革開放的年代，人性開始復歸，人們開始理性地對待歷史。海峽兩岸應溝通、交流，消除積怨，面向未來。此時潛在心底對父親的思念和了解的願望也浮出了水面。

我從母親、表叔（閻起白，一九一九年生，在香港）和父親朋友陳隄（一九一五年生，黑龍江大學文學院教授）、關沫南（一九一九年生，已故，作家，曾任黑龍江省文聯主席）等人那裡了解到父親在哈爾濱時期的情況。

關於父親在偽滿時期的抗日文化活動，我寫了一篇文章，以〈火一樣的青春〉為題，發表在二〇〇一年第二期《新文學史料》上。

這裡記一下母親和父親的相識和結婚。

母親和父親在一九三九年夏天的相識，是經過她護士班的好朋友佟桂雲介紹的。佟當時是陳隄的朋友，陳隄和父親早已通過發表文章、參加讀書會等抗日文化活動，成為好朋友。陳對父親的才華，和富有感召力的性格十分欣賞，而佟對學習特別優於她的母親也很佩服。他們二人作了穿線的紅娘。熱情的父親，見著文靜的母親，又有共同看過蕭紅、蕭軍的《跋涉》作為話題，兩個人的心一下溝通了。他們四人常到太陽島去遊玩。父親曾寫題為〈追求〉的文章發表在報紙上，表達對母親的熱烈的渴慕之情。

父母結婚是在一九三九年十一月十九日（陰曆十月初八），一個星期日，婚禮在哈爾濱十六道街的一個大飯店舉行。一個屋子舉行婚禮儀式，由我的三伯父和我的姥爺主持。在另一個大餐廳，請賓客吃西餐。報社去了許多人，讀書會的朋友也都去了。事前，父親告訴大家，不要拿禮物。母親護士班的同學都去了，拿的禮物是，一套天藍色茶具，一個檯燈。雙城縣母親娘家也去了不少人，母親的乾媽、乾姐姐都去了。

婚禮的花銷是由三伯父出的。婚禮的方式，半革命式的，是父親的主意。母親當時穿的是深藍色半袖呢絨旗袍（出門有皮大衣），樸素淡雅。父親的姐夫（中興火磨坊經理）舉著大拇指說：「光遜妻子第一，不擦胭不抹粉」。

家就安在南崗馬家溝潔淨街五十六號一棟俄式房子的一個套間裡。房主人是中東鐵路的工程師，一大半房間由房主家住，餘下這套間出租。此套間裡外屋都很大，外間放一個大床，一張鐵床，一個大寫字檯，還有書架。

父親一生和書的緣分最深。他愛看書，也能買書。母親印象最深刻的是，剛認識父親，他就從床下拽出個大書箱子，向她介紹不少中國左翼作家的作品，還有外國作家作品。她從他那裡借的第一本書是《柏克曼獄中記》，接著借看的是《沙寧》（阿爾志巴綏夫寫的）。至於蘇俄文學作品，有高爾基的《我的童年》、《母親》，托爾斯泰的《復活》、果戈里的《欽差大臣》、契柯夫小說創作選、羅曼羅蘭、巴爾扎克的作品等；中國左翼作品，葉紹鈞、郁達夫、周作人等的都有，還有茅盾的《子夜》、丁玲的《水》以及魯迅作品。父親喜歡巴金作品，母親喜歡魯迅作品。父親指著母親對別人說「她是魯迅信徒」，母親則告訴他人：「他（指父親）信仰巴金」。

父親特別能看書，一看看到半夜，理論書看日文的，像廚川白村的《苦悶的象徵》、《走出象牙之塔》等；小說看中文的。陰曆三十晚上，他和母親一人捧一本書，他在那床上看，母親在這個床上看，別人在外面放鞭炮，他們在屋裡看書，雖和人家過年不一樣，卻覺得很好。

父親特別能買書。每月發了工資，一大半錢用來買書。一九四〇年二月他去日本東京參加亞洲操觚者大會，帶回一套魯迅全集，放在外間地上，金燦燦，很扎眼。他在他的朋友中間，書最多，他的朋友都願到他的外間看書、借書，有的就住在外間。那麼多進步書籍明晃晃放在那裡，朋友都為他擔心，而父親則不在乎。一九四一年末最後一天，他被日本憲兵特務抓走，同時也拿走不少書籍；過幾天又來搜查一遍，又帶走不少書籍。

父母結婚後，左翼文學小組活動的地點就轉移到這裡。每天晚飯後，一般在五、六點到十點，是活動時間，偶爾，也有到凌晨的時候。常來這裡的讀書會成員有：陳隄、艾循、關沫南、問流、高山，後來又來了小辛。主角是高山和小辛。每天晚飯後，母親把窗簾拉上，紅地板擦乾淨，等候讀書會成員的到來。通常，大家坐在兩張床邊，高山來了，把他讓到寫字檯的椅子上，父親在寫字檯一端，看書記筆記，如學生一般。

高山，本名佟醒愚，吉林人，「九・一八」前後曾在上海藝術大學學習，參加過中國左翼作家聯盟的活動，以葉福的筆名，編印過油印的詩刊，被國民黨政府逮捕，在南京監獄關了四年，出獄後回到家鄉，在報紙上發表東西，認識了關沫南、父親等人。他向大家介紹不少中國左翼作家的情況，並在讀書會上給大家講《社會發展史》，自編《世界哲學發展史大綱》，引導大家學習。他還和大家共同研討外國名著，除上面提到的外國作品，還有英國的狄更斯、莎士比亞、哈代，美國傑克・倫敦、德萊賽，以及日本的小林多喜二的《蟹工船》、德永直的《沒有太陽的街》都是讀書會成員欣賞和討論的作品。不過，我的父親因為可以直接閱讀日文書報，日本當時正大量介紹歐美文學，他接受的歐美文學的影響比別人更多，比如他還喜歡黑塞散文詩、紀德的小說隨筆，還有司湯達、托瑪斯曼的作品等。

一九四〇年二月，小辛來到讀書會。他本名秦占亞，筆名小辛，高高的個子，帶著高度近視眼鏡，據說曾在北大學習過，此時從一面坡來。父親介紹他進入《大北新報》社，當記者，並住在我家的外間。他把每月的工資都交給母親，放在一個盒子裡，說「我們是互助合作」。他很能看書，眼睛緊貼近書本看。他看母親看進步小說，就介紹她讀《大眾哲學》。他來後，讀書會更活躍了，不單單是討論理論問題，還講一些游擊隊抗戰的事，為此大家投入武裝抗日的情緒很高。陳隄就說：「我們拿起槍桿子幹多好！」

於是他們就決定參加游擊隊，去和日本侵略者「拼死在疆場」。一九四〇年四月初，高山、小辛和父親，就走了，去投奔華北抗日根據地。陳隄對父親毅然告別新婚的妻子，投入抗日的武裝戰場，十分佩服，寫文章加以讚頌。（見陳隄〈靈魂之獻〉，載《東北文學研究叢刊》一九八五年二輯）

父親走後，母親業餘時間除了看小說，就拿著畫板到馬家溝去畫畫。陳隄和關沫南看了關切地說：「光逖走了，阿萍是不是很寂寞？」（「阿萍」，是讀書會朋友給母親起的名字）

父親和小辛、高山到山東東光棗強一帶的抗日根據地，父親被分在《青年救國報》社工作。他們都給母親來信。小辛看到根據地缺少醫務人員，就向當地領導部門介紹說：「王同志的愛人就是醫務人員，可以讓她來。」但父親給母親來信說，「小辛讓你來，你千萬不要來。這裡不適合我們，我很快要回去的。」原來父親已感覺這裡對他們不信任。前一批從哈爾濱來的讀書會成員，有一對夫婦，被懷疑是特務，被活埋。領導在會上還不點名的對他表示不滿和懷疑。因此，父親藉著一次反掃蕩時機，離開根據地，利用會日語的優勢，躲過了日本軍的審查，死裡逃生，終於回到了哈爾濱。他走後不久，和他同去的高山、小辛和比他們先去的哈爾濱讀書會成員陳紫、宋敏，被懷疑是敵特和托派，都被槍決或活埋。這件事，在年輕的父親心裡，留下了極其深重的傷害。

上述事實，除了從父親朋友陳逸、關沫南回憶文章引來的之外，都是我母親的零星口述所記。但鄭重其事的讓我母親談談我父親是很難的，她不願意提起他、回想他，不過，我知道，她又一直不能忘懷他，他對她的一生影響太大了。我問母親關於他們之間的事，常常採取迂迴戰術，如，由現在年輕人的結婚，說到我們六十年代結婚方式，然後，像很隨意地問母親：「媽，你們當時結婚是什麼樣子？」碰到母親心情好，她就會說說當時的細節。

（二）接觸台灣友人

司馬桑敦去世一周年時，金仲達編輯出版了《野馬停蹄——司馬桑敦紀念文集》（台灣爾雅出版社）。那裡有我一篇短文〈悼念我的父親〉。金仲達給我寄來一本。文集中作者，除了順子、金仲達和我是幾位親人之外，其餘都是父親不同時期的朋友，從不同側面，生動細膩地記述了父親的經歷、作為、性格特徵、作品影響以及他留給人的印象等。這是幫助我了解認識父親最好的一本書，我十分珍惜。但我覺得還不夠，我想親身和他們接觸，想從他們身上感受些父親的氣息，親耳聽聽朋友們介紹父親更多的事情，更多的細節。我的第一步努力就是接觸來大陸的認識父親的台灣人。

一九九六年六月六日下午，在吉林大學逸夫圖書館大禮堂有一場關於小說創作的講座，講座人是台灣東吳大學教授、作家趙淑敏女士。趙淑敏和她的姐姐趙淑俠都是我喜歡敬佩的作家，不過我對趙淑俠的作品看的多些，她在瑞士寫的《小路的歲月》，我還曾作為散文創作的範文在課堂上給學生講授過，一九八八年八月，趙淑俠回來參加《海外文星》出版發行首發式，我參加了省作協為她舉行的座談會，還和她通過一次電話。

「你認識我父親司馬桑敦嗎？你能說說對他的印象嗎？」

「我知道你的父親，但我沒有見過他。他是位著名的記者，是位公正的有良心的記者。（她把這句話重複了兩三次——作者注）他不像一般記者油腔滑調，他公正、有良心，我很愛看他的通訊報導。」

趙淑俠長時間住在海外，都知道司馬桑敦，那麼，住在台灣的趙淑敏，更該了解了。趙做完報告，大家送她出門那一刻，我走上前，問：

「趙老師，能否向您打聽一下：您認識作家司馬桑敦嗎？」

趙淑敏還未來得及回答，站在她旁邊的她的丈夫傅曄先生（她作報告，她的先生一直為她前後左右拍照），忙把話接過去：

「我認識司馬桑敦，我是他的朋友。」他自豪地說。

「我是他的女兒。」我告訴他。

「你真是司馬桑敦的女兒？」他吃驚地問。

周勵（右）、周勤（左）姐妹會見傅曄先生於長春。（一九九六年六月七日）

「她確實是司馬桑敦的女兒」一位熟悉我的身世的院領導從旁說。

於是我告訴她我的姓名，現在隨母親姓。

傅先生約我第二天晚上在他們下榻的長白山賓館向我講講我父親的事。

第二天我如約而至，並帶著我的妹妹同去。

傅先生告訴我，他和父親都在吉林省黨部工作。他在組織處，父親在宣傳處。離開長春，他先到青島，後到廈門。一九四九年五月的一天，他到一隻大船上接一位老大夫（住單倉），看見那本來容幾百人的大船，卻裝有兩三千人。他們正要走，聽到船中有人喊：「傅曄！」「傅光野！」「你是誰？」「我是王光逖！我不想走了，船在海上漂，吃住都困難……」

「你若能下來，就到海軍司令部找我！」

父親帶著金琦找到傅曄，讓他幫助解決吃住問題。傅說，這好辦，你去學校當教官。傅給父親找了一間半房子，拿來了米、肉。第二天就帶他到海軍軍官學校，要考考，讓他先演講。兩千多聽眾，誰都認為講得好，立即被任命為少校教官。一九四九年八月，這所海軍學校遷址到台灣左營，就跟著到了台灣。幹了兩年，因為總寫東西，就調到了《軍總報》。有一次日本首相來訪，有一個翻譯，說得不好，別人推薦父親，於是被中央黨部重用。

傅先生一席話，讓我才知曉父親去台的途徑。至於他怎樣又從中央黨部去了《聯合報》，那是我去台灣訪問後才弄明白的。

訪問齊振一

一九九七年夏天在長春，我見到了從美國回來參加中山同學會的齊振一先生。齊先生和民革黨員高思奇老先生都是中山同學，高先生把齊先生來長的消息告訴了市民革組統委主任老黎，老黎立即報告給市民革駐會主委我的妹妹周勤。在一個清爽而炎熱的下午，我和妹妹一起到賓館去拜會了齊振一先生。

齊先生是我父親的同事，更是我父親的朋友。此前，我早已看到金琦寄給我的齊先生寫的〈我追隨野馬來美辦報——為光逖兄逝世周年而作〉一文，要見見齊先生，無非是想從他的身上間接感受父親的一些氣息。

果然，齊先生見到我們姐倆，如慈父般地和藹親切，娓娓敘述他和父親的交往和認識，還有金琦對父親未竟事業的承接和支持。

周勵（右）、周勤（左）姐妹會見齊振一先生於長春。（一九九六年八月二十日）

齊先生比父親小三歲，我稱他為齊叔。齊叔因為熟知父親青少年時期反滿抗日的多彩多姿的經歷，除鄉誼之外，對父親格外多一層仰慕之感，不僅敬佩父親的「真君子」一的人格，更給予父親在美國辦報的理想和事業以忠誠支持。父親和左大臧的幾位年輕朋友要辦的《加州日報》，「沒有老闆與夥計之分，大家都是股東，也都參加工作，或寫稿，或招攬廣告，或推廣訂戶……，為籌辦此報，大臧先生到台北，尋求朋友的支持，齊先生知道父親在日本生活相當刻苦，沒有多少錢，卻能破釜沉舟去洛杉磯辦報，十分感動，決心出資認股。就在那年四月下旬，他們共同到洛杉磯參加《加州日報》的一次股東大會，當晚因時間很遲，父親趕不上回金山末班飛機，他們同借住在陳大安家裡，共同感慨的是：「幹了一輩子新聞工作，工作環境卻每況愈下。今後能在美國自由天地中辦一份真正獨立的報紙，自當萬分珍惜這機會，一定要加倍努力以赴，拼了老命也值得，否則這一輩子記者生涯未免太窩囊了。」

齊先生決定一年後從台灣來美國參加《加州日報》的實際工作。但「出師未捷身先死」，父親在自己理想的報紙出刊前夕卻突然去世了。作為報紙的總主筆兼副刊主編的突然離去，不啻給正在緊鑼密鼓的報紙創刊工作又大大增加了一層緊張，他的朋友齊先生不得不十萬火急地打電話到紐約向好友搬兵求救，並改變了自己從容的行程，緊急匆忙離台赴美，在洛杉磯下了飛機，無暇休息，硬是在三十幾小時未曾闔眼的情況下，參加報紙的發稿貼版，從晚上十時直忙到次日中午過後，看到第一號《加州日報》終於印好上市，並且反應不錯，大家才鬆了一口氣，他也覺得可以讓他的朋友安息了。

二〇〇一年秋天，我和妹妹又見到一次齊叔，那是在瀋陽迎賓館，齊叔向中山中學捐資十萬美元，陪同他來的還有齊嬸，我們在一起合影留念。此後，每年都和齊叔通信或打電話；到美國洛杉磯，我還去他的住宅看望他。對我的頻頻打擾，他卻總是給與我親切、耐心的回應、幫助，我彷彿從他身上感受到絲絲父愛的溫暖。

拜會梁肅戎

二〇〇一年初秋，在瀋陽迎賓館我特意去訪問了父親的獄中友人——時任「海峽兩岸和平統一促進會」會長的梁肅戎先生。梁先生是率團從台灣來瀋陽參加「海峽兩岸勿忘『九・一八』研討會」的。

說起與梁先生的聯繫，得歸功於我的二女兒可越。可越在日本留學並工作，在一次中日關係國際學術研討會上，被請去做翻譯，可越在會上的優秀表現，引起大家的關注，到會的台灣教授蔣永敬先生聽說她是司馬桑敦外孫女，邀她到台灣一定去找他，會引她去見外公的朋友。不久，可越因為任職的日本電通公司業務去台灣出差時，蔣先生引導她所見的第一位就是梁肅戎先生。此後，我的妹妹周勤又隨長春訪問團去台灣，也見到了梁老，以後她和梁老就常有聯繫。

當得知梁老要來瀋陽的消息，我妹妹周勤特意打電話到台北，邀請他參加完瀋陽的活動後來長春參觀，老先生欣然同意。後來因江澤民要接見，梁老沒有時間來長春，就要求我們九月二十一日下午到瀋陽會面。

二十一日中午十二點多，我和周勤乘坐長春市民革的車，從長春出發去瀋陽。

汽車行駛在長—瀋高速公路上，初秋溫暖的陽光從車窗照射進來，我的頭依著靠背，思緒翻滾。梁老悼念我父親的文章〈懷念老友王光逖先生〉及他的回憶錄《大是大非》一書都記載了他和我父親那段獄中患難之情。

一九四四年三月，梁肅戎先生因從事地下抗日活動被日本特務機關逮捕，關在長春偽首都員警廳。當時我的父親因在報紙上發表反映人民生活疾苦、不滿日偽統治的創作和譯作，並到關內參加抗日游擊隊活動，早在一九四一年十二月三十一日被日本特務逮捕，先是關在哈爾濱的員警署，不久就轉移到長春，關押在小紅樓「思想室」拘留所，在這裡與梁先生結識。梁肅戎關進拘留所後，敵人對他採取疲勞以及飢餓的方法折磨他，長達兩個月，身體虛弱，幾乎喪命。我父親因敵人只掌握他寫文章抗日，沒發現他有組織的事實，對他不起訴也不釋放，此時允許他給不懂日文的犯人翻譯，可以和看管人員一起吃飯，到晚間則和其他犯人一樣關進有鐵欄的籠子裡。我父親就利用他白天獲得的這點自由，幫助難友們。他秘密地把剩菜剩飯供給飢餓的梁肅戎，鼓勵他保持體力和敵人對抗。我父親這樣做是嚴重的違規行為，如果被發現，除遭毒打之外，可能取消他在所內的自由行動權利。

為此，梁老在悼念我父親的文章中深情地寫到：「光逖兄的義舉，使我度過最艱苦的飢餓歲月，此恩此情，永難忘懷。」他在他的回憶錄書中對這件事也有生動詳細的記載，最後也是一句充滿感激的話：「他冒險幫助我突破兩個月的飢餓苦刑，救命恩情，永世難忘。」

下午四點在瀋陽迎賓館一樓會議室，我們見到了梁老。當妹妹把我正式介紹給他後，我親切地叫了一聲：「梁叔！」，並向他深鞠一躬。

梁老開門見山的一句話就是：「你父親是我的救命恩人」。接著就說起一九四四年他在長春偽首都員警廳拘留所受到的苦刑，我父親怎樣偷飯給他，挽救了他瀕臨衰亡的生命。說著說著，老人唏噓了。我們忙把這話題岔過去。

之後，他又談起了他一九七〇—一九七六在日本留學時和父親的密切交往。

梁老在寫博士論文時遇到不少困難，我父親勸他要忍耐，不要重蹈他的覆轍。一九七六年，梁先生獲得了日本明治大學法學博士學位。這段交情，梁老已在他悼念文章中有記述。這次梁老向我們講述了一件我們不知的軼事：一九七三年我父親患膽囊炎，病情嚴重，需要手術，醫院讓親屬簽字，我的後母不敢簽，是梁肅戎簽的字。他對我父親說：「老王，你過去救了我一命，現

一九七三年五月十九日，割治膽結石後出院，攝於東京世田谷書齋。

在我來救你一命」……

我為梁老不忘與父親的深厚情誼所感動。

那年十月十二日，梁老親自用毛筆給我們寫來信，並寄來一些資料。他在信中寫到：「此次赴瀋開會，特來相晤，因時間倉卒，未能暢談，深以為憾。惟此情此景能與故人之子相晤，永生難忘，希能後會有期。」遺憾的是，我沒有再見到梁老。自瀋陽會面後，我和梁老通了幾封信，他在信中介紹父親，還給我寄來許多「和統會」的資料；我作為吉林大學台胞台屬聯誼會會長，也向他介紹了吉林大學台聯開展的活動。二〇〇四年正當我在他的協助下辦理去台手續時，梁老去世了。本想到台灣與他長談，卻變成了我到潮州街一四八號他的宅第、在他的遺像前，獻上一籃素白的鮮花，默默向他傾訴感激和思念之情。

四、日本尋訪

父親作為《聯合報》的駐日特派員，在日本生活二十三年，我最想到日本去尋訪父親的足跡和故事。但我的教學任務繁重，一直沒有機會實現這個願望。

二〇〇二年下半年在我退休前，我終於獲得了一次訪問日本的機會。日本學術振興會每年都有資助中國高校老師去日本作學術訪問的名額，但各校競爭得厲害，那年吉林大學爭得一個名額，而要求去的人很多。這個名額能幸運的落到我頭上，完全是因校長劉中樹替我說了話。劉校長能給我說話，原因有二：他是中文系老師，我們曾在一個教研室共事過，他大體了解我的家世和我的父親，此其一；其二是，吉大當時規定十二名校級領導要和十二名民主黨派負責人交朋友，結對子；我是民主黨派負責人，劉校長就是和我結的對子。我曾向劉校長表達過請學校給我機會去日本尋父足跡；此事他正好兌現了作為黨內領導幫助黨外人士解決問題的承諾。

我於二〇〇二年九月二十五日到達日本東京。剛踏上日本的國土，心情格外不平靜。此次來日本，除了和邀請我的國士館大學有三天的訪問交流外，主要的時間和精力都用在訪問父親友人以及尋找他的足跡上。

在紀念司馬桑敦文集《野馬停蹄》中，有兩篇文章作者是父親的日本友人，這就是曾任東京大學教授，時任亞細亞大學校長的衛藤沈吉和曾任《東京新聞》主筆的伊藤喜久藏。衛藤先生和我父親關係最密切，在來東京前，我已和他通了多封信。此次來，不僅要見這兩位作者，還想見更多認識父親的人。衛藤文章中寫道：

一九六七年，我在東京大學設置了一個專門以中國語研讀中國史料課程，聘請光逖君為我們的老師，我們全體都變成了他的學生。這一個研讀課程自一九六七年起直到一九七一年我應聘為普林斯敦大學教授而赴美為止，每週舉行，從未間斷。光逖君熱心指導我們，我猜想這一段時期，可能也是他最感愉快的時光吧！經過這一個演習過程功成名就的學者，有都立大學岡部達味教授、東京大學石景明助教授、津田塾大學兒野道子講師，和《有兩個祖國的我》的作者西條正等人。

衛藤先生在我到日本的第二天，在新大谷飯店，舉行歡迎晚宴。除衛藤夫婦、伊藤先生外，還有石景明教授、兒野道子副教授，還有防衛廳的高木先生，衛藤先生幾乎把聽過父親課的人都儘量找來了。（岡部達味和西條正，好像此時不在東京，沒有來。）很感謝衛藤先生的細心安排。晚宴設在大觀園餐廳，在正堂十六樓。每個餐位上都放有一張用隸書毛筆字寫的卡片，上書：「周勵老師歡迎會」，下面是八樣中國菜名，最後是廚師名字。如此中國化，如此莊重，讓我有些意外和吃驚。

席間，大家都講了與司馬桑敦的交往過程。也講了司馬令他們敬佩的人品。

衛藤說，司馬桑敦在日本有很多朋友，熟諳日本生活，他曾多次勸他獲得日本國國籍，他卻置若罔聞，說：「我怎能歸化於我青年時期就與之作戰的日本呢？」衛藤為父親的早逝惋惜，認為他如果不是移居美國，不離開日本，就不會那麼早地去世了。伊藤似乎對大多數中國人的人品都不看好，惟司馬桑敦讓他佩服，認為他沒有半點虛驕浮誇的毛病，是位一貫認真追求人生真實的「求道者」，是一位身體力行的民主主義者。其他幾位，都說去過下北澤司馬老師的住所，還吃過餃子。

大家說得都不多，看來只是個見面儀式，細緻了解還需要我對每個人個別採訪。

東京大學是可越還在就讀的學校，她是這裡學際情報學環研究生院的碩士研究生。我來這裡看了她的學習環境，見了她的同學，也見了她的老師；但到東大，我主要是尋找父親的足跡。父親在上世紀五六十年代在這裡學習過，讀碩士課程、博士課程。

那通往圖書館的石子路，他肯定走過，那樹的綠蔭肯定也投射過他的身上。我進到圖書館裡，瀏覽每一層樓的那一架架的圖書，彷彿跟隨父親輕輕的腳步在走過去。在東大的赤門前，我要拍照留念，因為父親曾在這裡拍照。東大赤門外那條街，我打著雨傘，走在潮濕的路面上，心想：父親在這條路上該走過多遍吧？各樣小吃店鱗次櫛比，三四十年前，不會有這些小吃店吧？——各國都一樣，大學城都商業化了。——還有賣中國書的書店。書店那時應該有，父親一定到那裡去找過中國書……我不斷地在聯想。

我還到了早稻田大學圖書館，到飯田橋的日中歷史研究所，到國會圖書館，想查找是否有完整的父親參與副刊編輯的《大北新報》，我估計找不到，我主要目的不過是來感受這裡的環境氛圍。我想，父親在寫他的博士論文，在寫《張學良評傳》時，肯定多次來這幾個圖書館查找資料。這裡寧靜而厚重的氣氛，讓我沉湎到那遙遠的歷史中。我想，父親書中那深邃的文思、精闢的分析，大概就產生在這環境吧。

在一個飄著細雨陰涼的下午，可越終於有時間陪我去尋訪她外公的故居——下北澤3-25-11號。這是多少年來一直想尋找的地方。

衛藤先生在宴會上曾經告訴我們，到下北澤，不到三分鐘即可到。可我們到下北澤找了有十幾個三分鐘。我們先進到路口一家小咖啡店，要了兩杯咖啡。一是體會一下這咖啡店的環境，我想，離父親住地這樣近，說不定當年他常和朋友到這裡來；二是問問路怎樣走。問一個年輕的侍者，「下北澤3-25-11怎麼走？」他不清楚，但他馬上進裡邊找來一張複印的小地圖，按地圖給我們指明了路徑，並把地圖送給我們。

我們按地圖的標示，進入一條胡同，左邊一幢幢二層房的住宅，都有院牆、院門，門上有門牌號，並訂有主人的姓氏牌，我們首先看的是「下北澤3-25-25」，很高興，心想：往下走下去，會很容易找到3-25-11的。3-25-19，3-25-17，……怎麼往下沒有了？我們來回走了兩趟。於是又從另一邊進入胡同，看右邊的住宅，我們找到了3-25-7，3-25-9，滿懷希望，以為下個住宅就是了，但下邊沒有了，胡同到頭了。我們又回來仔細找一遍，還是沒有。索性走到胡同頂頭，繞過去，

周勵於下北澤三丁目二十五號永井先生寓所前。（二〇〇七年八月）

再到那一側找找。啊，找到了，就在這胡同的盡頭橫著有一所宅院，門牌號正是下北澤3-25-11，門上的姓氏牌是「永井真」，正是父親房東的名字。

終於找到了令我多年夢想來訪的住所。我和可越先在外面拍了照片，然後才按門鈴。隔著門通過傳真器與一個女性對話。可越介紹我們的身分、來意，話筒裡的女性說，永井先生病了，他的夫人去世了。我們告訴她，我們從中國大陸來，就是要尋找親人的故居看一看。那女性出來了，開了門，在門口與我們對話。她說她是永井的兒媳婦，她知道王光逖先生在這裡住過，住在樓上，永井家在樓下，但房子已翻修。她不肯讓我們進去看房子；說她的婆婆和這家關係密切，沒有聽她說王光逖先生有孩子。

這最後一句話，像這天氣一樣，讓我感到陰涼。

我想到二十六日宴會上，沒有人提到父親說起過我們的存在。會後，我曾給伊藤打電話，他說見到我，感慨萬千，不知道司馬桑敦還有孩子。

尋找父親，了解他這幾十年的經歷和作為，特別想知道他的內心世界，在他的心靈深處，我們母女佔有什麼位置。母親這幾十年可以說一刻沒有忘記他，因為我們姊妹三個是她生命的全部，她時刻在想著我們，就不能不想起她們的父親，儘管她對他有太多的怨恨。來日本之前，我的母親正處在病危之際，我本不該在此時離開她，但這邊日本已為我安排好了每天的活動日程，特別是有衛藤沈吉和西原春夫（原早稻田大學校長，時任國士館大學理事長）兩位德高望重者的接見，具體時間已定，不好更改。姐妹安慰我：「去吧，媽媽會等到你回來的。」然而，我回來時，母親已永遠地離開了，我覺得萬分對不起母親。

回來那年新年，我給衛藤去信拜年，述說起我去「尋找父親」，卻沒能送母親的沉痛心情。

二〇〇六年十一月，我第二次去日本。在一個週六下午，在可越陪同下，我第一次去家裡拜訪衛藤先生。按約定的時間按響了他家的門鈴。可越說老先生要求嚴格，約定好的時間既不能提前，也不能遲到，每次訪談還有時間限制。老人身體不好，只給我們一個小時時間。但看已到時間我想結束談話告別時，老先生卻主動又另提起一個話題。

他說：「你父親曾和我說起你們。」

我問：「什麼時候？」

衛藤先生說：「一九七二年前後。那時你父親和金琦常常發生爭吵，為今後的去向問題，他很苦悶。他常到我這裡，述說他的苦悶，我們邊喝茶邊聊，就在那裡（衛藤指指客廳的另一端，告訴我們，這房子已裝修）。你父親告訴我說，他的真正太太在大陸，還有三個女兒，他十分掛念。他不止一次和我提起你們，但在有他人的情況下，他就不說了。」

二〇〇二年在我第一次來日本他的歡迎宴會上，我曾說，我了解父親，特別想知道他的家庭觀念、親情在他心中的位置。也許是在眾人前，衛藤沒有就這問題來談。在我二〇〇二年末給他的信中，我寫道：「失明的母親一生是悲劇，而對失去孩子的我的父親，我想內心也是個悲劇吧？」他回信沒有說這件事。以後可越和別人採訪他，他說起父親曾和他談起我們。這次，我看時間有限，就沒有再問他這個問題，他主動向我說起父親關於我們母女的話題，也許是對我宴會上提出的問題和我給他的信的一種回應吧。感謝衛藤先生傳達的這一歷史資訊，它給了我們母女極大的心靈撫慰！（衛藤先生已於二〇〇七年十二月逝世。）

關於我們母女的存在，在我日本、台灣、美國等地的一路採訪中，衛藤是父親向外傾訴的唯一的朋友。我想，對父親來說，這也許是諱莫如深太沉重的話題，唯有和一個外國朋友吐露，才不至於出什麼問題吧。

二〇〇七年八月我第三次去日本，和可越又去下北澤3-25-11號，再次尋訪父親的故居，希望能進裡面看看。按門鈴後，可越說明我們身分來意後，特別加了一句，「我也是東京大學畢業

下北澤三丁目二十五號的房東永井先生向周勵談司馬桑敦。（二〇〇七年八月）

的」（聽說永井是東大畢業，對東大畢業的很信任）。也許是這後一句話起了作用，也許老人已從夫人逝世的悲哀中調整過來，永井先生給我們開了門，把我們引進屋裡。他用緩慢的步伐和動作，去為我們燒水沏茶（當時家裡只他一人）。正如他兒媳婦上次說的，他不太愛說話，但並不令我們冷場。他說，他的夫人和王先生夫人關係密切，他和王先生沒有太多交往，但感覺王先生很和氣，很紳士，總是在屋子看書寫東西，他說王先生的日文說得和日本人一樣，非常好。當我們希望看看王先生曾住過的房間時，他說，已有了新的住戶，不便進去。但很巧，正當我們剛和永井先生告別，走到院子裡，樓上一個年輕人下來，他就是父親住過房子的新住戶。可越拿著外公在此屋拍的照片，要求進去看一看，年輕人爽快地答應，陪我們上樓，打開房間，讓我們參觀。進去是個小走廊，再進去就是個裡外套間，外間是多功能的，看不出哪裡曾是放書架、寫字檯的當年父親拍照的地方，但我畢竟來到了父親多年活動居住的空間，據此多少有了我想像他在此活動情景的憑藉，已覺足矣。

五、台灣尋訪

自從知道父親去了台灣，台灣就成了我夢魂牽繞的地方，無論是改革開放前，還是改革開放後，無論是他在還是不在，我一直情繫著台灣。他人雖離世了；但，他服務的東家、他的同事、朋友、讀者，都還在台灣，他有太多的事情留在台灣人的記憶中。

二〇〇五年一月十日，我和丈夫應「台灣聯合報系文化基金會」的邀請，終於踏上了台灣的土地，實現了我幾十年的夢想。

當飛機降落在桃園機場，我走出機艙，空氣中彌漫的那南方城市特有的潮濕氣味，讓我感到親切。文化基金會秘書李根麗小姐在接機廳線外向我輕輕招手，一張年輕姑娘的臉微笑著問：「是周教授吧？」那軟軟的輕柔話語，聽了舒坦愉快。接下來的一切，在根麗的輕言慢語中，都安排得細心周到。

我們的住處交通便利，參觀、購物、品嚐小吃，都很方便。根麗還給我拿來一張台北市交通

周勵與可宗文夫婦於《聯合報》創辦人王惕吾塑像前。（二〇〇五年一月十二日）

圖，一本台灣旅遊指南，還留下一把傘。可惜我此次來沒有多少時間去做遊覽、購物、品嚐等事情，我主要是訪人，這方面根麗和她的同事也是有求必應，凡是我要找的人，都給我找到了聯繫電話。

他們尤其安排我和我的丈夫參觀聯合報社，拜會董事長，會見董事會成員，他們周到得體的籌畫，讓我在半天多時間中，有非常多的收穫。

那是二〇〇五年一月十二日上午十點，根麗小姐帶我們到坐落在忠孝東路五五五號的聯合報系總部大樓。我們進入大廳，氣勢恢宏，醒目的位置佇立著聯合報系創辦人王惕吾先生的半身銅像，高大的底座上有王惕吾手書的「正派辦報」幾個大字，我很欣賞這幾個字，立即讓根麗為我和丈夫在此拍照留念。

來到樓上辦公室，我們見到了文化基金會夏執行長（他同時也是聯合報系辦公室主任，在這裡辦公）。對夏執行長的邀請表示感謝，特別感謝他手下工作人員辦事的細緻快捷，不憚其煩。夏則認為，這是應該的，反送給我聯合報系的紀念品。

接著有人陪同我們到放映室，觀看聯合報系五十年（一九五一年—二〇〇一年）發展歷史的資料片。

一九五一年九月十六日，《民族報》、《全民日報》、《經濟時報》發行聯合版，採合夥制，這就是《聯合報》的創刊，創刊日銷量是一萬二千二百四十八份。經過五十年的發展歷程，在「正派辦報」的自我期許和「正派治報」的自我要求下，不斷追求民主化、多元化、國際化，到二〇〇一年，《聯合報》已由一張小報發展為日銷百萬份的聯合報系，擁有九家報紙（《聯合報》、《民生報》、《經濟日報》、《聯合晚報》、《星報》、《泰國世界日報》、《印尼世界日報》、《歐洲日報》、《美洲世界日報》），遍佈世界，成為全球最大的中文報團。

看了這個資料介紹，我為父親曾是它的員工感到自豪。

接近十一點，根麗引領我們到會客廳，在這裡，會見了副董事長劉昌平和聯經出版社社長劉國瑞。見面，我首先向這兩位父輩人鞠躬。劉昌平望著我，說：「還是像光遜的。」不一會，年輕的董事長王必成也來了。

兩位劉老首先把他們帶來的書送給我。劉昌平送給我他保存多年的父親送給他的一本雜誌《文學世界》，香港出版的，民國四十六年秋季號，裡面登載有司馬桑敦小說《藝妓小江》，封面有「昌平兄教正　弟王光逖敬贈」一行字跡。這本有著父親筆跡、紙張已發黃、字跡也有些失色的雜誌，對我來說則十分珍貴。

劉國瑞送我聯經出版社出版的司馬桑敦著作：《扶桑漫步》、《中日關係二十五年》和《人生行腳》。

然後由劉昌平介紹父親進入《聯合報》的過程、影響等，回答我的提問。

劉昌平說：因為傅光野的關係，光逖進了國民黨中央委員會第六組（如同中共的統戰部）。後來六組要派人去日本，就派光逖去了，因為他會日文。黃紹祖介紹他來《聯合報》，說他可以在日本寫通訊稿。當然，他到了日本，沒做中央六組的事，只給《聯合報》寫稿子。我問《野馬傳》為什麼被禁？劉老回答說，《野馬傳》被中央四組查禁，是因為海外版本結局變了，國民黨把牟小霞槍斃了。我沒看過，也沒問光逖。那時，我們對共產黨批評很多，但對國民黨，很少有這樣批評的。有人說，和光逖講講，不要這樣改嘛！這個結局是他改的，還是別人改的，不知道。我問，他為什麼去美國？劉老說，他為什麼到美國去，不清楚。好像有人說，是因為金琦希望到美國變個身分，然後到東北。我以為他是去愛荷華，那時候聶華苓在愛荷華。有人說，他到美國，《聯合報》沒有照顧他，《聯合報》沒法照顧他。《世界日報》是後來辦起來的。王必立回來在三藩市，認識一個人，辦個四海旅行社，有點錢，要宣傳，就辦個《四海》雜誌（後改《天洋》吧？），找人，王必立覺得光逖合適，就讓他辦《四海》雜誌，但很短時期，就辦不下去了。（劉昌平講了個笑話，意思是說，光逖不懂得怎麼賺錢。）一句話，你爸爸是個文人。

中間有王必成插話說：「你爸爸行啊！我弟弟在東京，把我弟弟一匹烈馬，訓成一匹……你爸爸這方面功勞很多。」

劉昌平特別強調：「你爸爸和《聯合報》關係很深。《聯合報》在海外幾個特派員為《聯合報》增光不少，司馬桑敦可以說是最增光的，海外特派員寄回的稿子中，他的最受重視。」

接著是午餐，整個在家的董事都參加的午餐。我坐在劉昌平和王必立中間。

劉老一再為父親的早逝表示惋惜，不理解他為什麼到美國，說如果留在日本，或者回台灣，不至於那麼早去世。還說他到洛杉磯辦報，和一幫年輕的朋友，沒有多少後備金，把自己的退休金都拿出來了，太書生氣。

王必立則在我的另一旁說：從你老爸那裡我學到不少東西。又說，他不從三藩市到洛杉磯，就不會那麼早過世了。他去洛杉磯辦報，太興奮了，如不那麼興奮，不會早逝。

人們似乎都不理解父親：何以離開熟諳的日本去美國？何以賣掉美麗的三藩市住宅去洛杉磯和年輕人辦報？何以修改《野馬傳》的結尾？何以要寫《張學良評傳》？而我覺得，我是理解父親的，我覺得他這一切都在努力回歸最初的精神家園，他在尋找回家的路，他在和我們拉近距離。

餐會上，我對《聯合報》幫助我終於實現了來台灣的多年夢想表示感謝。董事長王必成坐在我的對面，說：「要感謝你的父親對《聯合報》的貢獻。」說著從餐桌另一面走過來，遞給我一個紅包，「補助些來台花銷吧」。我很意外，表示感謝。我感謝《聯合報》，內心也默默感謝父親，他令我驕傲，正是大家對他的尊重才讓我和丈夫在這裡受到如此莊重而熱情地接待。餐後我們和大家合影，在樓梯旁，我被推在前面，在正、副董事長中間。餐後，王必立給我十幾頁資料，其中有父親手寫的信件，十分珍貴。

幾天後，司馬桑敦發表在《聯合報》的近千篇文章製作成一個光碟送到我手裡——這是我最想得到的——同時還送來幾張照片。我在信義路尋找不到父親回台北居住過的國際學舍，隨意提起，《聯合報》就把「國際學舍」拆毀前和正在拆毀中的照片送來了。這種細緻、迅捷的工作作風真令我感動。

一月十三日我們訪問了韓道誠。韓是父親哈爾濱時的老朋友，頭天在電話中，聽說我是王光逖的女兒，老人竟在電話中哭得泣不成聲。下午到他家，老人拄著四腳拐杖來迎接。他和我講了不少當年被捕的事，說是因為有人寫了不少材料才使他們後邊人進去的。我問他父親來台後住在他家多長時間，住在哪裡。他說有一年多，五十年代初，在台灣大學。可惜，我沒有時間去尋找父親這處落腳的地方。他把能找到的父親給他的信都給了我，我如獲至寶。

一月十四日下午我們訪問了「傳記文學出版社」。

在新店，在復興路上，一幢白色大樓的第十層即是「傳記文學出版社」，父親有四部書都在這裡出版過，因此我格外對它有感情，讓丈夫為我在其門口拍照留念。

我們先到資料室，為朋友查在《傳記文學》上發的照片。然後到編輯室，有兩位編輯在，一位是年輕的，一位是中年的，我遞上名片，說明來意，說明身分，那中年編輯也給我一張名片，說「是司馬桑敦的崇拜者」。他的話，讓我在心底裡又一次為父親感到驕傲。於是，把我的文章〈台灣作家司馬桑敦和他的《野馬傳》〉交給他，問是否可以在《傳記文學》上發表，他毫不猶豫的回答：「可以。」本來此文已寄給了《新文學史料》，但三個月了，無音訊，就帶到台灣來了。沒料到在這裡卻有如此順利的命運，令我感動。

接下來的與成社長的見面也是令我感動的。四點二十分成社長開完會，我才終於見到了這位成思危副委員長的妹妹。我稱讚《傳記文學》的廣泛影響和知名度，她說那是劉紹唐的功勞；她執意要請我吃飯，說我遠道而來，我說五點鐘已約好要見兩位老先生；我要購買的有關張學良的一套書（五本），她堅持由她來付款送我。我們在一起交談、拍照，不到二十分鐘，但成露茜社長的謙虛和熱情，給我留下了愉快難忘的印象。

從「傳記文學社」回來，陳在俊和蔣永敬兩位老先生在我們下榻的會館已等候多時，我感到十分抱歉。但兩位老先生卻不以為然，陳先生熱情細緻地向我這位晚輩介紹父親的故事。陳曾任唐縱的機要秘書多年，一九六〇年去日本，在日多年，對父親比較了解。

陳先生說：你父親在左營時，常向黃紹祖辦的雜誌投稿，黃辦的雜誌研究中共問題，每期都送給唐縱看。唐縱，蔣介石的紅人（和蔣經國有矛盾），黃埔六期的，但一點不像軍人，完全是個文人。國民黨改造時（一九五〇年八月），唐縱任中央黨部第六組主任。第六組，大陸研究和統戰單位，他首先把黃紹祖找來，黃以後又把你父親介紹來。那時編制很小，預算只有二十二個人，你父親不在預算之內，臨時聘雇人員。兩年後，國民黨開七全大會，重新改組，唐縱調到第一組，管組織，即組織部長，把幾個人帶到第一組，你父親他很器重也帶到第一組。唐這個人很重視地方組織，就派你父親到鄉下去看看。你父親跑了好幾個縣，寫回的調查報告，唐非常欣賞，又經過補充調查和整理，將報告拿到中常委會議上，很受好評，於是大家開玩笑叫他「農民黨員」。

他又告訴我說：這工作做了兩年多，這時候管大陸情報、中共研究的第二組（由蔣經國直接掌握）要派人去日本，因為日本資料多。第二組主任鄭介民，派嚴靈峰（蔣經國留蘇同學），蔣經國又派蕭昌樂（江西時代蔣經國的隨從）去日本。可這兩個人都不會日文，鄭介民找到唐縱，要王光逖。王光逖就同時以《聯合報》特派員的身分派到日本。你父親到東京，寫了幾篇通訊，很叫座。——《聯合報》，你父親是元老之一，是不要退休的。——到東京，他感到沒什麼好研究的。先是和蕭昌樂搞不好，因蕭什麼都不懂；接著和嚴靈峰也弄得不愉快，因為嚴這個人窮了一輩子，辦公費什麼的都佔用，你父親看不起；而他又不願做情報研究工作，成天到晚為《聯合報》寫通訊。「研究」的事交不了卷，和嚴靈峰就處不下去，他就脫離了二組。

陳先生介紹情況時，國民黨黨史專家蔣永敬教授也時有插話。他們二位對國民黨歷史，中央機構組織變動，人事背景，都瞭若指掌，讓我很長見識。十四日那天晚餐是蔣先生埋單，於是陳先生堅持在我們從台南回來的十六號晚上，他要請吃晚餐。所以，我幸運地又第二次聽陳先生補充介紹父親。

十六日那天，陳先生主要介紹父親寫《野馬傳》和《張學良評傳》惹來的麻煩。陳先生說，你父親寫《野馬傳》出了問題：再版時，結尾國民黨把這個人（指主人公牟小霞）殺掉了——他的思想，慢慢確實有點變左傾。別人向蔣經國反映。蔣經國告訴《聯合報》老闆王惕吾，說你那個王光逖不能用。（王惕吾和蔣家關係很深，蔣經國可以指揮他。）一度，王惕吾就想讓他回來，給他一個主筆，然後給他一個宿舍，讓他在學校教教課。後來讓他回來一趟，告訴他這些話。這些話，他和我說，我說，好哇，你身體不太好，何必在東京吃那個苦。那時《聯合報》有錢了，待遇也提高了。但他有點害怕，萬一蔣經國手下特務抓他怎麼辦？他很遲疑，回到日本，又不想回來了。蔣經國於是又壓王惕吾，王惕吾於是就說，那你就退休吧

陳先生還細緻講了父親寫《張學良評傳》的過程，說蔣經國對父親寫《張學良評傳》也非常不諒解。

陳先生兩次講的這些事，我都是第一次聽到，很感謝他的介紹，填補了我對父親經歷了解的一段空白。

一月十七日晚上拜訪黃天才先生。黃先生是《中央日報》駐日特派員，在日本和父親交往十多年，關係很好，他們之間幾乎到了無所不談的地步，父親的心境、隱私，有的都向他披露。在他的家裡，我們交談了近五個小時。他讓我對父親有了更細緻的了解。

比如，對二組的態度，黃先生說，光逖最討厭搞情報。光逖最不服氣的是國內搞情報的到這裡都找他，覺得他是同行，甚至認為他是六組派到《聯合報》的。光逖絕不提他是二組什麼什麼來的，所以，他不給二組拿東西，他拼命擺脫他們。黃說，光逖很天真，他認為他是作家、小說

一九七〇年十一月，與新聞記者黃天才（中）、盧冠群（右）於美國。

家嘛。小說家怎麼寫小說，你們也管？所以我到日本後，光逖總向我抱不平，他覺得他很冤枉。

黃先生也為父親抱不平。他說，光逖在台北沒有待多久，而在國外的每一個人，他們（指國民黨中央）都認為有點問題。

黃先生在東京買了房子，這對父親刺激很大。他也想買房子，卻沒有錢，也不知道可以貸款。黃告訴他可以貸款，他貸了一些款，金琦拿出她的存款，買了房子。但後來還貸款利息壓力很大，又把房子賣了，又回到下北澤租永井的房子住。

我對黃先生說，您悼念文章中寫到父親認您的女兒為乾女兒，我看了心裡很不是滋味。黃為父親解釋，光逖不是個婆婆媽媽的人，他肯定是心裡想念你們而不好說。說到孩子，黃先生還向我講述了父親和金琦，和聶華苓關係的許多事。

在台灣，我還拜訪了作家柏楊先生，與研究者成功大學應鳳凰教授、中央大學李瑞騰教授進行了交流，還電話採訪了柯青華、黃昭堂等父親朋友。

一月二十一日我和丈夫即將離開台北，深感此次台灣之行，收穫不小，也覺時間短促，還有不少遺憾。當飛機起飛時，面對舷窗外晨曦中的機場，熱淚禁不住湧進我的眼裡。心裡默念：

再見了，親愛的台灣！

謝謝各位長輩，你們讓我更親近了父親。

請多保重！我還會再來，會繼續我的尋父之旅。

六、美國尋訪

二〇〇七年一月一日（美國時間，下同），女兒可越陪我從東京來到美國三藩市，我終於實現了自父親去世後就埋藏在心中已二十六年的夢想。上午七點多，我們在機場等候外甥女李曉鷗和外甥女婿劉小民從聖何塞開車來接。

我走出機場，欣賞三藩市早晨的陽光，呼吸三藩市早晨的空氣，讓我產生了與日本截然不同的感覺：天色灰藍，沒有一點雲彩，陽光明媚，灑滿開闊的空間，綠樹自然隨意的生長，葉子上有點灰塵，空氣中有一種苦澀的清香味（是樹散發的嗎？）這氣味，陽光，開闊的視野，令我心醉，讓我彷彿回到了少年時代。在雙城縣，也是面對這樣的陽光、氣味、開闊，我曾遐想過，幻想過。我理解父親為什麼一定要捨棄日本來美國生活了。日本，一切都像是在狹窄的空間修飾過、整理過的，而這裡卻是隨意、自然、開闊，彷彿可以任你自由地呼吸、馳騁。（後來在洛杉磯去阿拉斯加的汽車上和芝加哥去愛荷華的汽車上，看見車窗外那廣闊未開墾的土地，那廣闊原野上賓士的加長大貨車，更強化了我的這種感覺。）說實話，我在這尋找父親的過程中，常常發現我和父親相同的脾性，比如，他的「太天真」，他看不起人「小氣」，他的為人直爽，他對理想的執著等，我也有，這也許就是遺傳吧。在這裡，我初到美國的感覺，大概也會和父親產生共鳴吧。

到外甥女曉鷗家，我立即給北美作家協會會長吳玲瑤打電話。和吳，我們是在吉林大學召開的世界華文文學國際學術會議上結識的。長春分手時，吳萬般叮囑我，到三藩市訪問父親老朋友，一定要先給她打電話，她會幫我聯繫。電話後，吳很快來了，還帶來了《世界日報》採訪部主任黃美惠女士，對我此次美國之行做採訪。（我剛離開美國，二〇〇七年一月十四日的《世界日報》即以一個整版登載了黃美惠的專題報導，連同照片，題目是：「重走父親司馬桑敦之路周勵灣區圓夢」）接著，吳開始幫我聯繫在三藩市要訪問的人，又聯繫洛杉磯我要訪問的人。吳的熱心，使我由初來乍到的茫然變到心裡亮堂了。

一月二日上午，吳玲瑤陪同我到孫健中家訪問。孫老八十八歲，頭腦清醒，步履矯健，曾作《聯合報》採訪部主任，是父親和《聯合報》新聞稿件的直接聯繫人，又幾次去日本和父親接

與孫健中（右）合影。六十年代司馬桑敦回台北，孫前去迎接。

觸，所以很了解父親。他對父親的評價幾乎和《野馬停蹄》中紀蒲文章的提法一模一樣，紀蒲也是《聯合報》的，看來他們對父親是有共識的。但孫老對父親也有他自己的認識。

他說：那個時期駐日特派員有《中央日報》的黃天才（後作「中央社」的社長）、《中國時報》的孫鐵齋、《聯合報》的司馬桑敦，三個人中，你父親日文最好，他和朝野都有來往，關於中日的報導，你父親的報導最好，稱他為「日本通」。他很會追蹤新聞，很靈敏，國會一個議案通過，他的報導詳細準確，在台灣，關於日本報導，他的文章是第一的。他幫忙《聯合報》做很多工作，第一部彩色輪轉機是他和日本聯繫買的。總編輯劉昌平對他不錯，聘他做特派員。而在新聞聯繫上，是我和他聯繫。黃天才，做過美軍翻譯官，足智多謀，但在新聞上敵不過王光逖，他和日本《每日新聞》聯繫密切，人緣又好。他對《聯合報》貢獻很大，老闆心裡有數，我們老人心裡也明白。他到美國沒給他適當的安排，他們不了解他的英文，他不願意表現自己，那年蔣經國訪問韓國，他發回來的電報，都是用英文，當時黃天才都很吃驚。

孫老說，他到美國不適應，到三藩市，到洛杉磯，很失意，他有肝病，不能勞累，不能生氣。那年（一九八一年）七月，我和內人到洛杉磯，我正要上飛機，吳浚藻接到電話，說：「王光逖去世了！」報告給大老闆，大老闆馬上回話，告訴孫建中，給五千元治喪，吳說，孫就在我身旁。

孫老還說，你父親這個人，很直爽，不高興的事，他直接講。中國人做事容易，做人難……買東西，他不會講價錢，給人錢了，還問，夠不夠。

說到錢，我想起母親說過，父親從不把錢太看重，有錢大家花，家裡總像孟嘗君府，總有食客在。陳在俊向我講述中，還說到父親常向他借錢（陳結婚前），也只是向他借，說父親應酬多，好請客，錢常不夠花。借多少陳不去記，而父親卻到時如數奉還。黃天才還說父親沒錢時曾典當過照相機。（黃先生後來和我說，他們在外人員，多數都有典當東西的拮据時候。）

中午，孫老夫婦在上海美食坊請吃飯。飯後又到家裡，孫老找父親的照片，錄影帶，送我們。

一月三日在三藩市中國城會見劉立男、葉長齡夫婦和邵中權先生，在湖南飯館請吃飯，邊吃邊聊。他們都曾是日本中華學校的老師，在日本就和金琦、王光逖熟識，到美國，更常來往，兩個人的葬禮他們都參加了。劉先生講了和父親在日本、美國經常來往，還講金琦工作敬業故事。葉女士見到我，拉著我的手直掉眼淚。邵先生爭著埋單，為老友有這樣後代慶幸。

餐後，小民開車接我們，去尋找父親的故居。

父親在三藩市的居住環境在《野馬停蹄》中有幾篇文章都提到。

> 王先生開著車，在薄霧縹緲的高速公路上，輕鬆舒暢地把我們從三藩市載到他坐落在太平洋岸的新居去。新居在靜謐的山谷中，包圍在茂盛的大自然中，從日本人的眼光來看，那是一所令人羨慕的高級住宅。（伊藤文）

> 王先生和仲達二人的家，在三藩市靠太平洋岸的山谷中，是新開發的住宅區。房子周圍有草坪，有類似垂柳的樹木。在位置上，這一區雖然靠海很近，因為有山為屏障，所以他們那裡陽光多，灰霧少，即使三藩市有風有霧，到了他們家，柳暗花明，又見陽光普照了。（王貴苓文）

我們去時是下午，天色陰暗。故居在1499 TERRA NOVA BL PACIFICA，我們在1500多號和1470號之間來回尋找，不見1499。開車的小民突然醒悟，立即將車開上一個斜坡，一幢灰色高大房子赫然懸著白色的寫著1499門牌號。驚喜，感歎，如此絕妙的所在！

一九七九年夏曆三月二十四日，攝於舊金山郊區自宅。

現在的房子主人是剛剛搬來的墨西哥人，家具堆放在樓上樓下，還未整理。我們拿著父親在1499號宅旁的照片，要求進去觀看。墨西哥人應允並熱情引領我們樓上樓下參觀。房間很大，格局獨特，還有個小小電梯，主人七歲小男孩陪我和姐姐乘電梯，從樓上到樓下，那隱蔽、昏暗，彷彿走進神秘古堡中。我想，年老腿腳不好，借助這電梯，不是照樣可以上下樓隨心所欲嗎？然而，父親卻捨棄了這麼好一所住宅，而去洛杉磯辦報。顯然，他來美國，不是為安度晚年，而是還有一個更強烈的理想信念吸引著他，讓他不得安生，還要去奔波。

我猜想，這理想信念是國家的，也是他個人的，他要探尋溝通的道路，他想要走回家鄉。

一月五日早晨，我們離開三藩市去洛杉磯，住在洛杉磯華人開的林肯酒店。此次來洛杉磯主要有兩個意願：一是尋找父親的遺物，他的信件、照片和沒有發表的文字材料；二是到父親墓地祭奠。

二〇〇〇年金琦突然車禍去世後，二〇〇三年姐姐由曉鷗夫婦帶著兩個月的孩子陪同，來洛杉磯給父親掃墓，順便尋找父親的遺物。二姑的朋友說，得找律師，但律師無法找到，盛夏酷暑，他們住了一天，回聖何塞了。姐妹中，我最關心父親的文字和照片等遺物，姐姐於是把律師電話告訴我，讓我聯繫。

我從大陸多次給律師打電話，他的秘書推來推去，總是無法與律師通話。給二姑朋友打電話，說，你來吧，到美國再聯繫。

到洛杉磯在旅館稍作休息後，我即給二姑朋友王薏苓阿姨打電話，她馬上開車來接我們，先去二姑去世前居住的老年公寓。還好，七年前的負責人仍在，她說，人去世，這邊的東西立即被封存，然後被拉走了。問誰拉走的？她說，不清楚，民政部門吧。薏苓阿姨斷定員警署知道，於是我們到員警署詢問。可越上前詢問。先是一個年輕的員警，不理，接說不知道，後找來位年長的員警，回答此事不歸他們管。王阿姨說，還是找律師吧。於是接下來的兩天，我們找律師。大律師，小律師，可越從早到晚打電話，都推，不僅見不到人，連電話也不接。具體承辦律師終於傳來話，告訴了一位辦事員名字，讓到總公司資料庫去查。查的結果，金琦、王金琦、金仲達，無論哪個名字，都沒有登記。可越通過電腦、電話找她的各方朋友幫忙，也無濟於事。一月八日那天，我的朋友、八十歲的華僑團體理事會主席蕭朝智先生找來「中美友好協會」會長以及四十五位華人華僑團體負責人，共餐，也是歡迎我這位東北老鄉。餐桌上，大家共同分析這件事，說，律師所以推，是因為遺物都銷毀或變賣了，無人認領，不可能保存這麼長時間，連一年都不可能保管。聽此分析，禁不住心寒。我積蓄多年的力量，萬里迢迢，來尋找父親的遺物，就這樣悲涼地結束了！

一月七日，上午會見左大臧先生、游蓬丹小姐，他們二位都是父親《加州日報》的同仁，是父親生命最後一程的見證者，左先生更是父親生命最後一息守在身旁的人。彼此相見，應高興，但我的感情很複雜，酸甜苦辣滋味都有。他們言談中流露出對父親的敬仰和尊重，我再一次感受到父親的魅力。

在海鮮樓聚餐後，王薏苓、游蓬丹陪同去看父親在此住過不到三個月的房子。這是一排二層樓，中間一套曾是父親住宅，現在有人住；這排房子的另一套，同樣的，在拍賣，我們裝作買房者，進去仔細參觀，樓上樓下，很亮堂，但大小、格局顯然遠不如三藩市的住宅。

在花店買了兩束花，蓬丹開車，薏苓阿姨陪同，我們一起去玫瑰崗。

我終於來到了父親的墓地。這裡草和樹四季常青，素雅幽靜。從水池中舀來水，將墓碑旁的花筒換上我帶去的花：白色的獻給父親，花色的獻給二姑。我把從東北長春帶來的一包黑土灑在父親墓地邊上。站在父親的墓前，默默泣訴：

父親，我從中國大陸長春來看您，帶來家鄉一包泥土。這是您一直思念的故鄉的土，這是養育過您也養育過我們、是您為之奮鬥爭取她的尊嚴和獨立的東北故鄉土地的土。

您雖然離開家鄉三十幾年，但我相信您一定一直夢想著有一天能踏上家鄉的土地。這個願望，您生前沒能實現，現在我帶來了這包土，請您聞聞家鄉黑土的清香，讓它代表家鄉的親人在這裡陪伴您。

父親，我從大陸到日本，從日本到三藩市，從三藩市到洛杉磯，我來看望您。您離開我幾十年，我一直期待著夢想著能和您見面，訴說我的衷腸。不想，我們卻在這樣天地相隔的空間對話，您能聽見我的訴說，您能理解我的思念嗎？

父親，您為什麼不等一等、看看您的已成年、有了您的外孫兒女的女兒呢？當堅冰已開，春回大地，您應該回大陸看看你的親人。您會看到，您的三個女兒、六個外孫兒女都受過高等教育，都有著像您一樣的誠實、正直的品格和孜孜不倦的進取精神，您會為他們感到驕傲的，這是母親教育的結果，但又何嘗不是因有您的遺傳因素在呢！

父親，我尋找一切機會接觸您的朋友，去日本，去台灣，來到美國，拜訪您的朋友同事，聽他們講述你的故事，知道了您這幾十年的經歷和作為，他們稱讚您的人品，佩服您的能力，也說到您的苦悶和委屈。我也閱讀了您的所有出版的作品，欣賞您的作品既有歷史深度，又有人性光彩，還有學術品位。父親，實在說，在我剛找到您時，我還不了解您。但經過我這二十幾年的尋找，我現在終於認識了您，了解了您。我為您感到驕傲！

父親，安息吧！我正在和我的朋友研究您的作品，我們要讓更多的人了解您。時代在前進，兩岸在和解，在人們用寬廣的胸懷攜手創造未來時，父親，請相信吧，您的作品定會越來越受到人們的關注，成為人們認識鄰國、正視歷史、啟迪心智、健全人性的精神食糧。

三篇鄉土味的小說

周勵

閱讀司馬桑敦的短篇小說，會強烈的感受到他的小說中那種鄉土味，特別是他的大部分篇章流淌著濃郁的關東原野的氣息，那環境，那人情，那人物個性，那生活方式，都彷彿讓你來到了東北，回到了東北；你會感受到作者沒有忘記東北，在時常懷念他的故鄉。

也許因為司馬桑敦在年輕時參加過抗日義勇軍，也許與綠林人物共同抗擊過日寇，也許因為他本身性格也有與綠林好漢的某些共鳴之處，他好像特別鍾愛綠林人物的素材。在看到的他的十個短篇中，竟有三篇是寫綠林人物的。在茫茫雪原、密密森林、漫漫黃塵以及敵人層層監禁的背景下，作品描寫那些綠林人物的高大瀟灑，慷慨豪爽，嫉惡如仇以及細膩的溫情，給人以凜然、大氣、威武、雄壯的美感，又有濃厚的人情味。當然，作者也描寫出綠林人物的狹隘、衝動、瘋狂報復行為所造成的危害。本篇文章就著重介紹和分析司馬桑敦這三篇綠林題材的小說。

一、

〈人間到處有青山〉是作者寫得最早的一篇，大約在一九五二年夏寫成。它以東北西部科爾沁大草原的風光為背景，塑造了一位豪俠仗義、仇恨貪官、珍視友情又曾是抗日英雄的綠林好漢形象。作者以「我」經過「彌漫黃塵」的科爾沁草原，去往通遼的路上所見所聞所歷作為鋪展小說故事的線索，從側面、正面、肖像、語言、動作等多方面來刻劃這個報字「青山」的綠林頭領的豪爽、義氣、嘉善懲惡的行事風格。

作者先從周邊人物來對這位「青山」作側面描寫：「我」乘大板車從達爾罕府奔方寨子的路上，不斷有報字青山的「柳子」傳聞，但也聽說，到了方寨子，就平安無事了。原來方寨子唯一的一家車店老闆魏小鬍子和「青山」有著不尋常的交情：有一年，青山在抗擊日本鬼子的戰鬥中受了傷，鬼子要生擒這隻老虎，魏小鬍子則把青山請到家裡來，用祖傳的秘方，治好了青山的傷，他們結下了深厚的交情。魏很了解青山，向「我」介紹，青山辦事「憑良心講道理」，「不問官不官，也不問商不商」，只要「規規矩矩」就「沒有什麼和人過意不去的」。至於「刮完了地皮，害夠了人」的縣太爺，「碰上青山，就難討公道了。」

接下來，小說寫「我」與一行人馬在行路中被青山的手下人在樹林邊截住，但他們的目標是找「崔縣長」，對別人則很客氣，雖都拿了些東西，卻很人性，也留了不少。

當主人公青山出場，小說則是先對他外貌著裝整體風度做了細緻的刻劃：他「身型高大」，

「碩健豐滿」，「穿著一襲黑布面的長身皮襖，腳上穿著北平式的單臉布鞋，頭上戴著一頂水獺皮火車頭式帽子」，「未披掛任何武器」，像「一位很別致的鄉間紳士」。他「神采奕奕」，「因為沒有鬍鬚」，簡直「有一種書生型的翩翩風度」。就是這樣一位人物，面對著「削瘦的肩膀，尖尖的下頦」嚇得「打哆嗦」，「匍匐地上，磕頭搗蒜不已」猥瑣的貪官崔縣長，用「洪亮的語聲」喝斥道：「你，姓崔的！既然走運做了官，竟不知為老百姓好好幹事，貪污刮財不止，竟也他媽的亂殺好人……竟把一個善良的老百姓，當做匪盜來辦，硬是把他害死了。你是中國人，你來做中國人的官，我問你和日本鬼子有什麼區別？」而這位綠林好漢對與朋友「我」的突然重逢，興奮、狂歡，不僅酒肉招待與「我」同來的全隊人馬，並宣佈「洗手三天」，以「紀念這個碰上朋友的好日子」。青山還拿他的朋友「我」的事蹟狠狠教訓那位搜刮夠民脂民膏卸任回家的「崔縣長」：「你得學學做人！就拿今天你的貴人，我的這位大弟，……十一年前在日本鬼子的監獄中，我們是萍水相逢，誰也不認識誰。但是，都受日本人的壓迫，……日本鬼子要餓死我，把我鎖起來，不准任何人給我們飯吃。我的大弟冒險偷偷給我吃，為了這個，他挨日本人的打，他受了酷刑，他差點喪了命。他為什麼？……因為……都是受人壓迫受人氣的人，兔崽子！人就應該有這股勁兒！」（《雪鄉集》第二八六頁）

顯然，作者用強烈的對比手法塑造這個英俊瀟灑、豪氣萬丈的綠林人物，把自己的審美觀鮮明地表達出來了，把他對混蛋官僚的強烈厭惡情緒宣泄出來了，並且把自己的獄中經歷也融進去了。

小說不僅人物形象，從外形、聲音到為人行事的作風，都是北方英雄男兒的特徵，就是小說故事發生的環境，如科爾沁草原「瀰漫的黃塵」，去通遼路上「白茫茫一望無際」的「雪氈」，方寨子大車店「長方形統艙式」的房子，睡下二三十人的「大炕」，以及青山手下人的「一律羊皮褲子和長筒『唐土馬』」靴子等，也處處散發著濃濃的東北的生活氣息。

二、

〈高麗狼〉，原載於《自由中國》第十二卷第二期（一九五五年一月十六日）題為：「額穆索的狼」。這是一篇很有獨特風格的小說。小說的環境，呈現出長白山密林的獨特景觀；它的氛圍，帶有綠林組織的神秘感；它的人物，粗野而又人性，野性的溫情伴著血性的屠殺。

小說通過第一人稱「我」（一位政府工作人員）被稱為「老疙瘩」的去長白山收編一支有著抗日功績的綠林隊伍的所見所聞為線索，描述了一個外號叫「高麗狼」的綠林頭目為專有強烈的愛而引發的瘋狂屠殺的慘烈故事。

小說開始部分，作者就以細膩的筆觸給讀者展現出東北長白山黃松甸的獨特而美麗的風景：

「黃松甸子真是名副其實的黃松木的世界，全山上幾十幢房子沒有一塊瓦片，全都是木造的。房子是循著山坡建立的，惟因坡度太陡，房子的屋基都是用粗碩的樹幹支撐的，顯得那樣高高在上岌岌可危，而且樓閣重疊櫛比鱗次聚攏地堆在山崖上，令人無論由下望上或者居高臨下，都有一種縹緲凌空的感覺。環繞黃松甸子小鎮周遭的山巒，群峰起伏，勢如奔馬，而且樹密如毛，翠蔽障目，儼然一面望不見邊際的森林之海。」而隆冬季節，「這個小鎮『覆蓋在白毛大雪之下，隆冬呈綠的黃松，掛滿絨氈，模糊掉了它挺勁的輪廓，而且遠山瀰漫，一片迷茫。」（《雪鄉集》第一五九－一六〇頁）。作者筆下的森林小鎮，冬雪之景，真是迷人，令人嚮往。黃松甸，實有其地，在吉林省東部。有理由猜想，作者不是親身經歷，不是帶著懷念的情緒，是不會描寫出如此生動而令人神往的景致的。

那麼，在這樣冰雪密林中活動著的「高麗狼」是個什麼樣的人物？

他是駐紮在額穆索山上一支綠林隊伍的頭領，因有著狼一樣的機警、縝密和殘忍，又是高麗人，因此綽號為「高麗狼」。他的隊伍雖然在離黃松甸鎮八十里以外的額穆索山上，但在黃松甸子就布下眼線，那些「表面上悠閒自得」，卻用「灼灼銳利的眼睛，警惕的監視你的行動」的人，就是他布置的眼線，「說明你已經踏入狼的勢力範圍了。」

去到「狼」的山寨，道路險峻，狼又部署得嚴密，儘管「我」和「狼」共過患難，一起抗擊過日本鬼子，還有關係人帶路，仍是要經過道道關卡的嚴厲盤問，又經軍用電話的通報，「我」才見到了「狼」。這顯示出「狼」確實很有「一把勢力」了。

儘管狼有了「矜持」的資本了，但「我」和狼不尋常的關係，讓狼還是友好地接待了「我」。「我」曾是狼的情敵，十年前他們在一起時，都愛上了「仙女」，後來「我」毅然退出，離開這支隊伍，成全了狼對仙女的愛情。狼許諾：對我的恩情「一輩子忘不了」。「我」這次來，狼雖然對越來越漂亮的「仙女」不放心，但「狼」不忘朋友情分，給「我」安排安全的住處，就餐時還大方的把「仙女」放在「我」的身旁。

但狼的人生目的很狹隘。正是這狹隘的人生目的，毀了他自己，毀了他的隊伍，這是小說著重表現的。小說寫到，當「我」用「革命」、「國家」、「人民」等勸說狼，收編他的隊伍時，狼則明確表示：「還有比為解放自己，為尋求自己的自由，更革命的事嗎？」「幹什麼都可以，只要自由自在，我們自己認為順氣就行。」他不肯交出他的力量，他只是為保護他的「仙女」。他大聲喊著：「我的全世界就是她。我的全靈魂就是她。除了她，我沒有別的！」當他的仙女用動人的歌聲為在宴會大廳設宴招待的蘇俄兵助興、竟被喝醉酒的蘇俄兵糟蹋後，「狼」瘋狂了：他聞訊飛奔出去，用手提式自動步槍，足足打了七十發子彈，把宴會大廳的人全打死了。他的「仙女」死了，他的人生追求沒了，他也「死」了。他聲言：「我的力量沒有用了，我不需要什麼力量了。」他失去了理智，咆哮著：「沒有她，一切都完了！」「我要幹掉一切！一切！」他把山寨燒了，他在那一帶的鐵路交通線上瘋狂地進行破壞……

這個故事結局告訴我們：那些在抵禦外來民族勢力入侵、保家衛國的鬥爭中做出貢獻的綠林隊伍，如果不提升自己的人生追求，只為了自己的「順氣」、「自由」，就有可能成為危害一方安寧的破壞力量。作者曾說：「我曾對〈高麗狼〉寄過很大的希望，可惜沒有把它描寫成功。」[1]不知前述的分析是否是作者立意所在，至少我們從它的小說中得到這樣的啟示。

三、

〈越獄殺人犯十九號〉，是作者晚年創作的小說。作者晚年的小說，文筆更加從容，心態顯得平和，克服了五十年代小說那種「太注重表現自己，有時不免露出自己的呼聲來」[2]的毛病，環境、人物、敘述，更為有機融合一起，顯示出和諧自然的美感。

作者晚年的小說仍延續並突現了作者五十年代小說創作的主要風格，即借用作者早年的生活經歷，以第一人稱寫法，來敘述發生在東北環境的事，表現東北人那種豪爽、義氣、寧折不彎、敢恨敢愛的性格。

一九七九年在美國三藩市完成〈越獄殺人犯十九號〉時，作者已過了花甲之年。作者利用自己年輕時因抗日被抓入獄的經歷作為創作小說的故事背景，在本篇著力刻劃了一個越獄殺人被編為十九號的犯人，他的名字叫「海天」，是活動在東山裡抗日的紅鬍子首領，被日偽敵人抓進監獄。他強悍、蠻勇、狡黠而有俠義精神。

小說還有一個形象就是「我」。「我」不僅是小說故事的敘述人，同時也是一個個性豐滿的

1 司馬桑敦，《山洪暴發的時候》〈寫在前面〉，文星書店，一九七〇年十一月。

2 莊因，〈雪齋——《雪鄉集》序〉，長青文化公司，一九九二年十二月。

人物形象。

「我」和他的三位戰友作為政治犯，被哈爾濱日本憲兵隊的特務一同從哈爾濱押解到長春，關押在員警廳看守所。「我」被編為八十號。在走進鳥籠一樣的監牢時，卻意外地受到資訊觸角靈敏的越獄殺人的十九號呼叫。他們認識了。在監牢裡，「我」把視為生命的獄飯送給判了死刑的十九號；「我」的義氣，贏得了強悍的也講義氣十九號海天的信任；「我」又設法給海天遞過話，用看守對他是死刑犯不過分計較的處境，讓他設法讓看守減輕對無辜的小夥子「小柳」的踢打；「我」又機靈地為海天傳遞資訊，終於讓殺人犯十九號的朋友從日偽敵人手裡把他救了出來。小說中「我」的故事，應該說，有太多作者的經歷和行為的影子。從這點講，與其說該小說在刻劃越獄殺人的十九號形象，不如說作者在紀錄自己在東北長春那段受盡磨難、刻骨銘心的三年多的獄中生活。

一九五四年冬，於東京。

從寫作技巧來看，本篇在人物刻劃上，語言、動作、肖像描寫，更具個性化，比作者五十年代小說更為嫻熟。如，寫這位十九號海天，因殺人判死刑單獨關押，他大聲喊叫，「媽」「媽」地罵人話不離口。但當「我」把剩下的兩盒囚飯託看守送給十九號，他則是一個雷一般的反響：「八十號，夠朋友！謝了。我海天一輩子忘不了這一筆交情，謝了。」當「我」告訴他關在哈爾濱牢裡他認識的一個人「吃裡爬外」在做人上有問題時，他則罵道「你以為我們當鬍子的都是一樣人？告訴你，我早就聽說林二虎不是人操的……」。這些語言，很符合這個人物的身分和個性。特別當海天被戴上手扣腳鐐要押解出去，此時作品對這個人物做了濃墨重彩的描寫：「我」，因受重刑，「匍匐在那裡，支撐著抬頭望著他。那一副沉重的鐐子拘束了他。他的步履很慢很重。那件骯髒的肥大的獸皮袍子，把他高大的身形襯托得峨峨然帶著一股威嚴……他走到我的面前緩緩地蹲了下來，然後又費力地改變了姿勢，跪了下來，我第一次看清楚了他的黝黑臉膛。那是一張貼滿傷痕和泥垢的臉膛：濃密的頭髮、鬍子、汗毛，亂蓬蓬地糾葛在一起；他張著嘴，但看不出嘴巴，兩隻大鼻孔卻很突出，鼻翅在扇闔著；一雙奇大的眼睛，佈滿了血絲，也噙滿了淚水。他喉頭沙啞地但卻沉重地吐出來一句話：『老弟』，『保重！後會有期！』」（《雪鄉集》第三○九─三一○頁）這一段文字細膩、逼真，把一個經受磨難、無所懼怕的紅鬍子的柔情、俠義表現得淋漓盡致、栩栩如生，可以說為現代文學畫廊塑造了一個色彩獨特的人物形象。

四、

據史料記載，日本侵佔東北後，不願做奴隸的東北各階層人士，紛紛高舉義旗，掀起武裝鬥爭浪潮，組成反侵略反壓迫的抗日義勇軍，而且義勇軍在九一八後一年多的時間裡，曾是東北抗擊日本侵略者的主要力量。抗日義勇軍成分比較複雜，有農民，有原東北的軍警官兵，有知識分子、工人、商人、地主、紳士，也有當過綠林土匪的人。綠林土匪出身的在義勇軍中所占比例還不小，約占五分之一。[3] 這批綠林武裝力量，有的在抗日鬥爭中，被收編為正規軍，有的被打散；有的在抗戰勝利後，被收編為正規軍，有的因頭頭危害人民被鎮壓而解散。

這些史料說明，上述三篇小說所記述的都有抗日經歷的綠林人物是歷史上真實的存在。小說作為藝術創作，固然來源於生活，但，它不是記述歷史，它可以以某些史料作素材，進行藝術加工，深入開掘，塑造有個性的人物形象，以表達作者的愛憎情感。

「歷史是歷史學家跟他的事實之間的相互作用的連續不斷的過程，是現在與過去之間的永無止境的問答交談」[4] 作為小說家，其精神勞作和歷史學家同樣，是屬於一種現在與過去的對話。

那麼，上述三篇小說利用過去的歷史素材，著重要表現作者「現在」的一種什麼意圖，什麼情感？在介紹和簡析上述作品中已提到了，這裡不妨再加以總括和強調。

一、作者曾表白，他是「探索著由一個樸素的人的立場去寫一個『人』」，避免了那些約束人

3　李新、陳鐵健主編，《抗日潮流的起伏——中國新民主主義革命史長篇》，上海人民出版社，一九九三年四月，頁二七六。

4　卡爾，《歷史是什麼？》中譯本，頁二八。

的目的主義或理想主義的觀念」。[5] 他在另一處還說過，他的小說，是作「人性追究」[6]。作者在這幾篇小說中，確實在挖掘綠林人物身上的人性表現，表現他們在對待朋友，對待貪官，對待弱者，對待敵人，態度的黑白分明，情感的憎愛強烈。作者特別看重綠林頭領身上那種「知恩必報」、「滴水之恩湧泉相報」的俠義精神，這在「青山」身上表現最為突出，在殺人犯十九號「老海」身上也有著重的刻劃，在「高麗狼」對「我」的承諾和行為中也有表現。

作者從小就深愛《三國演義》中的人物故事，崇尚關羽等人的忠勇和俠義，這種精神品格不僅滋潤著作者的人格形成，同時也是東北廣大民眾的精神食糧，是中華民族傳統文化的一部分。可以說，日本侵略者侵佔東北後，東北人民自發起來進行反抗鬥爭，不能不說和東北人民保有這種中華民族的文化精神有密切關係。不甘屈辱的反抗精神，來源於人追求自由的本性；重朋友，講義氣，抑強扶弱的俠義精神，則是善良人性的體現。作者藉塑造俠義的綠林人物形象，也是在表現自己家鄉東北人身上普遍具有那種善良、俠義，不甘被奴役，追求自由的品格。

二、藉記述綠林人物的故事，點滴記下了東北人民浴血奮鬥的抗日歷史，記下了作者和他的朋友被日本人抓進監牢所遭受的磨難。三篇小說中的「我」的故事，多多少少都有作者經歷的事。作者描寫「青山」罵那個縣太爺的話：「貪污刮財不止」、「亂殺好人」，是中國人，做中

5 司馬桑敦，《山洪暴發的時候》〈寫在前面〉，文星書店，一九七〇年十一月。

6 司馬桑敦，〈小說中「人性追究」——為〈《野馬傳》〉答許逖先生〉，《野馬傳》，長青文化公司，一九九三年。

國人的官，卻和日本鬼子沒什麼區別。「請問你願意把你愛的國，交給這種混帳東西嗎？」這裡，分明是藉作品人物的口在發洩作者自己對貪官污吏的憤懣。因為作者曾滿腔愛國熱情投身到抗日的洪流中，受到不少磨難，還遭受三年多牢獄之苦。本希望趕走了日本侵略者，中國人自己來管理中國，會有和平和安寧；沒有料到，抗戰勝利後，政府接收東北時，烏煙瘴氣，一片混亂，這令作者大失所望，他曾在他的長篇小說《野馬傳》中對此有所描述。有人說作者「是位理想性、革命性極強的人」[7]，還有人說作者的作品總有一種「不平氣」[8]，這大概即是作者的美好理想和滿腔熱情受到嚴重挫傷所致。

三、藉小說，記下記憶中的故土的自然環境。在〈高麗狼〉中，作者以細膩的筆觸對黃松甸的描寫，如同一幅長白山密林畫，層次清晰，色彩鮮豔。而〈人間處處有青山〉，只寥寥幾筆，即生動展示出東北的西部獨特的生存環境。在〈越獄殺人犯十九號〉開篇，作者用了幾個詞語，就把長春冬天的寒冷寫出來了：「透骨的寒氣」，「寒風中打著哆嗦」，「屋頂都蓋滿的積雪和冰溜」……這些描寫，讓熟悉此環境的人看了感到親切，對此陌生的人讀了頓覺新鮮。

總之，上述三篇小說記述的是東北的環境，東北發生的事，表現的是東北人崇尚的人格特徵。這就是司馬桑敦短篇小說的鄉土特色，也是司馬桑敦小說審美系統中一個有魅力的符號。

---

7 紀剛，〈野馬從未停蹄——《雪鄉集》跋〉，長青文化公司，一九九二年。
8 司馬桑敦書簡，〈從紀德談起〉，載《自由中國》半月刊，一九五四年七月十六日。

第二章　反思戰爭與歷史

人性與環境衝突的悲劇

周勵

大陸近幾年出版的台灣文學史中，有一位在台灣、香港及海外頗有聲譽的作家的名字，沒有提到，我以為是很遺憾的；他就是司馬桑敦。聶華苓主編《自由中國》文藝部分時，《自由中國》「聚集了當時一批具有自由主義傾向的大陸來台作家」，如林海音、陳紀瀅、朱西寧、吳魯芹、於梨華等，其中也包括司馬桑敦。司馬桑敦曾在《自由中國》一連發表六個短篇小說，被稱為「才華較高，題材既廣，佈局又新」「五十年代頗具野心的小說大家」[1]。他的長篇小說《野馬傳》，則「……因孜孜於『高邁哲理』，希冀從歷史巨流中找答案，才走上被國民黨查禁的命運」[2]

本文就介紹和分析《野馬傳》。

1　應鳳凰，〈《自由中國》《文友通訊》作家群與五十年代台灣文學史〉，《文學台灣》第二十六卷一九九八年夏季。

2　同註1。

生經歷。為此，先來介紹作者的人生經歷。《野馬傳》的創作，和作者的人生經歷有關；而《野馬傳》的被禁，又影響了作者後來的人

作者司馬桑敦（一九一八—一九八一），台灣著名記者、作家。原名王光逖，遼寧省金州（屬大連市）人，出身商人家庭。他少年時期就關心國家民族的命運，對日本侵佔東北，懷有強烈屈辱感，決心練就一身本領，去「雪恥」。高小一畢業，即赴他哥哥所在的「抗日救國教導隊」，當了一名少年兵。後又被他家人送到瀋陽共榮專科學校繼續讀書。畢業後，投考哈爾濱郵局，培訓結束，調派小綏芬河任郵政局長。因友人「反滿抗日」被捕，感到自身危險，離開綏芬河，返回哈爾濱。

司馬從小喜歡讀書、愛好文學，一九三六年，他就曾向《大北新報》投過詩稿。此時他流浪街頭找工作，困在旅館，餓得發昏，與《跋涉》主人公產生強烈共鳴。蕭軍、蕭紅這部合著給了他巨大的精神力量，重新點燃他追求文學的夢想，他不斷投稿《大北新報》，後被《大北新報》聘為記者，不久成為該報副刊主編。

在《大北新報》期間，他發表過反映下層人民疾苦的小說、詛咒黑暗渴望自由的散文和翻譯作品。他豪爽俠氣，才華橫溢，精通日語，光芒四射的性格和多方面能力，為他贏得許多朋友。他一九三九年秋結婚，他的妻子是哈爾濱市立醫院護士，曾是護士專科學校的高才生，出身

貧寒。她憂鬱的美麗、倔強的聰明一下吸引了他，當得知她也喜歡《跋涉》，也是魯迅、巴金作品的崇拜者時，兩顆心靈溝通了。他們志同道合，結婚後，他們的一套兩居室的俄式住宅（潔淨街五十六號），成了「左翼文學小組」活動的一個地點，有許多文學青年常聚集在他們家裡，討論文學創作，學習馬克思主義理論，研究抗日救國的方略，甚至有流浪的文學青年暫時棲居他家裡。「潔淨街五十六號」，成了他的家人和他的一些朋友永遠難忘的精神家園。

一九四〇年春天，滿懷救國豪情的王光逖，毅然決然告別新婚不久的妻子，跟隨幾個朋友，到了冀魯抗日游擊隊，想以他文武全能的本事，為打敗日寇出力。但有一件事深深傷了他的心：在他之前從哈爾濱來到游擊隊的一對青年夫婦，被懷疑成托派，活埋了。他得知後，情緒低落，為此也遭到懷疑。此時他寫信給他的妻子：「此地不是我們的理想之地，如有人讓你來（同去的朋友勸他讓他做醫務工作的妻子也來），你千萬不要來，我馬上就要回去。」不久，他冒著風險又回到哈爾濱。這件事對他刺激非常之大，可以說影響著他一生的思想。之後，他又去趟上海，結識了幾位左聯藝術家，並有創作的小說以及文學報導投給當時的抗日地下刊物。他又回到哈爾濱，繼續在《大北新報》，編輯文藝副刊。[3]

王光逖身上有濃重的浪漫主義的英雄氣息，表現在他的創作上，也表現在他給孩子起名上。長女一九四一年三月出生，他給起的乳名叫「達克」，即希望她如法國女英雄貞德一樣勇敢；他

3 周勵，〈火一樣的青春〉，《新文學史料》，二〇〇一年第二期，頁一七三。

給二女兒起的乳名叫「巴曼」，是從他推崇的兩個作家名字中各取一個字。

他於一九四一年十二月三十一日因「抗日思想」罪，被逮捕入獄。先是關在哈爾濱，後來又轉移到長春。在獄中，他仍不失俠士風度：一九四三年冬天，他的妻子抱著他還沒有見面的二女兒冒著嚴寒從哈爾濱來長春探監，給他帶去一筐煮熟的鹹鴨蛋，他慷慨表示：「沫南（他同室獄友，以後曾任黑龍江省文聯主席）病了，正好給他吃。」[4]獄中，他利用敵人沒掌握他有組織的事實而獲得的有限自由，冒著巨大的風險，偷飯送給正受敵人飢餓懲罰的難友梁肅戎（以後曾任台灣立法院院長），梁後來曾深情稱他是「救命恩人」。[5]

他住獄三年多，直到一九四五年光復他才徹底獲得自由。幾年的監獄生活，不僅留給他冰冷水泥地上徹骨寒心的記憶，還讓他的思想又經歷了一次大的變化。他在獄中結識了幾位國民黨獄友。他在哈爾濱參加的「左翼文學小組」，是共產黨領導的，因此他和他的朋友是作為共產黨嫌疑犯被捕的。他在獄中以譯員身分得到有限自由後，不僅能給自己同案的朋友以幫助，同時也想方設法為因抗日被關在一起的國民黨獄友出力，並與他們結下了友誼。他們稱讚他「見識高超，其愛國愛民族之意念勝過任何人」，稱他為「獄中知音」[6]。他則佩服幾位國民黨獄友在獄中剛正頑強的表現，並在他「國家至上」的道德觀上，接受了他們宣傳的「政府即國家」的理念。因

4 採訪王光逖哈爾濱時期的朋友陳隄、關沫南及前妻周墨瑩手記。
5 金恩輝、魏克智、趙慶波著，《杜鵑啼血》，九州出版社，頁二二一。
6 金仲達編，〈野馬停蹄〉，《司馬桑敦紀念文集》，爾雅出版社，頁四三、五九。

此光復後，他就和他的國民黨獄友站在一起，「為國效力了」。

一九四六—一九四八年他在長春做新聞工作，辦《星期論壇》，（後改《論壇報》）。他的周圍仍是集聚許多朋友。此時他雖然還是精力四射、倜儻瀟灑，但內心卻有矛盾、彷徨。他本能的認為，「七尺男兒」應為民族獨立、國家強大建功立業，應「捨小家顧大家」。可是他卻被捲入黨派之爭、權力之爭中。他耳聞目睹許多殘忍、狡詐、腐敗、無能的事情，內心對哪一面都不恭、不忠。然而，他深知，想超脫，不可能，為了生存，也為了他的「忠於政府就是忠於國家」的道德觀，他還必須倒向現存的政權。他寫他眼見的和感受到的，發些書生議論。就在一九四八年底那個政權在東北傾倒前，他帶著他的遠房從妹，離開了妻子和女兒，開始了走天津，奔青島，下廈門，又到台灣的逃難歷程。一路上，他身心受到痛苦的煎熬。他深思、反省，自己滿腔為民族為國家的赤誠，為何落到如此妻離子散的悲慘境地？他要標示出他的愛情觀，他要對他的行為作人性的探索，他要表白對被政治作弄的抗議，以此向他的朋友、他的家人作交代，來尋找心理平衡。當他把要標示的、要探索的、要抗議的用文學創作表達出來以後，他的沉重的心靈有所解脫。他開始了對歷史事件和人物的研究與創作，對自由民主社會的研究和介紹。但有一塊情感的巨石一直壓在他的心靈深處，他從不去觸動它，從未向外人展示過。這是他總不得安寧、不斷尋求自我突破、直到去世前還在拚力辦一份不黨不私溝通海峽兩岸心聲報紙的重要動力。

上個世紀五十年代，司馬桑敦在台灣《自由中國》雜誌一連發表多篇短篇小說，並開始撰寫長篇小說《野馬傳》。一九五四年他被友人推薦到台灣《聯合報》，派往日本任駐日特派員。一九五五年考入日本國立東京大學大學院社會科學研究科攻讀碩士課程，一九五七年獲東京大學大學院社會科學研究科國際關係論碩士學位，並繼續考入博士課程班。此間，他繼續《野馬傳》的創作，並在香港《祖國》週刊連載。公務、學習、創作，有機融合，成了他生活的三腳架，讓他的生命煥發絢麗的光彩。他如饑似渴的讀書，又四處奔波，調查採訪，他不斷思索，整理、提升、深化他的思想，他把他的觀察、他的知識和見識，融進一篇篇日本通訊中，客觀、公允，有正氣，成為人們最愛讀、最搶手的文章，為他贏得了台灣「東京第一支筆」的美譽。[7] 然而，長時間每天十幾小時超負荷的讀和寫，終於使他身體抵抗力下降，患上肝炎（未覺察中急性轉為慢性）。這無疑對他滿蓬行駛的生命之舟如襲來一個惡浪。但給他更大精神打擊的是《自由中國》雜誌的被封，他的長篇《野馬傳》的被查禁，不免讓他心灰意冷。不過卻也產生了另一方面的作用，即更堅定了他超脫的自由主義文人的立場。

一九六〇年他的博士課程修完，二十七萬字（日文）論文完成，但因和導師觀點相左，他放棄了博士學位。他開始收集造成中華民族之災難、造成他個人和家庭之不幸命運的中日戰爭研究材料。一九七三年三月他開始著手寫《張學良評傳》，以東北著名的歷史人物為中心，來描

7 同註6，頁一一〇。

一九八一年四月，於舊金山住家附近。

寫和揭示中日戰爭。他終生對政治懷疑，卻對「人物性格影響政治性格」抱著濃厚的研究興趣。他這部評傳，以豐富翔實的資料，客觀公正的學術立場，細膩生動的文學筆法，深入到傳主的人性層面、探討其心理性格如何促成「西安事變」而別具特色。因此，此書在香港一出版，就受到了國內國外、海峽兩岸學者們的普遍關注，成為研究中國近代史及著名的「西安事變」重要參考著作。一九七〇年他隨記者團訪問美國，探訪了西部南部各州著名城市及幾所有名學府，對美國文化和社會氛圍有了具體感受。一九七六年他參加了安格爾和聶華苓舉辦的「國際作家班」，之後又參觀了美國東部，隨之下定了去美國發展的決心。

一九七七年他從《聯合報》提前退休。他拒絕了日本朋友可以為他辦理獲得在日永居權的好意，毅然決然離開了生活二十三年熟諳的日本，舉家遷居美國。他去美國，不是為安度晚年，而

是要在美國這自由的環境裡，搞他的「自由文化」，說他想說的話，寫他想寫的文章，實現他文人的更高理想。為了這理想，他又離開已熟悉了的三藩市海灣環境，舉家南遷到洛杉磯。在洛杉磯，他找到了幾位志同道合的年輕朋友，他們共同創辦一份報紙，為自己建一個自由發表言論的陣地。他很興奮，把自己不多的退休金全貼補上了。他任該報的總主筆，兼管兩個文藝副刊。他給各方面朋友寫信打電話約稿。朋友說他有點唐・吉訶德，他承認，但他固執地認為，「中國的讀書人，只要肯付出三分良心，加上一、二分良知，再加上四、五分熱情，中國這個國家就會大有希望。最可悲者，……有許多讀書人並不如此。」他則表示，自己寧肯苦幹、窮幹，也要在這自由的天地裡，盡一個讀書人的言責。[8]

然而，上天不給他時間，再一次作弄了他。他的家剛搬去兩個月，他就累倒了，痼疾復發，住進醫院。在病榻上，他還在滿懷信心地和他朋友說：「請等我，等我好了再寫。」但幾個小時後，他去世了，就在他憧憬的報紙即將開張的前夕。他奔波漂泊一生，骨灰葬在了異國洛杉磯的玫瑰園。但，也許是天意，在他行將到人生終點時，有兩件事，讓他的心靈回歸了故鄉。他去世半年前，他年輕時的朋友從大陸託美國朋友給他捎去了《跋涉》的複印本。當他遠離哈爾濱在美國西岸看到這本「影響」他「最深」的原著時，竟讓他詫愕、驚喜，喚醒了他久遠的幻夢。還有，他去世一個月前，接到了分離三十三年沒有聯繫的女兒的來信。他沒有來得及回信。他把這信珍惜地放在床頭。它終於觸動了他心底的巨石，他的心靈被喚回故土，回到了他最早的家園。

8 《亞洲週刊》，一九九六年六月十六—二十日。

司馬桑敦墓地。（二〇〇七年一月七日，洛杉磯玫瑰崗）

他一直拚搏奮鬥，要搬掉這心底巨石。他沒能搬掉。他是帶著沉重的負擔離去的。這是他的人生悲劇。但又何止是他一個人的悲劇呢？

長篇小說《野馬傳》是司馬桑敦唯一的一部長篇小說。在香港《亞洲週刊》舉辦的「二十世紀中文小說一百強」的評選中，第一輪推選了五百餘部作品，其中台灣作品占一五二部，在這一五二部作品中，司馬桑敦的《野馬傳》和他的短篇小說集《山洪暴發的時候》都名列其內。[9]

（一）小說故事梗概

《野馬傳》主要敘述的是一個天生有著不受束縛的叛逆性格、有「野馬」綽號的女性，在抗日戰爭的巨大歷史潮流中，豐富多彩的抗日鬥爭經歷，和不斷遭受誣陷傷害的悲劇命運。

小說這位女主人公名字叫牟小霞（抗日活動中又稱牟蕭俠或蕭俠）。她出生在大連，母親

9 同註6，頁一九三。

是位在遼東和膠東一帶小有名氣的坤伶，戲唱得好，又精明能幹，為人處事「落落大方，聲氣奪人」。從小跟隨母親演戲各處跑，加之母親的影響、鼓勵和暗示，形成了牟小霞任性、倔強、放縱自由的性格，少年時就得了「野馬」的渾號。她的母親不希望她演戲。但唯利是圖的父親縱容她學戲。在一次偶然機會裡，她登台演出了，借用母親牟秋霞的名氣，她取名叫「牟小霞」。從此她的名字傳揚開了。她雖演戲不到一年，母親就堅決把她送進了學校，但「女戲子」的經歷此後一直成為人們熱中談論或誣陷她的話題。她在學校和有權勢家的子弟楚玉霖戀愛、懷孕。楚家為阻止他們的戀愛，派人砸了他們的戲園子，把她踢流產。她的母親因對她失望，與情人出走。為了還債和拯救戲園子一班人，抱著「我惹的禍，我負責」的江湖義氣，她答應父親嫁給了大她三十幾歲的商人許澗亭。

許帶她回到他的老家山東蓬萊，她發現，許的妻子並未死，而是位癱瘓在床的病人。她感覺受騙了，但也隨之諒解了許，並對許太太同情照顧。與她勢不兩立的，則是與他們同居的許的陰險刻薄的老姐姐，和她抽大煙的兒子傳祖懋。她對有著「反抗勁兒」許的姪子、窮船戶許海產生好感。她被送到中學讀書，老師陳立文引導她讀中外具有民主自由思想的文學作品，她被巴金《滅亡》中杜大心的犧牲精神所感染，被陳稱讚有「犧牲小我的情操」、具有「領導」的素質所鼓舞。陳引導她加入讀書會，並遇見許海，接受許海「窮人幫窮人」的口號，拿出錢為其買船。她參加讀書會的抗日募捐義演活動，演戲、演講，受到擁戴；同時與許海戀愛。她與陳過多的接觸，陳太太由誤會而自殺。她受到輿論的譴責，被老姐姐斥罵。老姐姐下毒害死許太太，誣陷是她所為，她被抓進牢裡。她丈夫花錢將她保出，他對她「虛心下氣」所求的，就是希望她為他生個傳宗接代的兒子。然而，她一再讓他失望，她的心思都在參加抗日活動上，她的兩次懷孕都因參加活動劇烈而流產。老姐姐殺人真相被揭露、傅氏母子被攆出後，她的家已公私不分，成為青年會活動地點，她與許海無拘束地在一起，終於被對她恨之入骨的傅祖懋抓住。她對此很平靜，希望藉此解除與許澗亭這段沒有愛情的姻緣。但厚道懦弱的許還是保留了他們的夫妻名分，去了關東。

「七・七」事變後，她變賣了地產房產，購買武器，將舊日讀書會的朋友武裝起來，自己也有了手槍，成了游擊隊的頭領，自況像「穆桂英」，又像女匪「駝龍」。她和作了南京一個方面負責人的陳立文有書信來往，他給她分析形勢，鼓勵她丟棄「私人感情」，「在挽救人民的危亡上」，「該有所努力」。她和陳的聯繫，遭到許海的嫉恨，在陳接應他們轉移的戰鬥中，許海趁黑暗打死陳。她從許海殘忍的、狡詐的舉動中看清了他的自私的「目的主義」。她對許的領導朱新宣傳的冷酷的「政治藝術」很反感。她在做婦救會工作中，對戰爭給人民帶來的痛苦災難，表示同情，被批判為「溫情主義」，被誣陷為「通敵」。她默許、鼓勵飢餓的群眾去搶紅薯，這個錯誤讓她受到被長期囚禁在暗冷潮濕破屋裡的遭遇。她半年多未洗臉，蓬頭垢面，變成了厲鬼模樣。她失去自由的三、四年中，許海不斷利用她的名義敲詐他的叔叔，還和她最痛恨的漢奸狗腿子趙博生合夥做向日本輸出勞工的買賣。光復後，她被當作貨物轉給趙。但趙為掩蓋漢奸身分要殺許海時，卻把許澗亭打死，而又嫁禍於她，告她殺害親夫罪，喪失中國人良心的漢奸、穿上美式軍裝成了原告，她這位「舍家破財」「堅決抵抗日本鬼子，反對做亡國奴」的抗日鬥士，卻成了被告關進監牢。而報界只會對她尋開心，在她的「女戲子」身分、她的私生活上，挖掘無聊的花邊新聞。她感到世界的「暗無天日」，對世界毫無興趣了。在獄中，她感到離母親太久遠了，只有她是「唯一的親人，唯一的朋友」，她盼望母親能再來看她一次。

（二）主人公牟小霞的性格特徵

上述小說的故事梗概，就是小說主人公牟小霞從少年到三十幾歲的人生經歷。牟小霞的思想性格大體有這樣幾個發展階段：

一、「九·一八」前後金州少女時期，她表現出天生的叛逆性、好勝好鬥的野性，富有同情心，有江湖義氣。她藉著發洩自己遭受打擊的怨氣，參加到學生的抗日的示威遊行中，高喊「打倒日本鬼子！」「反對漢奸楚子峰！」，被抓，在員警署蹲了一宿，成為她抗日鬥士人生開端重要的一筆記錄。儘管她有「都是半拉日本子」金州人的自卑，但正如這座小城雙十節所唱的老歌：「歐風捲入太平洋，千年睡獅醒東方，弱肉強食無公理，中華兒女當自強！」（《野馬傳》頁七八，下同）金州是深受新文化影響的，西方文化的民主自由思想，自立自強的獨立精神，早已滋潤這座小城，滋潤著她的母親和她的生命，是她反抗個性形成的土壤。

二、蓬萊讀書會和劉頭莊游擊隊時期。中學老師陳立文介紹她加入讀書會，新文學作品中的進步青年形象感染和革命理論啟發，將她天賦中的反抗性、表現欲、同情心引導到抗日的鬥爭洪流中。她以「擔負起天下的興亡」為己任，熱情投入到打擊日寇、反對漢奸的各項活動中。許澗亭對她生兒子失望去關東後，正是「七・七」事變抗戰全面爆發時期，她則一身輕鬆地組織起武裝游擊隊，在蓬萊縣城一帶出擊敵人，靠良好的群眾基礎，她被傳頌為「許小姑隊」，創造了「三打劉頭莊」的神話（頁一七九—一八六）。由於她的自負和輕敵，她的隊伍被打散。但在這抗日的巨大歷史洪流中，有她聚攏的浪花，濺起的泡沫。

三、魯東婦救會和廟島禁閉時期。日本襲擊珍珠港前後，抗日根據地擴大，她被派到魯東地區做婦救會工作。工作中，她親眼目睹戰爭給人民群眾帶來的窮困和飢餓。她天性的善良、人道主義精神，與朱新、許海的「政治藝術」理論發生了尖銳的衝突，她被批評為「溫情主義」，被誣陷「通敵」，她縱容飢餓的群眾搶地瓜，發生槍戰，讓她受到長期被監禁在廟島的潮濕破屋裡的懲罰，也落下了左臂失靈的殘疾。朱新教訓她：人民是要號召的，是需要通過一段加以驅策的過程，人道主義不適於要求鬥爭的革命局面的。她對此不能接受。她想到一些關於革命的界說，想到巴金的《霧》和《滅亡》，想到讀書會，想到許海那句「窮人幫助窮人」……她思想混亂了。她產生了否定一切的虛無主義。（頁二〇〇—二四一）

四、東北光復後。她來到在海城的許澗亭身旁，許已是右邊半身不遂，她左臂不靈，她萬念俱灰，只求過同病相憐的夫妻生活。但對她施盡侮辱的漢奸趙博生竟嫁禍於她。她成了被告，趙穿上美式軍裝，成了原告。而軍法處的審訊員不去審判趙博生的賣國罪行，不去追究誰是殺害許凋亭的真凶，卻對她大講：「政治是一種鬥爭，也是一種藝術，一樣的殺了人，在法律上是要償命的，但在政治上不但不需償命，有的時候，功在國家，被舉為英雄……」（頁二八二）。這讓她想起了朱新的所謂「政治藝術」說教。她看到，是非顛倒，昏天黑地，一場大爛污。她對世界絕望了。

（三）人物形象塑造的意圖

那麼，怎樣概括牟小霞這個形象呢？作者創造這個形象的意圖是什麼？

概括起來說，牟小霞是位被五四新文化精神啟蒙武裝起來的女性，又是堅決反抗日本帝國主義的英雄。她不受禮教束縛，追求純潔愛情、個性解放。她敢作敢為，不甘心受屈辱，具有叛逆性。她天性善良，富有同情心，有平等意識。她雖然有些毛病，愛衝動，不甘寂寞，愛出風頭，但她有明確的是非標準、嚴格的做人原則。她在抗日鬥爭中，立場堅定，旗幟鮮明，為了挽救中華民族的危亡，她慷慨地奉獻了自己的青春和家財。她是抗日的有功之臣。

然而，她卻得到被侮辱被傷害被審判的悲劇結局。「性格決定命運」，對她來說，確實如此。她從自己的個性出發，對那些虛偽、狡詐、陰險、冷酷、愛財如命、對朋友不忠的人，極為鄙視。而她自己的個性又太突出，太透明，太自負。她的性格，是不容於她所處的複雜的社會環境的，遭到她鄙視者的傷害也是必然的人物的性格怎樣決定了主人公的命運，作者則做了更深入的積極探求。作品主要通過「野馬」牟小霞和許海這兩個人物的人格形成，從「人格心理上對權力本質加以追究。」

我們看到，作品對牟小霞和許海用對比性的描寫，表明他們對「權力」有截然不同的追求和態度。牟雖然後來成了游擊隊的領袖，在膠東那塊小天地中「成了權力關係上的一個人物」，但這不是她有目的的追求，而是她「善良的天性、好勝好鬥、『站在窮人一邊』」的性格促成的。天性的樂善好施，為她贏得了大批朋友，是她「成為權力關係人物」的基礎。而許海則不同，他一開始就是有目的有打算的窮小子，「他憎恨、孤獨，顯然的他的童年未曾有過像牟小霞那種值得滿足的英雄式的意境。」「當他向他的年輕小孀子由輕蔑而準備伸手的時候，他是基於他的憎恨、不平，而有所行動的。」他所說的「窮人拉把窮人」不是他的目的，而是喊向牟的口號，以此來打動這個年輕女人的心。他和牟的一段奸情，在牟認為是向命運挑戰，隨時準備把這事公開，做一個光明磊落的「叛逆的女人」[10]。但許則不肯。他的理由是「單單去追求一個窮女人和一個窮男人的愛情的話，那只有一種結果，就是一切都毀滅。」（頁一六〇）他所追求的不是向現實挑戰，而是低頭。他的低頭不是目的，而是手段。因此他一直偽裝成他叔叔的孝順姪子。他為了他的目的，可以出賣自己，改變自己，違背良心地打死陳立文，出賣他所喜歡過並有恩於他的女人。他忘記了他那句「窮人拉把窮人」口號，而服膺沒有人道主義的「政治藝術」理論。

---

10 司馬桑敦，〈小說中的「人性追究」——為《野馬傳》答許逖先生〉，《野馬傳》，長青文化公司，頁三〇三。

牟和他則根本不同。她一直屬於她自己，一直保持她善良、反抗的純真的本性。她不聽信朱新的「政治藝術」的說教，即便被批判，也不順從，變得更倔強，變得虛無。結果，許海成功了，從一個窮船戶，一步步升為一個海軍支隊負責人，由裸身赤腳，變成穿「厚重的黑棉衣」、「牛皮棉靴」、「美式軍裝」，由純樸、倔強，變得陰森、奸險、卑鄙；而牟小霞卻不斷遭到批判、監禁，由年輕漂亮變得衣裳襤褸，滿臉污垢，左臂失靈，身心受盡侮辱和傷害，最後被關進牢獄，對世界絕望。

這兩個形象鮮明的對比讓讀者看到，為權力有目的的追求，是會改變人的本性的；保持純真的本性，否定對權力目的的追求，得到的是「走向沉淪，走向悲劇」。這是作品要揭示和批判的。它顯示出作品震撼人心的思想深度。

作品是把人物放在抗日鬥爭的歷史大舞台上來描述的，在塑造人物的同時，還記錄了日本帝國主義侵略中國的歷史過程，展示了膠東和遼東地區人民的抗日鬥爭歷程；也揭露了光復後，藉著歷史轉折的混亂時機，國內外各種政治力量和個人，大肆劫掠東北財產、撈取好處的醜行。它體現出作品的歷史厚度，擴展了讀者的歷史視野。

（四）作品深刻的思想意義

《野馬傳》用第一人稱寫法，突出表現了作品主人公「野馬」我行我素、自負、透明的個性，卻也不免令人感覺直白，缺乏含蓄的韻味。但作品的文筆簡練而精彩。作者擅長把人物放在大的歷史背景去展現，通過具體活動，展示人物關係，用細節來表現人物的心理動態。如第十六章最後幾段的一千多字，把當時日本在煙台戰事動向，陳立文和許海隊伍的行動路線，陳和許的聯繫和糾葛，牟小霞與陳、許的個人情感衝突、波瀾，通過總體概述、場面描寫、細節描寫，清晰而生動地展現出來，令人閱後扼腕嘆服。

不過，這部長篇小說在文學史應佔有的位置，主要不在於它的文筆特色，而應是它的思想深度和歷史厚度。

為了進一步把握《野馬傳》這部作品給人的智性啟示，我們不妨再從以下三個要素來加以解讀：

第一，把握《野馬傳》的歷史背景。從一九三一年「九・一八」事變，到一九四九年中華人民共和國成立，中國大地上燃燒著血與火的鬥爭：東北淪陷、紅軍長征、西安事變、八年抗戰、三年中國命運之大決戰等，都發生在這一歷史時期。時勢造英雄，在這長達十八年、縱橫九百六十萬平方公里的中國大地上，英雄也好，梟雄也罷，振臂一呼，從者如雲，千千萬萬的中國人被捲入民族的、解放的戰爭大潮中，東奔西走，南征北戰，上演了轟轟烈烈、天翻地覆、催人淚下的歷史大劇。

但是，在英雄之外，也產生了一批思想者。他們秉承「五・四」新文化科學、民主、自由的思想，投入這民族的、民主的鬥爭洪流，在戰鬥的同時，也觀察著與思考著這歷史大舞台的各種角色，追究著人性的表現與缺陷。本書作者以及讚賞這部作品的胡適先生[11]都是這樣孜孜不倦的追求者。他們的思考與作品，彌足珍貴，是需要我們認真研究的歷史鑰匙。

第二，《野馬傳》與作者個人經歷的關係。正如作者強調的，《野馬傳》不是作者個人的傳記，但，《野馬傳》所描述的時代、人群，正是作者所親歷與目睹的。他向我們生動地展現了在遼東和膠東地區，一個曾做過小劇團優伶的牟小霞及其周圍人們在抗日戰爭和內戰中的一系列行為故事，從而在大激流中截取了幾滴原水，冷靜地進行描述分析與比較，使我們得以穿過現象的迷層透視到事變的本質。當人們捲入狂熱的大潮中時，往往都會隨激流而動，不是隨唱頌歌，就是跟著助威吶喊；然而，作者不是這樣。他堅持對大事變進行細緻解剖，找出歷史的失誤與人性的缺陷。他的作品不能容於戰勝者，也不容於戰敗者。《野馬傳》修訂版於一九六七年在台灣剛一出版發行，就遭到台灣當局的查禁。國民黨中央第四組為查禁《野馬傳》，列出五項罪狀：一、罵盡東北接收人員；二、罵盡美式裝備中央人員；三、罵盡中國人；四、誣指南京中央政府為（抗日）妥協派；五、鼓吹窮人革命。[12] 作者勇敢地對歷史事實的描寫，刺痛了國民黨當權者。同時，本書作者也親身體驗了共產黨內極左派肅反、鋤奸的殘酷，並在作品中探究其認識根源，於是，該作品也沒有在大陸傳播。「……不革命的或當作革命的而被殺於反革命的，或當作

11 司馬桑敦，〈自序〉，《野馬傳》，長青文化公司，頁四—五；司馬桑敦，《扶桑漫步》，傳記文學出版社，頁二九四—二九五。

12 司馬桑敦，〈為《野馬傳》查禁答陳裕清主任〉，《野馬傳》，頁三〇九—三一一。

反革命被殺於革命的，或並不當作什麼而被殺於革命的或反革命的……」。[13] 這是作者的尷尬處境，也是作品塑造的主人公牟小霞的悲劇所在。其實，中國許多自由主義者的命運，即是如此。

第三，《野馬傳》的「人性追究」。這是本書的核心所在。一九六七年十一月，司馬桑敦在〈小說中的「人性追究」——為《野馬傳》答許逖先生〉一文中，寫道：

從小說全般的安排上說，做為舞台背景的這段客觀的歷史，只是從屬的一面，故事中主人公的主觀的一面，則是真正的主要的中心的一面。……我深知，一個泛政治主義的社會，通常是淹沒個人的自由和個人的人格的；一篇企圖由個人人格上面有所追究的小說，當然更不會在這樣社會裡得到歡迎的。[14]

關於《野馬傳》的人性追究，作者在上述文章中有十分深刻的自白。作者指出，他並不想「否定一切」。他說，「我對人性尚未具備可以完全否定的認識，尤其沒有那種……『否定整個往往驅使純潔的人犯罪，而又殺害罪犯的社會』的否定。」這話當然在一定意義上是說給查禁《野馬傳》的台灣當局聽的；但，作者也確實提出了對人性的懷疑與探索問題。

13 《魯迅全集》第三集，《而已集・小雜感》，人民文學出版社，一九八一，頁五三二。
14 同註10，頁二九六。

作者頗為欣賞法國評論家西蒙（P. H. Simon）在《人格被告發》寫的一段關於人性的話：「小說家和心理學者開始沉潛於人類的無意識世界，和心理的分析。……於是，人們認識中消失了正常與反常，健康與病態的差別。而且，當人們愈向人類內部世界有了不可思議的把握；當人們愈對人類世界敢作大膽的解剖，那表現在人類另一面的神秘地帶，就使得人的思索，不可避免的要趨向不安……。」

作者特別強調，《野馬傳》不是托爾斯泰式的道德傳播樣板。托爾斯泰是虔誠的俄國東正教徒，他肯定藝術的價值是「鞏固人和人，以及人和上帝的團結」。《野馬傳》追求的不是這個，「而是在這種道德和價值以前，人，這個歷史主角的姿態、行為，和他（她）的心理及人格。換言之，就是在道德和價值化了以前人性本質是什麼的問題。」因此，《野馬傳》所展示的也正是這樣本原人性與當時道德、條律以及環境、要求之間的衝突及悲劇性的結果。

一句話：《野馬傳》是一部記錄和揭示人性與歷史環境衝突的悲劇。

（五）文學史的地位

《野馬傳》在上世紀三、四十年代的大背景下，剖析人性的發展與扭曲，追溯人性的本原，這是深刻的，是智慧的結晶。在二十一世紀的今天，在釋去各種各樣意識與歷史的羈絆之後，在需要進一步追索人性的本原與缺陷、尋求兩岸和平統一之路、人類和平共處之途的時候，我們仔細閱讀《野馬傳》，就會認識到，它無疑是台灣五十年代迥異於所謂「戰鬥文藝」的一部探索性傑作，值得引起海峽兩岸文學史家的關注，應在文學史上佔有一席之地。

（寫於二〇〇四年六月，收於本書有刪減）

《野馬傳》：人性與歷史的雙重詰問

趙　雨*

一九五六年，赫魯雪夫（一八九四—一九七一）在蘇共二十大發表其《秘密報告》，在全球範圍內引起強烈震盪。反思歷史、重審「英雄」成為不可遏制的時代主潮。即便在中國大陸，文學創作中也出現了鮮明的批判主題和憂患風格的傾向。此時，在隔海相望的日本東京，司馬桑敦（一九一八—一九八一）正在醞釀他的傳世巨著《野馬傳》。此書的創意始於「一九四九年春天避難南下」[1]的倉促時刻，但是外部世界的倉促與混亂卻反而促使司馬桑敦在內心中對「這場歷史的災難」[2]開始沉痛的反思。《野馬傳》的前五章在一九五四年春已動筆寫就，而對於「歷史的答案」作「個人的反省」，卻在作家的內心世界裡始終持續著。在這個意義上，對於一九五六年開啟的反思歷史的潮流而言，司馬桑敦是當仁不讓的先行者。

1 司馬桑敦，〈自序〉，《野馬傳》，長青文化公司，一九九三年，頁三。

2 同註1。

* 作者趙雨為吉林大學中文系副教授。

從一九五八年到一九五九年，《野馬傳》初稿以連載的形式發表於香港《祖國週刊》，小說時間則自一九三一年直至一九四九年，縱貫抗日戰爭與國共內戰兩大歷史段落。人的命運的沉浮直接受到歷史巨變的複雜情勢的左右，而歷史轉折的情境又試煉著每一個人的內心底色和真實面目。在沉寂許久的二十世紀文壇，《野馬傳》的凌空出世令有心人眼睛一亮：這裡沒有政治歸屬的紛爭、意識形態的謾罵、心理仇恨的宣泄，只有人性真實與歷史真實的殘酷撞擊，以及透過銳利的精神衝突給讀者創造的回味空間。對二十世紀三四十年代的那段歷史而言，《野馬傳》有史詩的意義。

一、司馬桑敦心目中的人性與歷史

一九四九年司馬桑敦決意寫作《野馬傳》並非偶然。作家早年的曲折經歷使他對親身領受的歷史荒謬與人性悲情有深切的感觸，更有苦痛的思考。

司馬桑敦曾任小綏芬河郵政局長，但心懷光復「雪恥」的大志，由於友人被捕，為自身安全，被迫退回哈爾濱。他曾任《大北新報》副刊主編，並在家中和志同道合的文學青年從事「左翼文學小組」的活動。他曾赴上海會見「左聯」藝術家，並給抗日地下刊物供稿。一九四一年十二月，他因「抗日思想」罪入獄，先後被關押在哈爾濱、長春，直到一九四五年光復才徹底獲得自由。一九四六年他在長春辦《論壇報》，一九四八年底他離開妻女，走上逃難之路。[3]一九五四年，司馬桑敦被《聯合報》派往日本，任駐日特派員，一九五五年考入日本國立東京大學大學院社會科學研究科，先後攻讀碩士、博士課程。《野馬傳》的主體部分就是在這一時期完成的。

縱觀二十世紀的歷史發展，國共之間的衝突與消長是一條基本線索。而司馬桑敦的一生恰恰見證了這一深入影響歷史與人性的世紀衝突。說司馬桑敦「具有自由主義傾向」[4]，指的就是他在此衝突之中不偏向其中任何一方的自由心態和獨立立場。其實司馬桑敦本來和那時候的許多「進步青年」一樣，從思想到行為都有相當激進的特質，這既是年輕人的青春熱血對冷酷不公的社會現實的自然回應，又表示出他從理論上和組織上都選擇站在「左翼」這一邊。他在哈爾濱參與的「左翼文學小組」就是共產黨領導的，一九四〇年春，他又告別妻子，奔赴中共領導下的冀魯抗日游擊隊。但是，就在冀魯抗日根據地，一幕慘劇令他頓時清醒：在他之前從哈爾濱來到游擊隊的一對青年夫婦，被懷疑成「托派」，活埋了。當青春熱血在殘忍而震撼的真實面前漸漸冷卻，當「左翼」內部的理論與組織的另一個面相漸漸呈露，司馬桑敦無法再堅持其政治立場，而只能無條件地回歸先天的人性立場。他的情緒低落當然會被理解為「不堅定」，因而他本人也

3　周勵，〈台灣作家司馬桑敦和他的《野馬傳》〉，《傳記文學》第八十六卷第六期。

4　應鳳凰，〈《自由中國》《文友通訊》作家群與五十年代台灣文學史〉，《文學台灣》一九九八年夏季第二十六卷。

遭到懷疑。與司馬桑敦同去的朋友此時仍在勸他將妻子接來，但司馬桑敦已經不再猶豫：「此地不是我們的理想之地，如有人讓你來，你千萬不要來，我馬上就要回去。」[5] 與司馬桑敦同去的朋友（即「有人」）為什麼面對活埋慘劇竟無動於衷，至少不改其初衷？而司馬桑敦為什麼與他們不同？這裡面有哪些歷史的秘密與人性的秘密？司馬桑敦給妻子的信中所說的「我們的理想之地」，並不是屬於革命同志的，那只是互相默契的兩個詩性靈魂自己的「理想之地」，一塊真正沒有仇恨、沒有虛偽、沒有壓迫的潔淨所在。而革命同志的「理想之地」只是革命衝動的物件化，被暴力點燃的暴力需要實現自己，僅此而已。

逃回哈爾濱的司馬桑敦難免會反覆思索「托派」被活埋這一事件的意義，它至少對他提出了兩個尖銳的問題：其一，如何以可信的方式和公平的程序來證明他們是否「托派」？其二，倘真是「托派」，就該活埋嗎？從司馬桑敦的生平與作品來觀察，所謂「革命代價」的說法很難令他感到釋然。一個人的無辜生命是否應當作為分母被輕而易舉地消掉，這本身就是值得進一步追問的大問題。在政治立場、功利手段與人道情懷之間，司馬桑敦以內心撕裂般的痛苦見證了錯位的「革命」信仰及其悲劇後果。

司馬桑敦和國民黨之間的關聯與衝突更是個值得研究的大題目。入獄期間，司馬桑敦秉著善良天性，想方設法幫助因抗日而關在一處的國民黨獄友，幾位獄友剛正頑強的表現感動了他，他們結下了患難與共的深厚情誼。國民黨獄友宣揚「政府即國家」的理念，他內心中本來也懷有

5　同註3。

一九八一年四月，於三藩市自宅前。

「捨小家顧大家」，為國家民族建功立業的英雄主義信念。[6] 因此「光復」之後司馬桑敦就開始了「為國效力」的生涯，他「忠於政府」，努力作事，但是「卻被捲入黨派之爭、權力之爭中，他耳聞目睹許多殘忍、狡詐、腐敗、無能的事情」[7]。尤其是從東北到台灣的逃難經歷，家庭的離散讓司馬桑敦的心靈遭受重創，在痛苦的煎熬中，他深思、反省。正如周勵教授所說：「他要對他的行為作人性的探索，他要表白對被政治作弄的抗議。」[i] 這就是司馬桑敦創作《野馬傳》的原初動力。如何在大歷史中釐定政黨與個

6 同註3。

7 同註3。

i 「被政治作弄」既是司馬桑敦的真實遭遇，又是對《野馬傳》中牟小霞的人生軌跡的傳神概括。國民黨獄友宣揚其理念的態度無疑是真誠的，但是「政府即國家」的理念與憲政共和的普世政治價值完全格格不入。司馬桑敦和他筆下的牟小霞之所以「被作弄」，是因為那時政治尚未擺脫意識形態的裹脅。只有從狹隘的意識形態衝突中抽繹而出、回歸人性觀照的政治生活才是健康的、不「作弄」人的。

人的位置？《野馬傳》出版後又遭台灣國民黨當局的查禁，更為司馬桑敦與國民黨之間的關係史添上了沉重而苦澀的一筆。

在歷史巨流中，司馬桑敦所感受到的是政治鬥爭對人性的重壓和傷害，是利益集團對個人的驅遣和輕蔑。他對政治深深絕望。「一個泛政治主義的社會，通常是淹沒個人的自由和個人的人格的。」[8]《野馬傳》是人性復歸之書，是心靈解脫之書，那裡濃縮著司馬桑敦在歷史變局中試圖捍衛與重建的人性精髓。

二、許海：反人性的歷史

何謂人性？司馬桑敦所謂人性是指「個人的自由和個人的人格」，它是本原意義上的人性，先在於「道德和價值」。作者已經明確提出「在道德和價值化了以前人性本質是什麼」[9]，這是一個深刻的追問，他所追問的內容已不是托爾斯泰意義上的「人和人，以及人和上帝」[10]，而只是人自身。對人自身的追問和探詢不是朝向終極真理的神聖相遇，不是朝向社會現實的積極行動，而只是朝向個體生命在天地之間的尊嚴挺立與自由呼吸。但是，若失卻這本原意義上的人

8 司馬桑敦，〈小說中的「人性追究」——為《野馬傳》答許遜先生〉，《野馬傳》，頁二九六。

9 同註8，頁三〇五。

10 同註8，頁三〇五。

性，又何從仰望終極真理？又何從眷注社會現實？又何從安立那些常常隨境遷轉的「道德和價值」？本文所說的「反人性」，就是在本原意義上對人性的欺侮和戕害。

人性並非神性，甚至也不意味著完整性和穩定性。根據法國社會學家愛德格‧莫蘭的複雜思想論，「神經症」，具體指「對不確定性、焦慮、威脅、衝突的回答」，同樣屬於「人類的本性」[11]。但是，在人性當中，仰望終極真理的那一部分，與「無序」、「狂亂」、「矛盾」、「充滿危機感」的那一部分，一直存在著「一種內部的和解」[12]。作為內部條件，「人類的本性」是不穩定的；作為外部條件，「歷史社會是不穩定的」，「跨越在外部和內部的不穩定性正好構成歷史」[13]。傳統社會的不穩定性之所以不僅僅表現為「無序、危機、狂熱的湧現」[14]，而且同時為文明的演化開闢著可能性，就是因為它的全部內容直接來自人性，由人性所構成，它不拒絕本原意義上的人性支撐。活在歷史中的人倘若失卻本原意義上的人性支撐，就隨時可能蛻變為面目猙獰的食人怪獸。而二十世紀中國在這一意義上恰好成為脫韁失控的歷史奇觀：來自外部的思想殖民和來自內部的思想變異一道，將「無序」、「狂亂」、「矛盾」、「充滿危機感」的那一部分人性孤立出來，文明的演化被迫中斷，任由瘋狂釋放的「無序、危機、狂熱」將人性暫

11 愛德格‧莫蘭著、陳一壯譯，《迷失的範式：人性研究》，北京大學出版社，一九九九年，頁一二四。
12 同註11，頁一二六。
13 同註11，頁一六二。
14 同註11，頁一六五。

時降低為物性，從而斬斷了人性內部的「和解」與平衡。在百年的歷史風雲中，直接受到傷害和扼殺的正是「個人的自由和個人的人格」。一九〇〇年的義和團之亂只是此後一系列內戰與內亂的可怕進程的預告與開端。[15]

《野馬傳》中的許海，商人許澗亭的姪兒，在小說中是這樣出場的：

> 說話間，他（許澗亭）由那些赤裸裸的群眾中喊過來兩個擎著椅子的年輕人，未容分說便把我抱上了椅子，接著他便把其中一個有著兩隻碩健胳膊的年輕人，指給我：「這是咱家的姪子，你不要怕！」這位姪子有一幅黑中透紅的面膛，嘴角上很嚴肅，他似乎很尊嚴的看著我，但我一低頭，這成什麼話，他也是照樣的上下精光。……那位曾經抬著我涉過淺灘的姪子，勿寧是對我投過來鄙夷的一瞥。[16]

許海的「上下精光」，在這裡直接表徵著二十世紀中國的精神貧瘠。請注意作者用了「似乎」這個詞，暗示著許海之輩實際並無「尊嚴」的態度，而只有隱藏的心理仇恨和極度的精神敏感。作者勾勒出許海的健壯，如「黑中透紅的面膛」、「兩隻碩健胳膊」，也是為給後文即將陸

15 趙雨、盧雪松，《元典之命運：以一九五六年思想學術境遇為中心》，香港國際學術文化資訊出版公司，二〇〇八年。
16 司馬桑敦，《野馬傳》，頁八四—八五。

續展現的二十世紀歷史中的暴力透露些消息。至少可以說，對於一個處於衰季的文明而言，軀體的健壯並不就是元氣充沛的表現。[ii]

在此後的情節裡，許海喊著「窮人幫窮人」的口號，在牟小霞面前充分展現其窮船戶的「反抗勁兒」。「弱肉強食無公理」[17]，雙十節的老歌裡透射著新文化的浸潤。但是，「窮人幫窮人」真的是為了重建「公理」嗎？在二十世紀上半葉的中國，許海的「反抗勁兒」究竟是人性對歷史的反抗，還是歷史對人性的反抗呢？老歌中唱：「歐風吹入太平洋，千年睡獅醒東方。」在「歐風」的新鮮氣息中吹醒的是像司馬桑敦和小說中的中學教師陳立文那樣的具有自由主義傾向的知識分子。而來自外部的思想殖民卻並未使「東方睡獅」真正清醒。「窮人幫窮人」的邏輯背後不是愛與憐憫，而是鬥爭，是「窮人幫窮人」尋找共同的敵人，是你死我活的殘酷。在這裡，「幫」是功利性的，情感基調是冰冷而怨憤的。曾一度令女主人公著魔的，許海的那種「嚴肅」，除出場時的「嘴角上很嚴肅」之外，僅在爭論修船費用的一段中，就接連出現了三次：

17　同註16，頁七八。

ii　小說中的許海只是「赤裸裸的群眾」中的一個典型。在許澗亭的家鄉蓬萊，窮船戶們生活困苦，心靈粗礪，許澗亭口中的「小時念書不多，人窮脾氣壞」，雖然具有歧視與偏見，卻也道出了「赤裸裸的群眾」們的共同精神特徵。要知道，按照民粹主義的主張，由「赤裸裸的群眾」直接掌控歷史，對於一個文明古國來說是十分可怕的。這也正是二十世紀歷史留下的沉痛教訓之一。

「面上還是那股嚴肅」，「黑臉膛上佈滿了嚴肅」，「嚴肅的嘴角」[18]。其實那只是冷漠和敵意而已。

雖然在欠缺基本的公正性的社會秩序當中，「窮人」被罵作「窮鬼窮瘋了」[19]是「弱肉強食」的階級衝突的直接表現，但這裡的「窮人」和「窮鬼」都沒有任何比其對立面更多的道德優越性，因為當歷史吞噬人性，當超越利益的人文價值無從安立，「窮鬼」可以發跡，富翁可以破落，彼此間卻有著共同的精神荒蕪和殘忍無情。許海在牟小霞的心中「撒下了一把反叛的種子」[20]，可這是毀滅性的種子。外部歷史條件使得許海心中的憎恨與不平有可能無限擴張，於是他不再是「窮船戶」，他有根據地，有「革命者」身分，有提供「政治藝術」理論支撐的上級，有可以合作發財的漢奸夥伴……「他似乎很尊嚴」。但他可以做一切，包括「用手提機槍掃射老百姓」。[iii] 在人性的意義上，這把毫無善良價值與道德理性的「鬥爭」種子不僅毀了牟小霞的生

18 同註16，頁九二－九三。

19 同註16，頁九一。

20 同註16，頁九二。

iii 在小說中，許海因為嫉恨牟小霞和陳立文聯繫，趁著黑暗打死了陳。許海的殘忍背後是其「目的主義」理論。許海和其領導朱新以牟小霞的「溫情主義」為由，令牟失去自由，並以牟的名義敲詐許澗亭。許海與漢奸趙博生合夥向日本輸出勞工，後來又將牟轉送給趙。許海的鬥爭真的是「可以做一切」的，在鬥爭中人已變成魔鬼。

活，也毀了許海自己的全部存在意義。

當超越利益的人文價值缺席，一切就都簡單的可怕，我們難道還不熟悉這種貫穿整個二十世紀的可怕的簡單所帶來的災難性後果嗎？這也就是愛德格・莫蘭所說的「個人身上的複雜性的退步」。[21]

三、牟小霞：反歷史的人性

何謂歷史？在二十世紀來臨之前，「歷史社會」是怎樣的？司馬桑敦以小說的方式再現歷史變局，其用意就在於探詢「一個泛道德或泛政治氣氛極高的社會」[22] 何以竟無法容納基本的人性自由與尊嚴。正如牟宗三先生所說：「人類的歷史常是大開大合的，一下子很高，一下子很低。」[23] 在文明週期的消長輪迴之中，氣運的變遷，信仰的改易，風俗的推移，價值的升降……種種內部條件和外部條件的變化從未停止過。愛德格・莫蘭曾說：「雖然雜訊和狂亂一再粉碎複雜化的進程，但是複雜化的進程可以回收沒有被雜訊和狂亂滅絕的東西。」[24] 關於文明週期與中

---

21 同註11，頁一六一。

22 同註8，頁二九五。

23 牟宗三，《生命的學問》，第十二節：「人類自救之積極精神」，第二小節，內容引自網路。

24 同註11，頁一六六。

華文明史的詳細關係，此處不擬展開[25]，簡單地說，在文明週期的最低谷，總是「雜訊和狂亂」最多而人性之美善最少。但是，總有那些「沒有被雜訊和狂亂滅絕的東西」存在於世，在文明週期的視野中，愛德格・莫蘭所說的「回收」的進程實際上就是文明復興的進程。當文明經歷了最黑暗陰霾的年月而浴火重生，那些「沒有被雜訊和狂亂滅絕的東西」就是它在新的週期裡用以確立自身的價值依據和人性基礎。

在二十世紀來臨之前，從淝水之戰開始的第二周期中華文明已經行進到萬物冰封的深冬時刻。愛德格・莫蘭說：「事實上進步的過程不斷被中止、粉碎、分散。」[26] 正當的人性，愛德格・莫蘭筆下的「複雜性」，常常面臨「不可挽救的一系列災難」。作為無比漫長的歷史演化鏈條上的最後一環，我們只能見到那些「沒有被雜訊和狂亂滅絕的東西」，卻無緣親身遭遇那些「被中止、粉碎、分散」的事物，但這並不是說那些「被中止、粉碎、分散」的就是沒有價值和沒有意義的。二十世紀的來臨，對於更多美好的、至少是正當的事物意味著「中止、粉碎、分散」，意味著災難性。當歷史行進到文明週期當中那些特定的危亡時刻，對於健康和有活力的生命，它往往只是「摧毀」。這時候，人性反對歷史，人性自由的氣息抵禦歷史機械的巨輪，就是一個「複雜化的進程」的必然，也是一個文明復興與人性回歸的必然。

牟小霞，一個孫悟空式的人物，她有美麗爽朗的媽媽，但是卻沒有明確的故鄉。北平？大

25　同註15。
26　同註11，頁一六六。

連？山東？……她的媽媽來自何處，曾經經歷過哪些人生變故，都是一個神秘的謎。在文明衰朽、價值淪喪的時代，中華民族的元氣剝蝕殆盡，因而對二十世紀的「一系列災難」缺乏起碼的免疫力和抵抗力。在《野馬傳》中，牟小霞的父親，「失神喪志」[27]的白子彬便可謂是這個蕭條敗落的「老大帝國」的絕好象徵。《黃帝內經》有云：「精神內守，病安從來？」二十世紀的災難之所以「不可挽救」，正是因為二十世紀的中國人大多精神失守，萎靡不堪。而反觀從牟秋霞到牟小霞兩代女性，均是崇尚本性生活的自然之子，她們有引以為傲的「山東性子」，具體說來，就是「任性、放縱、倔強、不肯轉彎子」[28]。齊魯是古中華文明的故鄉，作者將牟秋霞、牟小霞的「野馬」脾氣稱為「山東性子」，是否隱含著為衰亡的古老文明祈福招魂的意味？不管怎樣，在與白子彬的對比中，牟秋霞、牟小霞的「野馬」脾氣象徵著一個民族在處於衰季末世時尚存留的些許元氣與神韻，都是明確無疑的。

「山東性子」與許海們曾流露出的「反抗勁兒」有何本質不同？許海就是土生土長的山東人，所以牟小霞的「山東性子」並不具體指代現實中的特定地域性格，她有「天性的善良，人道主義精神」[29]和同情心來平衡她的反叛性，她的「山東性子」裡面有充滿光彩的「溫情主義」，

27　同註16，頁八五。
28　同註16，頁一一二。
29　同註3。

雖然那對於「革命者」們來說只是個罪名。「一提及鬥爭，這就不是一個講溫情的勾當。」[30]許海的上司朱新在這裡講的「鬥爭」就是「在間接中和無形中殺人」[31]，就是「殺害群眾」。她無法容許自己就範於這樣「奧妙」的理論，於是默許甚至鼓勵飢餓的群眾去搶紅薯，因此被「革命同志」囚禁在暗黑潮濕的破屋裡，變成厲鬼模樣。在那裡，她漸漸完全清醒，從組織與理想的宏大敘事回歸了個體的真實感知。

牟小霞所遭遇的苦痛是難以想像的。由於負責魯東地區根據地婦救會工作，親睹許海和朱新的「革命者」面目，「人民需要加以驅策」的、「靠組織來判定」的「革命」價值觀令她備感虛無。許海甚至將牟小霞作為貨物轉給漢奸趙博生，還無恥的勸慰她要「為革命做貢獻」，「幫助解決革命的困難」。但是顛倒的革命價值觀雖然傷害了她，卻並未真正摧毀她內心的基本人性尺度。她「心氣平和」，她「要調皮」，她給了許海一記響亮的耳光。

許海的「反抗勁兒」是不擇手段的，而牟小霞的「山東性子」則不同，她的反抗的底蘊是關懷。丁嫂子囑咐牟小霞：「和他鬥一鬥，要鬥，就得活著！」[32]丁嫂子的男人死於「革命者」許海的「鬥爭」和「審判」，她卻並未因仇恨而喪失基本的善良和堅忍。牟小霞和丁嫂子都是良知不泯的普通女性，和那些「赤裸裸的群眾」不同，她們的內心是豐富的，她們的樸素價值觀是與

30 同註16，頁二〇五。
31 同註16，頁二〇七。
32 同註16，頁二五〇。

一九八一年四月六日，攝於三藩市住家附近商店街。

古老文明的核心價值一脈相承的。可以想像，如果牟小霞晚死二十年，她的命運仍然是無辜受難。丁嫂子的遭遇也不會有什麼好轉。在二十世紀後半葉，中國的精神地圖上面並沒有「山東性子」的地盤。她們活在縫隙裡，活在黑暗裡，活在記憶和盼望裡。在文明衰朽的二十世紀中國歷史上，她們持久的受難與樸素的堅持是一道微弱而珍貴的溫暖光亮。

四、在雙重詰問中理解二十世紀

對於一個生長在二十一世紀的年輕生命，當他漸漸長大，當他試圖理解中國人曾經以最慘烈和最沉痛的方式經歷過的二十世紀歷史，僅僅閱讀由數字和概念堆砌而成的通史著作將注定無法使他消除困惑。那麼就讀一讀《野馬傳》吧。在歷史與人性的雙重詰問中，他會懂得那些無法以工具理性的方式詮釋清楚，而僅能以全部血肉身心守護與捍衛的人文價值。

在二十世紀的特定時空當中，許海與牟小霞之間的愛恨情仇不僅僅是他們個人的悲喜劇，更直接表徵著整個中華民族在文明存亡的關鍵時刻的表現與選擇。在文明衰朽的低迷時刻，面臨蘇俄與英美抗衡的世紀困局，一個中國人應當如何立身？如何自處？就像大儒牟宗三先生所說，

「義」與「神聖」的人文價值已經被許多內在流蕩失守的可悲生命不加思索地拋擲一旁，他們轉而相信：「天下人都是經濟決定的，私利決定的，沒有客觀的真理，沒有獨立的靈魂。」[33] 由於沒有了對「義」與「神聖」的人文價值的守護，「無道與不義」（牟宗三語）的暴力邏輯竟成為新的更具有蠱惑力的「道德與價值」（司馬桑敦語），成為許多二十世紀中國人的基本信仰。

二十世紀的中國人，是必須在蘇俄與英美抗衡的世紀困局中做出選擇的中國人，他們所遇到的困境是以前的中國人從來沒有遇到過的。英美體系的「道德與價值」來自文藝復興，來自那講究自由平等博愛的西洋傳統。另一路數的「道德與價值」來自「經濟決定」和「私利決定」的革命烏托邦。似乎都並非「吾家舊物」，但哪些價值是可以會通的？哪些價值是格格不入的？「無道與不義」真的可以在中華大地上以「道德和價值」自居嗎？在此時，司馬桑敦當然要追問「在道德和價值化了以前人性本質是什麼」，當然要以牟小霞這一孫悟空式的人物，無拘無束地和形形色色的角色打照面，照亮他們的真實而蒼白的醜陋面孔。

一個生長在健康環境裡的年輕生命，他也許容易理解普世價值和民族精神在深層是可以彼此會通的；他也許容易理解文明氣象是有盛衰消長的，人文價值是會低迷失落的；但卻會難以想像，曾有一個特定的年代，由於在「道德和價值」層面的僭越和盲目，代替「讀書上進，榮耀門庭，為國效力，以天下為己任的一致性」[34] 的竟是一種血淋淋的荒唐。《野馬傳》寫出了一個自

33 牟宗三，《五十自述》，第五章：「客觀的悲情」，內容引自網路。
34 同註23。

然健康的生命在這一荒謬的歷史進程中的全部苦痛，也讓後人明白，即便是在噪音和喧囂的沸騰與湮沒中，最樸素的和最原初的人性中也仍然還有一份基本的清明與清醒。

「人原本厭惡暴力的秉性」[35]是存在的。當人性被暴力衝動所吸引而陷入迷狂，它就是那個低迴於耳際的小小的聲音，它溫柔的低語是一種提醒。牟小霞在臨終之際呼喚母親牟秋霞，她唯一的「親人」與「朋友」。在「他們這類人的世界」[36]裡，在庸眾對「亂黨」的仇恨與唾棄之中，死期將至的牟小霞是孤獨而清醒的。她已經超脫出二十世紀的歷史泥沼，回歸母親所象徵的天然、公義與純潔。

童年時代，當牟小霞還在母親懷裡，記憶中只有「美麗的影像」[37]，那時一切創傷都還尚未發生。從生命中那一時段起，就必須時刻竭力遏止對「人原本厭惡暴力的秉性」的損害，讓創傷不再，讓美麗延續，讓「野馬」奔騰，無論在個人生活中還是在公共生活中，這都是二十一世紀的中國人所必須付出的努力。

35 卡爾・波普爾著、王凌霄譯，《二十世紀的教訓》，廣西師範大學出版社，二〇〇四年，頁四五。
36 同註16，頁二九二。
37 同註16，頁一〇。

山洪暴發的時候

——對戰爭悲劇的反思

藤田梨那*

一、問題的所在

司馬桑敦的一生經歷了從抗日戰爭到八十年代東西冷戰解消之前的一個動亂時期；在這段殖民統治到後殖民統治的歷史歲月中，他曾生活的地域又從中國大陸到台灣，從台灣到日本，再由日本到美國，這樣一個跨國度的範圍。因此，我們在思考司馬桑敦文學作品問題的時候總要感到一種困惑，既時代的錯綜，區域國度的不同，地政氛圍的變化，這些不可輕視的事實都使我們產生一個疑問：即用怎樣的觀點、從哪一個角度才能探索到司馬的本質？實際上上述時代、區域、地政諸事實都不允許我們固執於某個偏執的史觀和批評基準，而要求我們用全球性的視野，宏觀的史觀去看司馬。這樣的視野與史觀在今天已成為我們思考二戰後台灣文學所必需的基本條件。

*作者為國士館大學教授。

一九一八年出生在東北遼寧的司馬，在大陸經歷了日本統治的滿洲國時代、抗日戰爭、國共內戰；隨國民黨逃到台灣後經歷了五十年代國民黨的強權控制時期；五十年代中期以《聯合報》特派記者的身分移居日本後二十三年，他體驗了戰後日本的民主主義時代；七十年代移居美國後又目睹了美國的合理主義、經濟競爭的社會面目。這些複雜的時代和環境對司馬來說，雖是外部的、不容他的意識可以操縱的，但對他精神上的影響卻是非同小可的。司馬的一生可謂流離遷徙的一生。一方面，因為他逃亡台灣，他的作品中含有反共的思想，迄今在大陸未被注目。另一方面他在台灣居住的時間僅僅五年，發表的作品不多，所以長期以來在台灣也很少有人提到他。這樣，司馬就處在「在大陸和台灣的文學史中都找不到有尊嚴的地位」的狀態。所以我們在探討司馬文學的時候需要作的是要謹慎地追溯一段錯綜複雜的歷史，還需俯瞰大陸和台灣相同的和不同的政治形態與意識。在司馬，對那場國共戰爭的反省是一個非常重大的問題，這個問題幾乎貫穿了他所有的作品。所以問題的所在是對歷史的反省與他的文學作品的內在關係是怎樣的？他對文學所追求的是什麼？我們應該給司馬一個怎樣的文學定位？再加上上面提出的兩個問題，這些都是我們需要澄清的問題。

我們今天細讀司馬的作品，發現其中有他對人生深切的洞察和思索，有對家鄉的愛，對台灣的未來的期望。又正因為他到處遷徙，反而有機會接觸先進的思想潮流，促進他對人生、對歷史的反思和探索。本節準備就司馬桑敦的短篇小說群，通過文本分析探討司馬文學的性格，摸索他在文學史上的定位問題。

二、五十年代的文學態度

在大陸時期司馬已開始發表一些散文和詩歌，但均在習作階段。比較成熟的作品是到台灣以後才開始陸續見世的。他的作品主要寫於台灣時代和日本時代，短篇小說多作於台灣，長篇如《野馬傳》、《張老師與張少帥》、《張學良評傳》則執筆於日本。從一九五〇年到一九五九年之間，他共寫了十四篇短篇小說，一篇長篇小說，一篇中篇小說，一篇劇本。（據作品集《山洪暴發的時候》「寫在前面」）目前我們能夠看到發表在台灣的短篇小說一共有六篇：

人間到處有青山	《自由中國》九卷一期	一九五三年七月
山洪暴發的時候	《自由中國》九卷七期	一九五三年十月
湛山莊主人	《自由中國》九卷十二期	一九五三年十二月
外鄉人	《自由中國文藝創作集》	一九五四年五月
崖	《自由中國》十卷四期	一九五四年二月
高麗狼	《自由中國》十二卷二期	一九五五年一月

這幾篇短篇在時間上多集中在五十年代前半期，所有作品均發表在《自由中國》上。這裡便有兩個不可輕視的事實，一個是五十年代籠罩台灣文界的「反共文學」或「戰鬥文藝」；另一個是雜誌《自由中國》對國民黨政府的批判。

五十年代初撤退到台灣的國民黨政府為了鞏固和安定台灣的政治局勢，實現反攻大陸，推行了經濟、社會、文化、政治四大改造。「反共文學」或「戰鬥文藝」便擔當了配合國民黨政治路線的一個角色。政府為了推行「戰鬥文藝」，成立了「中華文藝獎金委員會」（一九五〇年）、「中國文藝協會」（一九五〇年）、「軍中文藝獎」（一九五一年）等一系列輔導機構，幾乎所有的雜誌報刊都捲入了這個文藝思潮中。司馬桑敦自一九四九年到一九五二年曾在國民黨海軍軍官學校任政治教官，自然不能與反共文藝思潮無關，他的幾個作品也曾得獎，（《山洪暴發的時候》〈寫在前面〉），上面所舉的幾篇短篇也寫於反共文藝思潮時期。但是僅據這一點我們並不能簡單地將司馬桑敦的作品判斷為「反共文學」或「戰鬥文藝」。

在思考這一時期司馬作品的性格時不能忽視的是他與雜誌《自由中國》的關係。《自由中國》從一九四九年創刊到一九五二年前後，與國民黨政府的關係還是比較良好的，但到一九五三年以後開始對政府的各項政策採取批判的態度，與政府的衝突日益尖銳。應鳳凰在她的〈作家群與五十年代台灣文學史〉一文中將《自由中國》十年的歷史分段為前中後三期，第一期是一九四九年到一九五二年，雜誌與政府「屬利害與共的蜜月期」；第二期是一九五三年到一九五七年，是「由支持轉為批判」的時期；第三期是一九五八年到停刊，是「從批判的角色再一變，轉為反對的立場」的時期。司馬與《自由中國》有關的時期正是雜誌的第一期和第二期，這個事實為我們思考司馬文學提示了很有意義的線索，我們可以從他與《自由中國》在這段時期共有的某些意識和態度來探討他的作品。

一九六六年司馬桑敦出版了小說集《山洪暴發的時候》（文星書店），將他在台灣發表的六篇小說和在香港《文學世界》發表的〈藝妓小江〉收入集中。這些作品是他從自己所作十四篇短篇中選擇出來的，也就是說他在編集時刪掉了一半作品。選擇的標準是什麼？他在作品集的序「寫在前面」中說到：

> 我尤其不滿意我在一九五〇年前後所寫的中篇和劇本：泛政治主義的色彩太濃厚，硬把文學兼併在宣傳裡面去了。所以儘管我由這些作品得過獎，賺了一點稿費，現在，我寧願都把它們割捨了。
>
> 收羅在這本集子裡的七篇短篇小說，是從上述十四篇短篇小說中選出來的。這七篇之中當然並不完全洗淨了泛政治主義的色彩，但，我是儘量的使用了一種文學學徒應有的自由態度寫作了的。（《山洪暴發的時候》，頁一）

司馬桑敦的選擇基準是「泛政治主義的色彩」少，具有「文學學徒應有的自由態度」，在這個基準下，他的大部分作品被刪掉了。這樣大幅度的刪汰表明了他對五十年代反共文學的反思。

藤田梨那與周勵研究本書《回望故土》提綱之後合影。（二〇〇七年八月十二日，東京畈田橋）

這篇序文向我們傳達了五十年代台灣反共「戰鬥文藝」思潮的凶猛，司馬承認五十年代的文學思潮是將文學做為一種宣傳品，配合了國民黨的政治意圖，墮落到政府的御用工具。值得注意的是他強調即使在激烈的「戰鬥文藝」思潮中，他還時而注意保持些冷靜，使自己不失文學者「應有的自由態度」。他把「儘量的使用了一種文學學徒應有的自由態度寫作了的」作品選在集中，這就暗示了他在「戰鬥文藝」思潮中也曾作過抵抗。

三、暴力與人性的對峙

我們從《山洪暴發的時候》所收七篇作品中可以看到幾乎貫穿於所有作品的一個描寫的重點，即暴力與人性的緊張關係。七篇作品都有對暴力的描寫。這裡有兩種暴力，一種是人為的暴力，即戰爭、殘殺、自殺；另一種是自然界的暴力。描寫人為的暴力的作品是：〈湛山莊主人〉、〈外鄉人〉、〈人間到處有青山〉、〈高麗狼〉、〈崖〉、〈藝妓小江〉；描寫自然界的暴力的是：〈山洪暴發的時候〉。

上述作品除了〈藝妓小江〉、〈山洪暴發的時候〉外，其他五篇都將時間設定在抗戰和內戰時期，它們描寫了日本統治者的暴力，國共內戰的暴力，游擊隊的暴力，軍人為私欲自相殺害的暴力等。司馬桑敦之所以把暴力描寫的重點集中在這裡，是因為他曾親身經歷和目睹過上述的暴力，有時他是這個暴力的施行者，有時則是暴力的受害者，在他的一生中一直縈繞著對這段經歷的沉痛的思考和反省。

關於司馬桑敦的抗戰經歷，吉林大學教授周勵在〈火一樣的青春——記我的父親王光逖（司馬桑敦）在東北淪陷後的抗日活動〉[1]中作了介紹，從中我們知道司馬在一九三二年十四歲時就加入了東北抗日義勇軍，以後又參加了冀魯邊區的游擊隊，在直接參加戰鬥的同時還組織了話劇團、讀書會，編寫刊物，宣傳抗日思想。一九四一年被日軍逮捕，直到日本投降才出獄。有關這樣的經歷，司馬桑敦自己也曾觸及過，如他在寫給聶華苓的書信中，回憶一九三〇年前後的經歷道：「老實說，那時我的文學觀念，正接受著那些所謂「鬥爭」……等等的影響，……即至我親

1 政協吉林省委主辦，《協商新報》第七六七期。

自在游擊隊裡吃了苦頭，我理想粉碎了，我開始彷徨了」（〈從紀德談起〉）[2]。這封信雖然以談文學理念為主，但字裡行間也透露出他的武裝行動的經歷。但對於司馬來說，對戰爭的最大反省莫過於國民黨的敗退。他在自傳小說《野馬傳》〈自序〉中回憶一九四九年他隨國民黨潰逃台灣時的心情道：「我一路南逃，一路想著這場歷史的災難，想著為什麼我們失敗？……我一直這樣想：在這樣巨大的歷史災難中，我，和我的一些朋友固然都是受害的、無辜的，但，想到既為歷史中人便應分擔一份歷史責任時，我，和我的一些朋友，又何嘗不正就是那種使人受害和陷人無辜的人？」司馬桑敦對自己的這段歷史產生了一種「原罪」的意識。游擊隊的經歷、潰退的經歷在他的精神上留下了痛切的創傷，成為他日後文學創作和歷史研究的重要課題。

〈人間到處有青山〉是司馬桑敦短篇小說中寫的最早的一篇，它寫主人公「我」與東北土匪首領「青山」的一段交情。「青山」是殺人不眨眼、「能搞翻天下」的土匪，對欺負老百姓的官僚制裁得也非常厲害。東北一帶民眾、官方以及日寇都很怕他。與他的殘暴形成鮮明對照的卻是他對友情的珍重。他對曾為他醫治好創傷的「魏老闆」發誓為了表達他的感謝，決不搔擾「魏老闆」所在的「方寨子」，並送給「魏老闆」半條金子。「魏老闆」把它看做「有義氣懂交情的信物」。對這半條金子，作品中這樣描寫：「那是一塊成色十足的金子，上面一端有著一塊不規整的似乎經過粗暴的切開的痕跡，顯然是那位青山先生在山林中未能找到合適的剖金的工具的緣故。」（頁八八）這半條金子確實是一個象徵，它是被某種暴力切開的，那粗暴的痕跡便象徵

---

2 司馬桑敦，《雪鄉集》，長青文化公司，一九九二年。

著某種暴力，但那痕跡又是連接的見證。暴力與友誼聚集在半條金子上，意味深長。「青山」與「我」的友誼也是與暴力分不開的，「我」在旅途中和一個敲詐人民的縣長一起被「青山」捉住，本想落到土匪手中恐無法逃脫，但見到「青山」且是「我」在十一年前被日軍逮捕，在獄中結識的老朋友「老海」，這個偶然的再會使一場迫在眼前的暴力的暴發消解了。「青山」把那個縣長視為「貪污刮財」，傷害老百姓的壞蛋。把「我」稱為愛國、有良心的「大弟」。「青山」說：

> 十一年前在日本鬼子的監獄中，我們是萍水相逢的，誰也不認識誰。但是，都受日本鬼子的壓迫，受外國人的氣，這則是一樣的。日本鬼子要餓死我，把我鎖起來，不准任何人給咱們飯吃，我的大弟冒險偷飯給我吃，為了這個，他挨日本人的打，他受了酷刑，他差點兒喪了命。他為什麼？他只是因為我們都是人，而且都是受人壓迫受人氣的人，人，兔崽子！人就應該有這股勁兒！（《山洪暴發的時候》，頁九六）

這段獄中經歷根據了一九四一年至一九四五年司馬桑敦入獄的那段歷史。司馬桑敦在監獄中認識了國民黨幹部梁肅戎，日寇以飢餓懲罰梁肅戎，司馬桑敦卻冒險偷飯送給梁，使梁不至餓死。日後梁在回憶錄《大是大非》中回憶到這一節，稱司馬為「救命恩人」。[3]司馬桑敦的這段歷史和〈人間到處有青山〉的這段描寫包含了兩個事實，一個是獄中難友互助的美談；一個是日軍迫害中國人的暴力。作品中描寫兩種暴力——土匪的暴力和日寇的暴力，反映戰爭的殘暴，社會心理的混亂，同時以此反襯「人」的誠摯。

〈崖〉則是一篇戰爭小說。一九四八年至四九年國共雙方在東北華東地區進行了三大戰役：遼瀋戰役、淮海戰役、平津戰役。三大戰役成為國共兩軍最大的決戰，以解放軍的勝利告終，決定了國民黨的徹底失敗。〈崖〉以這一時期為背景，描寫東北戰局的一個角落。國民黨軍的一個連與解放軍作戰，死守在一個山崖上，幾天的戰鬥大部分士兵都已戰死，只剩下連長和幾個筋疲力盡的部下，其中有一個十幾歲的孩子兵，他們已沒有乾糧，在大雪封鎖的孤崖上橫豎躺著士兵的屍體，孤崖正象徵了他們所處的局面。作品著重描寫戰爭對生命的毀滅和在被毀滅之際人對生存的思考。連長自認他們「已經沒有什麼打勁兒了」，決定「與鄉土共存亡」。但在孤崖上還有幾個被捲入困境的人物，一個日本母親帶著一個兩歲的孩子；兩個國民黨的幹部；連長的愛人。日本母親在日本戰敗時戰死了丈夫，帶著小兒到處流浪，受盡了凌辱，連長救了她。連長希望他們活下去，理由是他們大多有他們的家鄉，他們應該回去。但孩子兵卻要和連長死在一塊；日本母親說：「自己不中用了，只求孩子活。」與他們相反的是沈團附和盧委員，他們為了求生，最

---

3 參看金恩輝、魏克智、趙慶波著，《杜鵑啼血》，九州出版社，二〇〇三年；周勵，〈台灣作家司馬桑敦和他的《野馬傳》〉，《傳記文學》第八十六卷第六期。

後下山投降去了。連長罵他們：「國家都壞在你們這些懂得追求轉機的壞蛋手裡」。孩子兵、日本母親和連長的愛人都死在山崖上，最後全連覆滅。但在連長臨死的時候，日本母親留下的小孩子突然微力地哭起來。連長想著：「叫吧！能叫叫吧！只要有生命，你就叫吧！」（頁一八一）作品結束在孩子的哭聲中。司馬桑敦在此通過這兩個側面——士兵的死守與非戰力的民眾，包括敵國的民眾的死——來描寫了戰爭的暴力，戰爭對人的生命的毀滅。以小兒的哭聲表示對戰爭暴力的抗議。

〈外鄉人〉以抗日時期為時代背景，以河北地區一個農莊為舞台，寫一個老農對外鄉人的仇恨和老農的兒媳對外鄉人「我」的幫助。暴力描寫著重在老農接連殺害一個又一個游擊隊員。老農的兒子曾參加游擊隊小砍刀，但因為內部的猜疑，游擊隊把他活埋了。為此老農恨上了游擊隊，不僅是游擊隊，漢奸、日寇、凡是外鄉人他都恨，遇上這些人來投宿，他就在夜裡把他們殺掉。對外鄉人的懷疑仇恨不僅表現在老農一個人身上，農莊上的人都不相信外鄉人。「我」在從游擊隊的逃亡中夜宿在這個老農家裡，夜裡偷看到老農殺了兩個來住宿的小砍刀的隊員。幸虧老農的兒媳救了他，才使他「從死亡的邊緣爬過來」。老農的兒媳也是外鄉人，即外鄉人救了外鄉人，與復仇殘殺的暴力相對峙的是兒媳的厭惡殺人和對「我」的鄉親義氣。作品中的暴力雖然發生在本鄉人與外鄉人之間，但在時間上以抗日戰爭為背景。游擊隊殺害內部隊員的事件根據了司馬二十二歲時在華北抗日游擊區的經歷，當時游擊區搞肅清托派運動，誤將一些從東北來的隊員當成托派分子，活埋了這些人。[4] 這個事件給司馬桑敦以莫大的打擊和苦悶。

〈高麗狼〉寫抗戰勝利後盤據在長白山上的游擊隊的故事。游擊隊的首領是一個通稱「高麗狼」的朝鮮族人，在國共內戰時他拒絕了來自國共雙方的收編，為了保護他的高麗夫人「仙女」，決意在山中盤據下去。但在一次招待蘇聯紅軍時，「仙女」遭了蘇聯兵的強姦，此事激怒了「高麗狼」，他殺了蘇聯兵，衝動性地殺人放火，並開始破壞蘇軍的活動。對「仙女」的愛一瞬之間變成了瘋狂的暴力。「高麗狼」說：「只要自由自在，我們自己認為順氣就行。還有比解放自己，為尋求自己的自由，更革命的事嗎？」（頁一三八）這表示了「高麗狼」的自我中心的主張，但另一方面還暗示了地方游擊隊在國共內戰時與國民黨、共產黨及入境參戰的蘇軍的對立，以及當他們失去抗日這個目的時的混亂。

〈湛山莊主人〉與上面三篇不同的有兩點，一是它描寫的不是戰爭的暴力，而是東北軍官僚圍繞一個女優而自相殘殺的暴力。二是登場人物很多都是軍中實有的人物。如，屬東北軍的褚玉璞、張宋昌、鄭東海、陳小川；屬東魯軍閥的劉珍年。陳小川與山東名優林寶茹私下有情，鄭東海也熱中與林寶茹，陳、鄭二人以激烈的麻將決鬥，陳得勝，終於達到與林成婚的目的。但這時陳的上司褚玉璞卻看中了林，想方設法要拆開陳、林二人的關係。最後褚用了卑鄙的手法，逮捕了陳，又以通匪罪名槍斃了陳。但幾年後，林寶茹竟靠了劉珍年屬下軍官和兵士的幫助，親自槍斃了褚玉璞，為陳小川報了仇。這裡的暴力不是為了私欲就是為了私仇，而且私欲私仇的一方是

4　周勵，〈火一樣的青春〉，同註1。

軍閥中的人物，作者在這裡揭露了東北軍閥內部的專橫與腐敗，暗示軍閥失敗的原因。林寶茹的復仇反映了她的意志的堅強，這是作者最為珍重的。作者通過外層敘述者「我」的心理變化，傳達了他對林寶茹的共鳴。「我」想到：「為了我這支筆桿兒的自由，我該打定南下的注意了。衝著林寶茹那股幹勁兒，我是應該如此的。」（頁五三）外層敘述者「我」通過對林寶茹的共鳴堅定自己追求自由的信念。

以上幾篇作品描寫了各種暴力，在這裡我們必需注意的是，在描寫戰爭時作者並沒有寫某個大部隊或某個大戰場，而只寫一個游擊隊、一個連、一幫土匪，裡面夾雜著一般民眾。這證明他要寫的是下層部隊和老百姓與戰爭暴力的瓜葛。不能否定，司馬桑敦對戰爭的描寫在一定程度上配合了台灣五十年代的「戰鬥文藝」，但他的戰爭描寫不只是為了反共，還包含了以歷史反思自己的意圖，實際上他的主要目的不在描寫暴力，而在於突出暴力與人性的緊張關係，反襯出人的心靈的真實。

四、做為「人的文學」的實踐

司馬桑敦對上舉幾篇作品說明道：「我在這幾篇小說裡開始探索著由一個樸素的人的立場去寫一個「人」，避免了那些約束人的目的主義或理性主義的觀念。」（《山洪暴發的時候》「寫在前面」）他在「戰鬥文藝」的思潮中警覺到文學的危機，注意保持「人」的立場。像司馬這一代人大多是參加過抗日戰爭和國共內戰的，他們對這些戰爭記憶猶新，到台灣後又不得不進入台灣的「戒嚴狀態」。黃萬華在《戰時中國文學研究》一書中曾指出：「戰爭對人性和自我的毀滅力量就在於它強化了環境對人的支配作用，以種種異常的外部力量構成對人性和自我的嚴峻『磨滅』。」（頁三七六）政治壟斷統治與戰爭狀態相同之點就在於以政治高壓與文化控制的手段「強化環境對人的支配作用」，其結果對人性和自我的『磨滅』並不亞於戰爭。在這種環境中，覺悟的知識分子為了保持自己主體性，就需要與環境抗爭，《山洪暴發的時候》「寫在前面」正表明了司馬桑敦對五十年代台灣的政治獨裁的抵抗。

司馬桑敦作品中的暴力描寫不是只針對某一黨、某一軍的，裡邊有日寇、軍閥、國民黨軍、解放軍以至民眾的暴力，他在作品中追溯的是那一段不幸的、混亂的戰爭時期。目的在於通過暴力與人性的緊張關係，反襯出人的心靈的真實。與暴力對峙的人性包括三個側面：一是友誼、人與人之間誠摯的感情，如〈外鄉人〉、〈人間到處有青山〉、〈崖〉；一是愛情，如〈湛山莊主人〉、〈高麗狼〉、〈藝妓小江〉；一是自我、主體性的覺悟，如〈山洪暴發的時候〉。而且每個作品都刻畫出了主人公的主體性。

一九五四年，也就是司馬桑敦在向《自由中國》連續投稿的時候，他發表了一封寫給《自由中國》文藝欄主編聶華苓的信——〈從紀德談起〉。這封公開信是我們理解從抗戰到台灣時代司馬桑敦的文學思考時不能輕視的資料。信中他回憶三十年代初讀紀德作品時的感受：「我卻在模糊中從他的作品中發現了「自己」、「個人主義」的驕傲，一個敢衝破現實的和心靈上任何束縛的赤裸裸的人！」（《雪鄉集》頁一四六）在此司馬雖然沒有具體談紀德作品與「自己」「個人主義」的關聯是怎樣的，但這封信告訴我們《山洪暴發的時候》「寫在前面」中對於「人」的思考與紀德有著密切的關係，司馬桑敦對「自我」的追求或許始於對紀德的感悟。信中還觸及到福樓拜，司馬桑敦引用了福樓拜的話：「我恨所有的框架，……人類是這樣子，問題不在改變而在認識！」這段引用實際上是藉福樓拜來表示他對當時台灣的政治壟斷的抗議。很明顯他對這兩位法國作家的人文主義態度和強烈的個性發生了共鳴，在認識社會和文學態度上受了他們的影響。他說：「我認為一篇小說作者，只可提出他的認識，不必再要求什麼。……我恨透了『方向』這個概念。我主張一個作者應該表現出他的抗議，但不必有所主張！因為好的主張，必須是科學的，而抗議則是感情的，文學是感情的，小說作者更應該是感情的。」（頁一四七）司馬所說的「認識」正是承接了福樓拜的想法，指對人類包括歷史、社會、人生的認識；「方向」與福樓拜所說「框架」意思是一樣的，同指束縛人的政治概念；「抗議」則是作家主體性的表明。

我們把這封信做為一個重要的注腳去解讀作品集《山洪暴發的時候》，便能夠看到在刻意描寫「人」和突破政治束縛的意圖表明上，這封信與作品集《山洪暴發的時候》序文是完全一致的，上述幾篇作品正提出了司馬桑敦對歷史的認識和抗議。在司馬，暴力與人性的對峙是他經歷的歷史，在暴力中追求人性便成了他的文學課題。如在〈人間到處有青山〉中突出了在日寇的暴力下結成的友情，與官僚的貪圖私欲形成鮮明對照的做為「人」的良心。〈崖〉中刻劃了在戰爭的暴力下生命被毀滅的悲劇以及對生命的思考。〈湛山莊主人〉在軍閥官僚的私欲爭奪中突出了林寶茹的堅韌的意志。〈山洪暴發的時候〉更是強烈表現了「自主自立」的自我意識的追求（關於這篇作品將另行論述）。在反映歷史方面，〈外鄉人〉、〈人間到處有青山〉、〈高麗狼〉描寫了地方游擊隊對國共雙方的不信任；〈湛山莊主人〉則以東北軍官的貪欲墮落暗示了統治權威之所以失敗的原因；〈崖〉中也有對國民黨的批判。這些都證明司馬桑敦的作品含有很多與五十年代「戰鬥文藝」相牴觸的成分，不能以「反共」的概念一概而論。他的創作態度毋寧是迫近歷史的某個細節，從中摸索「人」的意志、自我、愛，透過文學形式建構自己的主體認識。

司馬桑敦的人性追求問題應放在他對民主主義、自由主義的探索的過程中去思考。台灣時代他與《自由中國》的關係，寫給聶華苓的書信都應算做探索民主與自由的一部分，在當時強大的政治壓力下，他以回憶和引用的形式（如〈從紀德談起〉）間接地表示自己對形勢的認識和自己的文學態度。一九五四年被派遣到日本後，他接觸了日本的民主主義政治，為《聯合報》寫的報導以及《江戶十年》、《扶桑漫步》、《東瀛借鑑》等都記錄了戰後日本政治、社會向著民主自由方向發展的狀況。他來日後寫的作品如〈藝妓小江〉，有更多的自由主義精神的色彩，有待今後進一步的研究。

一九五八年胡適從美國回台灣，在台北「中國文藝協會」進行了題為「中國文藝復興運動」的講演，在講演的最後胡適提出對文學的兩個標準：第一個是「人的文學」；第二個是「我們希望要有自由的文學」。他強調了文學創作的自由和「人味兒」。眾所周知，胡適是《自由中國》的發刊人，在《自由中國》對政府展開批判和攻擊的過程中，他一直以自由主義思想的立場側面支持《自由中國》，對國民黨當局的獨裁統治和政策文學表示批評。胡適的講演，司馬桑敦或許日後在報刊上看過，他在一九五九年七月胡適回美國路經東京時曾採訪了他。〈胡適之東京一席談〉一文，是這個時候的採訪報告。在文章中司馬桑敦多次稱胡適為「自由主義者」，他們談到台灣的政局，談到五四以來大陸對胡適的評介，最後司馬桑敦寫到：「我覺得，在一些砍殺的暴力之前，誠然自由主義者是軟弱的，是悲劇的，但是，同時他們也是真實的，固執的，勇敢的；也就唯因這個道理，他們便宿命的不能和政治主義相結托。」（《扶桑漫步》第二集，頁二九五）這幾句話雖是在讚揚胡適，但與此同時也道破了堅持自由主義思想的知識分子勢必承受的命運。這裡所說「政治主義」多指大陸的政治形勢，但考慮到五十年代後期胡適與台灣政治局勢的關係，這個「政治主義」又未必不在影射著台灣。這篇文章確實表達了司馬桑敦對胡適的認同與感佩，也表明司馬對民主自由與政治主義的背離關係有了更深的理解。司馬桑敦在文學上追求的人性與胡適的文學主張完全是一致的。他之所以敬佩胡適就因為他們在追求同樣的目標。我們可以說在五十年代國民黨的政治壟斷時期司馬桑敦和胡適都是覺醒於民主自由的人，雖然影響的範圍和深度不同，但司馬桑敦曾力圖通過文學形式實踐胡適主張的「人的文學」，他的作品足可列入抵抗「戰鬥文藝」思潮的少數勢力之中。

披荊斬棘之佳作——《張學良評傳》

陳瑞雲*

司馬桑敦（原名王光逖，一九一八－一九八一）著：《張學良評傳》（以下簡稱「評傳」），一九八六年香港星輝圖書公司出版。之前，曾在香港《中華月報》一九七三年四月號至一九七四年十月號連載。

回顧《張學良評傳》問世的年代，在大陸只能看到文字簡短的張學良略傳。其中還有不確定、不準確之處，甚至連張學良是否活在世上這樣的問題都不清楚。

司馬桑敦寫《張學良評傳》，「實際上是在一個『知其不可為而為』的認識下動筆的。」當時，至少面臨著政治見解紛紜不一和史料難求這兩大困難。「他著手寫作時，儘管距事件當時已有四十個年頭了，然而，張學良，依然是一個使人敏感、諱莫如深的名字；西安事變，也仍然是

*作者為吉林大學文學院歷史系。

一個眾說紛紜，莫衷一是的歷史事件。」[1] 史料是基礎，然而，「資料少而難求。」[2] 張學良的傳記資料，散在兩岸乃至國外。兩岸資訊隔絕，許多資料尚未公開，更談不上開發。傳主處於被幽禁之中。特別是一九三六年以後的張學良，其人、其事，資訊寥寥，其所思所想所為，外界完全不得而知。「許許多多從歷史中走過來的人三緘其口。」[3]「關鍵人物的親屬，生活要力求平靜退隱，自然更是人情之常。」作者到美國後，得知張學良夫人于鳳至及其子女在三藩市及洛杉磯等地，幾經聯繫拜訪，未果。[4] 而那些關係到張學良的傳聞，不與當事人核實，得不到可靠的佐證，很難確知其可靠性。可見，研究張學良生平這塊荒地佈滿荊棘，不言而喻。寫這部書，必須迎著困難而上，既需要披荊斬棘的拓荒精神，更需要敢開第一腔、敢發表獨立見解的科學勇氣。

作者盡最大努力搜集可能搜集到的國內外一切有關文獻資料，找知情人訪問，力爭廣泛佔有資料，言之有據。評傳中引用和參考了大量熟知當時歷史內情的中國人及日本人的著述、回憶錄、訪問記；國民黨、共產黨領導人的著作及其他名人文集；日本外務省等有關部門或組織編輯

1 金仲達，〈《張學良評傳》出版前後〉，《論壇報》一九八六年六月十八日至六月二十四日。
2 金仲達，〈《張學良評傳》編後記〉，《張學良評傳》，香港星輝圖書公司，一九八六年七月版。
3 同註1。
4 同註2。

的檔案資料；中外各種報刊資料與相關的歷史與人物研究著作等。

面對龐雜的史料，作者以負責精神，認真鑑別，詳加篩選，力求取捨精當。「他寫稿時，在涉及『事件的演變』和『人物的言行』時，便非常慎重，必根據資料，判斷之後再落筆。因此無法估計他在找資料、看資料上所費的時間和精力，要超過實際坐下來書寫時的多少倍。」即使如此，仍不敢輕信其可靠性。作者常說：「我們今天所看到的歷史記載，有多少成分是真實的？但是在未得到其他旁證前，我們只好相信，或『假設』它是真的或是不可靠的，因為此外我們一無憑藉！」[5]

經過辛勤耕耘，留給世人的這部評傳，是一部嚴謹的信史傳記作品，體現出作者的嚴格治史原則和力爭再現歷史真實的追求。

為求得符合歷史真實，作者旁徵博引，全方位、多視覺考察論證，探討事物本質。如：「九一八事變」時對日不抵抗的主要責任在蔣介石，還是張學良？人們的見解不統一。有人專注於蔣介石在事變當天是否曾給過張學良一紙命令。作者則根據當時蔣介石的命令與講話、南京中央黨政軍的決策、指示和行動，以及張學良的言行等，揭示其全貌：張學良在事變前一星期，因察覺日軍調動有異等情況，曾請示蔣介石，蔣介石於九月十六日覆電（「銑電」）說：「無論日本軍隊此後在東北如何尋釁，我方應不予抵抗，力避衝突。吾兄萬勿逞一時之憤，置國家民族於不顧。」作者認為這就是張學良不抵抗的依據。有此尚方寶劍，在事變發生時，張學良和東北軍

5　同註2。

一九七四年九月三日中午，《張學良評傳》初稿完成。攝於東京都下北澤賃居書齋。

不但公然採取不抵抗政策，而且事後理直氣壯地公開宣佈採取了不抵抗政策，「儼然視不抵抗為守土有責的軍人的一種當然態度了。」進而指出：蔣介石不抵抗的理論基礎是中國國防力量薄弱，抗日必亡，所以事變發生後，他要求國民「必須上下一致，先以公理對強權，以和平對野蠻，忍痛含憤，暫取逆來順受的態度，以待國際公理之判斷。」國民黨中央、國民政府、軍政部採取同一立場，向全國軍民發佈的文件中，說明已嚴令全國軍隊「對日軍避免衝突」，要求全國軍民服從政府指導，靜候國際公道之解決。[6] 如此，在不抵抗這一誤國政策的決策和執行中，蔣介石和南京

6 《張學良評傳》，頁一六八—一七〇。

中央應負什麼責任，張學良居於什麼位置，便不言自明瞭。

有的歷史事件，如：殺楊宇霆、常蔭槐事件，第一手資料中有矛盾，第二手資料中各方報導、相關人的說法也紛紜不一，作者經過仔細考證，雖然有傾向性的見解，但認為其真實情形尚是一個謎，故不強行結論，而原原本本地記述各種資料和說法，指出其中合理與不合理之處，留給讀者思考、選擇。

傳主張學良是全書研究的主體。張學良及其相關的歷史事件、歷史人物，在中國大陸和台灣都是政治敏感性極強的課題。學術界、政界以及社會各界的見解不盡相同。作者依據已知的史料，秉筆直書，鮮明地亮出自己的觀點。評傳展示了張學良的前半生，勾勒出他所處的那段複雜多變的中國歷史。對傳主的是非功過，既不無邊際地誇讚，也不吹毛求疵；是即是，非即非，功歸功，過歸過。張學良自負聰明，並被公認。作者具體分析，將其劃分為能力和氣質。他的評價是：張學良「理解迅速，常識異常豐富」；「是非善惡之心特別清楚，人生觀非常豁達」。「同樣的，他會開汽車、能駛飛機，以及能打一手好網球」；「懂得禮賢下士、吸引新派軍人，甚至他和腐化軍人混在一起，摹仿著他們的惡習，過其糜爛生活」。特別提出：儘管他的能力條件極其優越，但他的氣質方面「顯然是好壞互見，而且是起伏有變的」。引用批評張學良的人的話說：「聰明而不智慧。」[7] 張學良在政治上雖然不免受其父張作霖的影響和支配。但他善於獨立思考，勇於接受新事物，故與其父又有很大的不同。在老帥遇害，他接過繼承人的重擔之後，立

7　同註6，頁二一一三。

即扭轉了東北軍的矛頭，與國民革命軍謀求妥協，隨後，毅然頂著日本的壓力，改旗易幟，接受南京中央統轄。評傳用事實敘述了這段歷史。但認為此時期的國民革命軍，是「革命其名軍閥其質的組合」、「國民黨軍閥」在各地「割據」，張學良在東北也保持著實質上的獨立性。[8] 評傳肯定張學良在東北建設鐵路、捐款辦大學和體育場等文化教育事業，說明張學良「站在地方軍閥勢力的位置上」，而與其他地方軍閥不同，在統一國家的大前提下，「充分表現出一種求新的和建設的力量」，「一份發奮圖強的心願」。但又指出：此時「張學良在政治上的智慧，畢竟只是一個年輕軍閥的境界。」武力接收中東鐵路一幕，「表現出他這方面的一個紕漏。」「暴露了張學良所統率的東北當局，無論對國際政治，或對國內政治，都缺乏應有的認識。尤其是張學良在應付南京方面上，更看出他太缺乏中國傳統上的那套政治藝術。」[9] 南京中央把事情鼓動起來，既不出兵，也不出錢，最後連對俄交涉也推給張學良。結果東北當局不僅以失敗告終，還使東北軍傷了元氣，暴露了弱點，助長了日本發動侵略東北的野心。在以後的歷史階段中，涉及蔣介石和張學良關係的某些情節，作者對比蔣介石的老謀深算，曾用「稚氣」、「孩子話」描述張學良政治上的不夠成熟。一九三〇年蔣閻馮桂中原大戰，張學良發出巧電，揮師入關，助蔣獲勝，受到蔣介石的特別器重，升任陸海空軍副司令，「這一刻，應該說是張學良政治生命的一個巔峰時

8 同註6，頁八九。

9 同註6，頁九二—九三。

代了。」[10]然而，它的負面，埋伏下重大的歷史危機：巧電後，東北軍共有二十四個旅，其中裝備精良而有戰鬥力的十六個旅中，十二個旅調進關內，騎兵五個旅中，兩個調進關內，砲兵三個旅全部移駐北平和天津。石友三叛變，又先後增調四個旅應援部隊進關。「偌大的東北邊防事實上等於半置於不顧的狀態了。」[11]後來，張學良由對日不抵抗轉變為熱心抗日；由反共、剿共，轉變為反對蔣介石先安內後攘外的戰略方針，主張停止內戰，團結抗日。對此，評傳在敘述中取肯定態度。而且，全面、客觀地論述了其轉變的原因，著重在社會各界人民和東北軍廣大官兵愛國熱情的影響和推動，中國共產黨抗日民族統一戰線的感召，以及剿共軍事失利，對國民黨上層要員不用心國事而熱衷於爭權奪利、蔣介石拿東北軍作犧牲品的不滿等。

西安事變，是兩岸三地中國人以及海外華僑華人都關心的中國現代歷史事件之一，大家的見解不盡相同，甚至嚴重對立。如：一種觀點認為，西安事變是蔣介石頑固堅持先安內，後攘外，強迫東北軍、十七路軍打紅軍的錯誤方針逼出來的；事變和平解決後，全國走上停止內戰、一致抗日的偉大征程。因此說西安事變是時局轉換的樞紐，是中華民族爭取獨立解放史上關鍵的一步，張學良是千古功臣、民族英雄。另一種觀點認為，西安事變是共產黨周恩來導演出來的，結果使共產黨沒被消滅，國民黨丟了中國統治權。因此，張學良是罪人。蔣介石不殺張學良是領袖人格偉大。評傳作者則認為，西安事變的發生，「蔣、張各應分擔其原因的一半：在形式上是蔣

10 同註6，頁一二四。

11 同註6，頁一四五—一四六。

到西安逼出來的，在實質上則是張替自己所安排的陷局；除非蔣聽從了他的希望，他是無從拔出這步錯棋的。」作者認為：一九三六年七、八月間張學良和周恩來關於停戰、擁蔣抗日的延安之約，「成了張學良以後行動的包袱」。是逼得他後退不得的一步錯棋。這裡說的「錯棋」，是從組織紀律，亦即軍令、軍紀的角度論的，「張學良忘記他是西北剿總的副司令，他是一個受軍令限制的戰地指揮官，他未經上級批准，擅和敵人訂約停戰，不論其理由如何的光明磊落，他都將不免僭越統帥權力之議」。[12] 從政治方向而論，作者對張學良發動西安事變的宗旨：停止剿共、團結抗日，不僅不事否定，而且，字裡行間充溢著讚賞。張學良送蔣介石回南京後被囚禁，作者甚為同情。評論西安事變的歷史意義時，作者認為：其結果達到了張學良、楊虎城和中共「停止內戰」、「團結抗日」的主張。「蔣在西安時雖未簽字於任何條件之上，但，在他安全脫險之後，在具體事實上除了停止對共軍事以外，另在若干重要政策上確也逐步的接納了張、楊等人的主張。這不能不說是，西安事變對蔣與對南京中央一個重大的影響。而中共在這重大影響中巧妙的爭取到一個生死的轉機，同樣的有其重大的歷史意義。」[13]

作者文學功柢深厚，寫評傳前，已有一批小說、散文問世。在評傳這部史學著作中，發揮了他的特有才能。他筆下的人物，不論張學良還是蔣介石，都不止於有關的經歷、作為、思想、言論、功過是非評價，而更深入其內心世界，發掘他在歷史事件中的情感心理變化、性格特徵表

12 同註6，頁二四三、二三九。

13 同註6，頁二八二、三〇六。

現，用生動而準確的語言刻畫出人物的個性和動態，深入淺出，引人入勝。例如：西安事變前夕，十二月九日，西安學生遊行請願，向蔣介石駐地臨潼進發，張學良勸阻，向學生許下諾言：一星期內用事實答覆！經向蔣介石苦諫無效，決定採取行動。對此，作者寫了這樣一段話：「張學良的血液中典型的帶有東北大少爺的氣質，容易慷慨『輕諾』，卻不容自己立於『寡信』。他想來想去，便決心幹了。」[14] 幾句話，點出了張學良這位少帥說到做到的豪俠之氣。張學良被幽禁後，渴望獲得自由，為國家效力。作者敘述張學良與蔣介石在五十年代前期的一次會晤時，描繪了他由希望到失望的心潮大起大落：「這是他們二人溪口晤後十七年來唯一一次重晤。兩人當時的感情如何，談的內容如何，外界都無從獲悉。只由圈子裡人透出來的一點點消息是，蔣似乎對張說了些：『漢卿，請再忍耐些時，國家會有需要你的時候。』之類的話。也許就由於這一番鼓勵，張學良覺得他又有了生機。他興奮萬狀，希望無窮。由這時起他開始埋頭寫了二十萬字的『自我檢查報告』。但，不幸的是，當他的報告寫成後，他的兩目視力出了毛病，特別是右眼患了嚴重的白內障，漸漸有些失明了。同時，比他的目疾更令他心煩意冷的是，他的報告提出去以後，猶如飛鳥入雲，聲沉跡緲；引領翹盼，沒有下文。」[15] 讀了這段文字，我們不僅為這支雄鷹被困籠中而惋惜，更為一顆年輕純潔的心被政治權術老手捉弄而心酸。在此，我們看到作者是用一顆充滿真情的心在寫人物，而且，緊緊依靠史實，準確把握人物的真實情況；沒有虛構、沒有

14 同註6，頁二四五。

15 同註6，頁三二一。

誇張。因而，評傳是一部頗具可讀性的信史傳記。

作者是中國東北人，一九四八年到台灣，寫評傳時任台灣《聯合報》駐日特派員，後定居於美國。其所處政治環境，周圍的輿論氛圍，以及兩岸意識形態的分歧，都使評傳的客觀、公正性不易得到一致認同，人們往往會以獨特的政治敏感先考慮作者為誰說話。評傳連載後，看慣了把共產黨罵得一無是處的人，甚至說王光逖是王光美的弟弟。通讀全書，了解評傳寫作出版的全過程之後，會看到作者並不刻意評論黨派的是非；而是出於愛祖國、愛家鄉的一片赤誠，紀錄中國遭受日本侵略那段歷史，探討其中的教訓。四十年前，在東北淪陷期間，他，一個文化界青年愛國者，曾為保衛國家獨立進行抗日活動，被日本侵略者關進大牢三年多。身居海外，他魂牽夢繞的仍然是他賴以生長的、為之戰鬥過的神州和她的那片黑土地，總想為它做點什麼。他曾計畫研究「中日戰爭十五年」，以記錄和抗議日本軍國主義的侵華罪行。後來變換角度，寫那段歷史中的一個關鍵人物——張學良。他的周圍，有一群當年在東北從事地下抗日鬥爭的老友，支持他，推動他，他兼代表著老鄉和戰友的心願，拿起了這支沉重的筆。評傳單行本還未出版，司馬桑敦即在美國過世。之前，他正籌辦一份報紙，準備溝通海峽兩岸的心聲。想回國「看看我的私人計畫能有多少配合上國內的四個現代化。」[16] 看看祖國、故鄉、親人。他走得早了！沒來得及實現自己的夙願。

他走得早了！沒有機會得到他不曾看到的資料，更令人遺憾。張學良在世時，為了張學良的

16 周勵，〈火一樣的青春〉，《長春文史資料》總第五十六輯。

安全，大陸關於當年張學良和中共、和周恩來、和紅軍的關係，以及張學良在抗日同志會中的身分等內情，嚴格保密，評傳缺少這部分資料。張學良的歷史自述、于鳳至的回憶錄，都在他們過世後才與世人見面，作者沒能見到。蔣介石：《西安半月記》中謂張學良對發動西安事變「後悔莫及」；台灣方面公佈的那份張學良的《西安事變懺悔錄》，被視為重要而有價值的當事人的第一手資料。但張學良對它們怎麼說，當時還不得而知。還有上世紀五十年代離開大陸的人，曾去台灣，並登門拜訪過張學良，他發表一些與張學良的談話，也未見張學良的證實。因此種種，張學良對西安事變及其相關的人和事的評說與態度，在那時，任何人包括評傳作者都不可能把握得十分準確。這是可以理解的。

司馬桑敦走了，他的佳作和他為它付出的艱辛，他的開拓精神和科學勇氣，他的嚴肅治史態度，留給後人深深地啟示。

第三章　涉足海外，開文化交流之先

日本寫的傳奇小說：〈藝妓小江〉

藤田梨那

一、司馬桑敦與戰後日本

司馬桑敦，原名王光逖，一九一八年出生於遼寧省。他的一生與日本有著密切的關係。首先他的出生地遼寧就是最先受到日本侵略的地方，他自幼就讀於日本人開設的學校[1]，他的日語是在少年時代掌握的。青年時代在東北地區投身抗日活動，參加抗日游擊隊。二戰後隨國民黨赴台灣。他的正式職業是新聞記者，建國前曾在哈爾濱《大北新報》和長春報社作過記者和編輯工作。赴台後，一九五四年以《聯合報》特派員的身分赴日本，在日生活長達二十三年。他在日本的主要任務是觀察和報導戰後日本社會各方面的變化。可以說，當時他所處的是一個由殖民統治解放出來，反過來去觀察和敘述以前的殖民者、現在受著美國監管的日本的境遇。而且他必須同

1　司馬小時曾在金縣公學堂和瀋陽共榮專科學校就過學。參考金仲達，〈王光逖先生雪嶺鴻印〉，《野馬停蹄》。

時面向著兩個不同的社會，一個是從殖民統治下解脫出來的台灣；一個是從戰敗的慘狀下企圖復興的日本。這種處境和他的特殊的身分就必然地促使他對日本的政治、文化等方面抱有很敏感的意識和關心。這種意識和關心也表現在他的學術研究上。司馬桑敦來日後馬上進入東京大學攻讀國際關係史，近代中日關係史始終是他在碩士課程和博士課程中的研究主題。

司馬桑敦在日本作了大量的報導工作，內容涉及到當時日本的政治、經濟、文化、民俗、歷史等，範圍極其廣泛。曾贏得台灣駐日特派員中「東京第一支筆」的美稱[2]。特別是他對日本政界的報導充分顯示了他做為政治記者的精悍手腕。他在日期間的報導、社論、隨筆，現在主要收集在《扶桑漫步》（傳記文學社）、《江戶十年》（聯合報社）、《愛荷華秋深了》（爾雅出版社）、《中日關係二十五年》（聯合報社）、《人生行

一九五七年三月，日本東京大學院國際關係論博士課程入學時攝。

2 周勵，〈《張學良評傳》和它的作者司馬桑敦〉，《協商新報》第七六六七期。

腳》（聯經出版社）、《東瀛借鑑》（美國長青文化公司）等單行本中。

司馬桑敦的文筆力量不僅限於新聞報導上，在文學創作方面也大有發揮，為我們寫下了不少精彩的文學作品。中篇小說《野馬傳》是他的代表作品，《張學良評傳》、《張老帥和張少帥》是人物傳記中的精品。這幾篇作品基本上都作於日本。還有不少短篇小說，一部分收入短篇小說集《山洪暴發的時候》，其中兩篇作品：〈高麗狼〉和〈藝妓小江〉也是在日本居住時期創作的。一九九九年，香港《亞洲週刊》舉辦了「二十世紀中文小說一百強」評選活動，司馬的《野馬傳》和《山洪暴發的時候》被選在台灣一五二部作品之中。

司馬桑敦的一部分作品，如短篇小說〈藝妓小江〉、旅遊記等是直接描寫日本的；另一部分作品，如《野馬傳》、《張學良評傳》、短篇小說〈外鄉人〉、〈人間到處有青山〉等，則是涉及到中日關係的。由此可見，司馬桑敦與日本的關係不只限於他的人生經驗，還濃厚地反映在他的文學作品中，為我們提供了一個司馬桑敦與日本的交涉的大課題。然而，縱觀近幾十年來的文學研究領域，對司馬桑敦文學的研究幾乎是一個空白。在大陸方面的現代文學史上看不到他的名字，在台灣的現代文學史上同樣也很難找到他的名字。直到二十世紀末，才可看到香港《亞洲週刊》那樣的，在大陸和台灣以外的地區，提到司馬的作品。但最近一些學者開始注意到司馬桑敦了，如吉林大學的周勵女士、台灣中央大學的李瑞騰氏、成功大學的應鳳凰氏，都有若干涉及到司馬的文章[3]。但大多是介紹或作品評論，鮮有較具體的作品研究。

我認為司馬桑敦的主要創作經歷涉及到大陸、台灣和日本，特別是戰後，他所處的地理環境與其他大陸或台灣的作家有所不同，又因為他的新聞記者的特殊身分，對戰後亞洲各國的政治關係、社會及文化現象深察明辨，與其他文學作家相比，自然顯出他的特色。正因為如此，在戰後台灣文學，或更廣泛地說，在後殖民文學中，他的作品可以說是一個潛在的成分，有待我們去挖掘出來。他的作品中所包含的中日關係的主題以及對日本文化的認識問題，都需要我們去認真探討和研究。

本論文以直接描述日本的短篇小說〈藝妓小江〉為例子，除了對作品主題、手法的探討之外，還試圖探討司馬桑敦對日本文化及歷史的認識和文學處理的問題。

二、第二十九次國際筆會大會與東西文學交流的視野

〈藝妓小江〉在短篇小說集《山洪暴發的時候》中是唯一一篇以日本為舞台的作品，寫作和發表的時期較其他作品為最晚。最初發表在一九五八年香港的《文學世界》秋季號上。作者在《山洪暴發的時候》的〈自序〉中談到：「〈藝妓小江〉是我加入香港國際筆會後的第一篇小

3 周勵，〈火一樣的青春〉，《新文學史料》，一九九九年第二期；應鳳凰，〈《自由中國》《文友通信》作家群與五十年代台灣文學史〉。

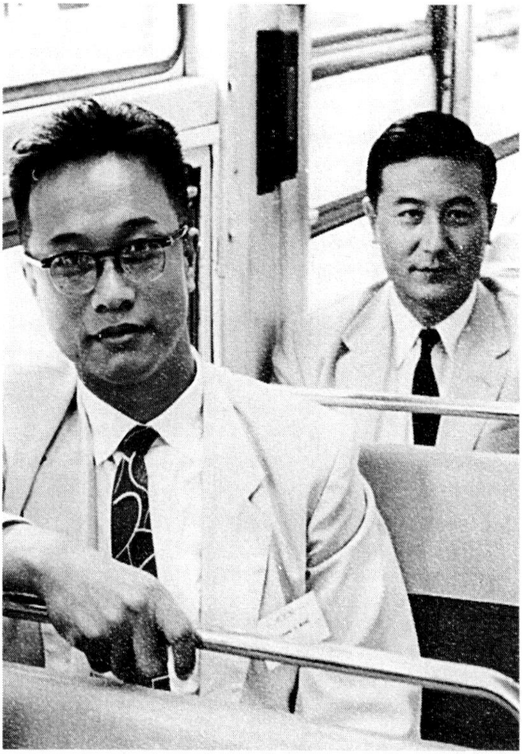

一九五七年九月，國際筆會於日本舉行，「兩司馬」攝於東京專車上。前為司馬桑敦（王光逖），後為司馬長風（胡秋平）。

說。」司馬桑敦加入香港國際筆會是在一九五七年，這一年九月國際筆會在東京舉行了第二十九次國際筆會大會，司馬桑敦此時以筆會會員及記者的身分參加了大會。國際筆會大會對戰後日本來說是一次舉世矚目的重大活動，媒體方面作了大量的宣傳。對司馬來說，這次大會對他以後的創作起了很大的刺激作用。他與香港《祖國》雜誌社編輯胡欣平（筆名司馬長風）相識就是在這次會上，司馬桑敦用了兩個晚上的時間對司馬長風談了自己的《野馬傳》的構思，兩司馬的徹夜長談促成了中篇小說《野馬傳》的完成[4]。〈藝妓小江〉也是在筆會大會之後寫作的。

司馬桑敦針對國際筆會寫了很大篇幅的通訊，如〈記國際筆會東京大會〉、〈國際筆會群

4 司馬桑敦，〈自序〉，《野馬傳》，長青文化公司。

像〉、〈外國作家向日本筆會抗議〉。國際筆會的主題是「東西文學之互相影響」。司馬桑敦尤其重視這個主題，他的通訊主要是圍繞著這個主題展開的。比如他在〈記國際筆會東京大會〉第五中介紹了英國詩人斯賓坦與巴基斯坦作家馬里庫的一場論戰，馬里庫從宗教信仰的角度主張「恢復人類尊嚴的，既非民主主義，也不是共產主義，而是宗教信仰，沒有宗教信仰的文學，決不能成為偉大的文學。」而斯賓坦卻反對這個主張，指出「真正的文學創造精神，毋寧重要在尊重個性，而各個國家、各個民族都具有個性，這個個性是應該被尊重的。」「唯有描寫出人類在時間和空間，以及歷史與地理的各種差別，才是藝術。」[5] 司馬在通訊中表示了他自己的意見：「老實說，就我個人意見，我是贊成斯賓坦的看法的。我認為所有否定個性的，傾向全體的理想主義，都含有一種可能產生權威的危險。」[6] 因為當時的國際狀況正處在共產圈國家與民主制國家之間政治對立，即東西冷戰的狀態，在國際筆會東京大會上也出現了共產圈國家與民主制國家間的對立和衝突。司馬對於當時的國際性的政治傾向非常敏感，不僅是共產主義，任何集權主義、霸權主義，他都是堅決反對的。這種態度在他的通訊和隨筆中表示的很明確。[7]

反對霸權主義的態度立足於他的自由民主，尊重個性的立場上。這也是他在文學創作上的基

5　司馬桑敦，《扶桑漫步》，傳記文學出版社，頁一三四。

6　同註5。

7　在〈關西行雜記〉中的「資本主義的城」和〈西南紀行〉中的「叛將西鄉的世界」中都可以看到他對集權主義、霸權主義的警惕。

本立場。斯賓坦的意見正與司馬的這個基本立場相吻合。從他的通訊中我們可以清楚地看到他對東西文學交流所持的基本觀點，即不同國家、不同民族間的文化、文學交流，需要從保持自己的主體性與尊重對方的個性、差異性的共同認識上出發，否則真正的交流是不可能的。

在〈記國際筆會東京大會〉第六中司馬桑敦還介紹了義大利作家摩拉比亞（A. Moravia）為《朝日新聞》寫的一篇觸及到政治與文學的文章，也為我們提供了分析和掌握司馬桑敦的文學意識的材料。

摩拉比亞強調一個作家必須是一個歷史的證人。他在他的作品中必須刻劃了他自己的時代。這種刻劃，當然要根據作家自己的經驗，尤其必要的是，他必須歸納了種種的政治感情和各種各樣的政治理想。不過，儘管如此，作家不等於政治家，作家必須對自己的藝術創作負有絕對的責任（宣傳品則不然），作家必須不斷訴諸於他自己的美觀、良心、真實，以及感情的深度。[8]

這裡有兩點值得注意，一點是對「一般民眾的經驗」[9]的重視，即現實主義的立場。一點是對文學異於政治的性質的認識。前者與司馬的歷史觀、現實觀相吻合。後者則為司馬桑敦以後的文學創作揭示了一個可靠的基準。我們可以從《山洪暴發的時候》的〈自序〉中找到與這個基準相印證的痕跡。比如他編輯《山洪暴發的時候》時有意將一些在台灣寫作的政治主義色彩濃厚的作品刪掉，對選定的七篇作品加上說明道：「這七篇中當然並不完全洗淨了政治主義的色彩，

8　同註5，頁一三五。

9　司馬桑敦在〈國際筆會群像〉中特以這個觀點批判日本作家的態度。

但，我是儘量的使用了一種文學學徒應有的自由態度寫作了的。另一個應有的說明是，我在這幾篇小說裡開始探索著由一個樸素的人的立場去寫一個『人』，避開了那些約束人的目的主義或理性主義的觀念。」[10]

以一個自由的、樸素的人來寫「人」，司馬桑敦的這樣的文學態度與實踐是在對台灣的政治主義文學的反思和肅清的基礎上產生的。透過國際筆會大會，他的這個態度得到了印證和鼓勵。他在大會上認識了許多東西方的作家，包括前舉的斯賓坦、摩拉比亞，還有美國的日本學家唐納金（Donald Keene）等，都為他展示了東西文學交流的廣闊視野。

三、〈藝妓小江〉中戰後日本的都市風景

〈藝妓小江〉是透過一位生活在東京的日本詩人的敘述，描寫這個詩人與藝妓小江在東京和日光之間相遇的不可思議的一段故事。而日本詩人的敘述又是由作者導入的。作者只在小說的開首部分登場：「在長崎的一間酒居的一個夜晚，一個喝醉了的日本詩人，偶然的告訴了我下面這段故事。」長崎、東京、日光，三個空間在小說的開首出現。故事發生在東京與日光之間，而作者聽到這個故事卻是在長崎。日光是日本觀光區之一，在東京西北二百多公里的地方。東京和長崎則是代表近代、現代日本的大都會。東京是日本明治以來的首都，長崎是江戶時代以來日本與

10 司馬桑敦，〈寫在前面〉，《山洪暴發的時候》，文星書店。

海外連接的港口城市。在長崎發展起來的醫學、造船事業、對外貿易都為近代日本的發展打下了堅實的基礎。司馬桑敦在〈藝妓小江〉的開首提到長崎，一般來看似乎與東京沒有什麼關聯，與這篇故事更是無緣可逢。但實際卻不然，司馬是以他周到的構思把這個空間冠在作品之首的。因為長崎在作品中暗示了一個與主題有關的重要線索。關於這個問題準備在後面詳敘。

司馬桑敦在作品中描繪了東京的風景，日本詩人「我」為了購買去日光的特快列車票，清早來到淺草的西武車站（實際上是現在的東武車站）。

仲夏早晨的淺草，空氣中蕩漾著一股異樣的惡濁氣味。太陽已經跳出百貨公司大廈的陡壁。大廈與大廈間的都市山谷，陰影全消了。電車路展開在一面恐怖的灼熱的白色光芒之下。（頁一〇五－一〇六）

淺草一帶本來是東京中較有傳統風味的地方，但在二戰後期受到美軍的大規模空襲，戰敗時已是一片焦土，經過戰後十幾年的建設，到一九五七年時已恢復到近代式大廈林立的程度。高樓大廈形成了都市山谷，在這大廈的山谷之間穿行著新式的鐵路網路，這番風景與現在的東京已很相似了。人們從這裡想像不到戰敗時的慘狀。然而繁榮的反面也隱藏著頹廢、腐敗與冷漠，日本詩人在早晨的空氣中感覺到「一種異樣的惡濁氣味」，又被收票員冷冷地稀落了一頓，使他「感到一陣心悸」，一種都市的恐懼襲擊著他。這是一種近代都會的閉塞的狀況。

司馬桑敦在一九五七年春天曾經體驗過一次從關東到關西的旅行，在他的旅行雜記〈關西行雜記〉中描寫出他自己在東京的生活：

除非碰上一個強風後的晴天，在東京兩年以來，我少有機會可從公寓的樓窗上眺望到遠方的山巒。一個久居都會的人，大都是長時間被放置在一種被封閉的生活裡的。拿我來說，一直是被封閉在大廈與大廈之間；電車與汽車之間；……我是如何的渴望著一個解脫，解脫開這些象徵著現代文明的所謂都會中人的封閉狀態。（《扶桑漫步》，頁三）

都會的繁榮和人們的精神環境成為正負、表裡的關係，這便是現代文明發展所帶來的必然的結果。日本人正是喘息在這「象徵著現代文明的」都會的封閉狀態中。長年生活在東京的司馬，以他的切身體會道出了東京的負性的一面。他的體驗與作品中的描寫是相印證的。

日本詩人為了養病打算逃出封閉的東京，到日光去。日光做為一個國際觀光景點，一九五七年前後已很著名，又由於離東京不遠，每天去日光的人很多，所以小說中的詩人不能買到當天去日光的特快列車票，而且在一周內也沒法買到。在他十分喪氣的時候，偶然遇到一位女子，從她那裡分得一張車票。

司馬在作品中對這輛開往日光的快車也作了一番描寫：

這列被鐵路公司命名為「羅曼卡」的特快車輛，更幫助我沉浸入一種奇妙的玄想中。沙發椅是二人一組的，高高的靠背，可以自由地調節靠背的仰度。（頁一〇八）

司馬桑敦對日本的列車很注意，旅行的時候都要留意記載一段列車或巴士的情形。如在〈關西行雜記〉中對他乘坐的旅遊快車特用了「燕子號特快列車」、「東海道上風景」的題目，描寫了一番。去日光的特快列車名字叫「羅曼斯卡」，這輛列車是在一九五一年九月開始運行的。據東武鐵路公司的史料說明：一九五一年為了配合日光、鬼怒川做為國際觀光地，人氣日益高漲的需要，特裝備了這輛轉換式坐席的特快專用列車。可見當時日光的觀光事業是非常繁盛的。司馬用這輛「羅曼斯卡」把戰後復興起來的東京與觀光事業日益繁盛的日光連接起來，刻意描繪出高度經濟成長期的日本的一個側面。

四、小江的愛與藤村操的自殺

藝妓小江，顧名思義，是一個作藝的女子。她是在日本詩人正愁買不到去日光的車票的時候翩然登場的。小江本來在車站上等她的戀人一起去日光，然而她的戀人卻沒有來赴約，小江只好在開車之前把多餘的一張票分給了日本詩人。他們兩個人同行到日光，使日本詩人有了一個觀察和了解小江的機會。

這是一位美麗得讓人吃驚的典型的江戶佳人。她從大理石廳柱背後的陰影中姍姍走來，因此她的海藍衣料上的白花圖樣，特別顯得鮮明……我錯覺得她像一道彩虹，飄浮的、虛茫的，突然間在我面前翩然蒞止。（頁一〇六）

作者對小江的描寫有兩個特點，一個是刻意描寫出日本女子的美麗。另一個是小江的傳奇性。「江戶佳人」具有的應該是都會式的瀟灑和精練。司馬桑敦對小江的描寫集中在服裝、態度，和舉止上。在服裝上他特意描繪了和服姿態的優美：

我側觀著她裸露在衣領外面白皙而肉感的脖頸，覺得她是那麼楚楚動人。（頁一一一）

她衣料的顏色，雖然選擇的是素樸高雅的，但她裸露的脖頸和短寬袖子所掩藏不了的那雙白嫩手臂，都呈露了她誘人的豔麗。她衣裳的下襬是那樣的瘦小，緊緊的拘束著兩條腿。她穿著的白布短襪，潔白如雪。拖履的紐帶，也是鍍銀的。兩隻纖小的腳，矜持的擺在細草拖履的中間。（頁一一二）

這裡對小江的和服姿態的描寫是非常細膩的，以衣料顏色的素樸高雅和那裸露出來的頸部、手臂的白嫩相對照，描寫出那誘人的豔麗。再從和服下襬的緊束和穿著雪白的短襪和鍍銀紐帶的拖履的纖小的腳描寫出那矜持的高貴。從頭到腳，對和服美的關鍵部分都作了精細的描寫，刻劃出日本女子的美麗。這樣的描寫與司馬的其他作品，如〈山洪暴發的時候〉、〈湛山莊主人〉中對女主人公的描寫相比，在精度上有很大的差別。

對小江描寫的另一個特點是傳奇性。她是突然出現在日本詩人面前的，而且在日光遊覽車上，在中禪寺湖畔的飯店裡，都是偶然地、不約而同地與日本詩人邂逅的。更奇特的是，小江的戀人是早在明治三十六年（一九〇三年）就自殺於日光的藤村操。小江曾七次約藤村操同去日光，然而七次都被爽約了。她在西武車站把車票分給日本詩人的正是第七次，在小江來說是很傷心的，但另一方面又表現了她對戀人執拗的愛。小江在去日光的列車上與日本詩人圍繞著愛情問題爭論了一番。日本詩人以為小江從藝多年，「藝壇上愛情遊戲的場面必然見得多」，不會在意戀人的得失。然而小江卻不以為然，她憤然地說：

「對於愛情你居然會有所分類，劃出程度，這就夠不懂愛情了。」

「愛情不是你所想像的。」

「愛情就是愛情。沒有條件，沒有分類和程度，也更沒有時間和空間。愛情直接就是愛情。」（頁一一三—一一四）

小江的愛情觀念近乎一種絕對觀念，超越了任何相對的條件，甚至超越了時空。這聽起來似乎很玄學，但她卻認真忠實地固執著這個觀念。她雖然對爽約的戀人已經失望了，但還執拗地希望能見到他。在去日光的列車上，小江希望她的戀人會開著車從公路上追趕上來；到達日光以後，小江又決心再等下一趟慢車到來；參觀了中禪寺湖後，她又去車站等候。明知不會來，卻偏戀戀不捨地等待。日本詩人不得不佩服小江了。他想：「她是那樣執拗的迷戀於她的心上人呢！……畢竟我真實地看到一位如此美麗的和如此真摯的愛情。」（頁一一七）

在此我們需注意的是，小江的超越時間和空間的愛情正是這篇小說的主題和它的傳奇性的最高點。在中禪寺湖畔飯店裡，日本詩人又一次偶然遇見小江，兩人一起去餐廳吃飯，席間小江告訴他，自己的戀人是一位還未出名的詩人，名字叫藤村操。在他們談論之際，小江發現藤村操出現在餐廳裡，而且還帶著一位年輕的女子。於是小江拉著日本詩人一直向湖畔逃去，但實際上看見藤村的只有小江，日本詩人並沒有看到其人。小江完全絕望了，他喊著：「我老了，因為我老了。」便一直向湖中的華岩瀑布跑去，最後消失在瀑布的吼聲中。日本詩人找不到人，回到飯店查詢住客登記簿，竟然沒有小江和藤村的名字，也沒有人看到過他們。他在悶悶不樂中偶然翻開一本旅遊大全，才發現了有關華岩瀑布的一個記事：若干年前，愛寫詩的大學生藤村操在此崖前留下遺書一封，投身谷底自殺而死。遺書中只寥寥數字，寫著「人生太也難解」。使日本詩人陷入絕大的恐懼之中。

藤村操是明治時代實有的人物，生於一八八六年，明治三十六年（一九〇三年）五月二十二日在日光的華岩瀑布投身自殺，留下遺書〈岩頭之感〉。遺書中說：「悠悠哉天壤，遼遼哉古今，以五尺之小軀，以比此大。……萬有之真相唯一言悉之，曰『不可解』。」當時藤村操在東京第一高等學校就學，正準備進入東京帝國大學學習哲學。死時年僅十八歲。藤村的自殺在當時哄動一時，各家報紙都登載了這個消息。特別是最先報導的《萬朝報》將〈岩頭之感〉和藤村的叔父那珂通世博士的悼文發表出來，緊接著《萬朝報》社長兼主筆黑岩周六以「弔少年哲學者」的題目發表悼文，認為藤村的自殺是為了哲學而死。他的悼文在輿論界引起了一場爭論。於是乎評論家、文學家紛紛發表意見，爭論自殺的原因。他們的意見分成兩個方向：一個是認為自殺的原因來自藤村的哲學的懷疑和絕望，他的死是為哲學而獻身，代表了時代的苦悶。[11] 藤村操自殺的一九〇三年正值日俄戰爭的前一年，思想界與帝國主義擴張成反比例，正處在低迷混亂之中。許多青年把藤村操的遺言「人生不可解」當作自己的愛用語，甚至還有一些青年學著藤村操也到華岩瀑布自殺。另一個方向是認為他不是為哲學而死，而是因為失戀而死的。[12] 但現在對於這個事件基本上可以用評論家伊藤整的觀點來評定：「藤村操的死，做為一個日本最初的為追求人的

11　黑岩周六，〈吊哲学少年〉，《万朝报》，一九〇三年五月二十七日；鱼住影雄，〈藤村操君の死を悼みて〉，《新人》四卷七号，一九〇三年七月；安倍能成，〈^岩頭の感v をめぐって〉，《新潮》，四十六卷九号，一九〇三年。

12　吉田雏羊，〈藤村君の詩人的最後について〉，《新人》，一九〇三年八月；长谷川天溪，〈人生問題の研究と自殺〉，《太阳》，一九〇三年八月；武林磐雄，〈むそうあん物語〉。

與日本年輕夫婦。

存在意義而死的人的，純粹的思想問題，給青年們帶來了極大的影響。」[13]

再來看小說〈藝妓小江〉，司馬桑敦把明治時代的藤村操搬進了他的作品中。小江戀戀不捨地等待著的正是五十多年前已自殺了的人，而藤村操居然還出現在飯店裡。即藤村操和小江都已不是現世的活人，日本詩人遇上的不過是精靈現身的小江。小江的神出鬼沒時時使日本詩人覺得被置於「既現實也虛緲的幻覺中」，就是因為這個原因。但值得注意的是司馬的本職是新聞記者，對於藤村操的自殺事件和當時紛紜的評論，以他內行的手腕是不難掌握的。但他在作品中並沒有過多地寫藤村操，他主要描寫的是小江如何戀眷著藤村操。他對這個事件的注意點很明顯是偏重於失戀的。他利用了世間上流傳的失戀的看法，構思了一個相反的情場，即小江迷戀著藤村操，但因藤村

13　伊藤整，《日本文壇史》第七，講談社文藝文庫，一九九五年。

有了另外的女人而失戀。藤村操的死是在日俄戰爭的前一年，日本正在向著帝國主義、殖民主義發展，不論是為了人的存在意義而死，還是為了失戀而死，都與侵略和殖民統治的霸權主義、國家主義有著相當大的偏差。事隔五十多年，經過一連串的侵略戰爭，一敗塗地的日本開始向著經濟大國發展之際，他們仍在東京和日光之間互相追戀著。小江所固執的超越時間和空間的愛就在這現實與虛緲之間延續著，沒有條件，沒有分類和程度。

隱地氏在〈評論《山洪暴發的時候》〉一文中，把〈藝妓小江〉看做是一個「類似聊齋的故事」[14]他雖然沒有舉出具體的考證和分析，但就這部作品的手法來看，他的評價是適當的。司馬桑敦把傳奇的舞台搬到日本，把他對日本文化、歷史的觀察加上一番文學手法的加工，突出了作品的主題，塑造了小江的追求愛情的形象。這一點是〈藝妓小江〉最有特色的地方。

五、小江與長崎的蝴蝶夫人

透過以上的分析我們可以了解到司馬桑敦對日本歷史和戰後的社會狀況極為關心，他的觀察為〈藝妓小江〉提供了豐富的素材。如作品中有關都會和日光的描寫、藤村操的自殺事件的援用等，都反映了他對日本社會的深察明辨。當然來自社會的素材都經過了文學性的處理，有機地組

14 司馬桑敦，《雪鄉集》，長青文化公司，一九九二年。

合在作品結構中。在這裡我們再來探討一下小江的人物塑造與司馬對日本社會觀察的關聯。

藤村操是明治時代實在的人物，而小江卻是虛構的人物。她對藤村操抱有美麗、真摯的愛情，雖然她的愛情沒有得到報答，但她還是耐心地等待，不捨地迷戀。小江的人物形象簡單地概括，可以說是一個等待的女性形象。再有一點值得注意的是，司馬桑敦並沒有把小江做為一個一般的女子來描寫，而是給了她一個藝妓的身分。因為這個藝妓的身分，作品中才有了日本詩人與小江的有關愛情遊戲上是否有真愛情的爭論。小江雖身為藝妓，經歷的情場很多，但對藤村操卻抱著始終不渝的愛情。

實際上，身為藝妓，對自己的戀人抱著真摯的愛情，而且永遠在等待戀人的到來，這樣的人物形象在司馬桑敦的心裡早就存在。小說開首的第一句話為我們提供了線索：「在長崎的一間酒居的一個夜晚，一個喝醉了的日本詩人，偶然的告訴了我下面這段故事。」

在前面已經說過，這裡的「長崎」來得突然，與後邊的東京、日光似乎沒有什麼關係。但與小江卻有著密切的關係。因為司馬桑敦一直抱有強烈關心的一位女子的愛情故事便發生在長崎。她的名字世間都稱「蝴蝶夫人」。

蝴蝶夫人本來是美國作家約翰朗（John Luthur Long）所作的中篇小說《*Madame Butterfly*》（一八九八年）中的主人公。這部小說是約翰朗旅行到長崎，訪問坐落在長崎灣口山崖上的格拉巴（Mr. Glober）公館產生了一個靈感而作的。小說發表後又由義大利歌劇作家普契尼（Giacomo Puccini）改編為歌劇，曾哄動美國和歐洲劇壇。當然約翰朗的小說和普契尼的歌劇都是以歐美人為上位，日本人為下位的態度來寫作的，他們作品中的蝴蝶夫人是一個年輕天真的藝妓，她雖然對她丈夫——一個美國軍人——有著真摯的愛情，但在男主角眼裡總是得不到承認的。她只是男主角旅居日本期間的生活和性的安慰而已。所以她必然地負著一個被奴役，忍耐的，犧牲的命運。我們對於這部作品的殖民主義文學的性質是不能忽視的。但儘管如此，這部作品也影響到了日本。第一次世界大戰中，日本歌手三浦環（一八八四—一九四六年）在倫敦出演歌劇《蝴蝶夫人》主角，成為日本人在歐洲的第一個歌劇主角演員。二戰前又有許多題為「蝴蝶夫人」的歌曲出現，一九三三年美國電影《*Madame Butterfly*》在日本上映，引起了一個蝴蝶夫人熱。一九五五年義大利和日本合拍的電影《蝴蝶夫人》在日本放映，二戰前後，在日本，蝴蝶夫人的故事已是人人皆知的了。長崎的格拉巴公館改名為「蝴蝶夫人舊居」，建立起三浦環扮演的蝴蝶夫人像，成為長崎的一個重要觀光點。

司馬桑敦曾在一九六二年訪問長崎。他的旅行雜記〈西南紀行〉中專門立了「訪蝴蝶夫人舊居」的大題目來記述他的訪問。他去長崎雖然在時間上晚〈藝妓小江〉四年，但從他的旅行雜記中可以看出他對蝴蝶夫人的故事早就知道，而且知道的很深。他去長崎的重要任務就是要訪問「蝴蝶夫人舊居」，體驗約翰朗寫作《*Madame Butterfly*》的靈感。他在文章中多次提到約翰朗，他對約翰朗作品要體驗的有兩點：第一點是，觀察做為蝴蝶夫人生活並自殺的舞台的格拉巴公館的環境；第二點是，蝴蝶夫人的人物造型。

司馬桑敦在〈西南紀行〉中簡單地介紹了蝴蝶夫人的故事，並說明了格拉巴公館之所以又常被稱為「蝴蝶夫人舊居」，就是因為約翰朗的小說和歌劇的影響。[15]他是這樣介紹蝴蝶夫人的：

約翰朗的蝴蝶夫人，是一位既美，又肯犧牲，而且鍾情的長崎藝妓小姐。她和美國海軍中尉屏卡頓偶然相遇便熱戀了起來。……這在屏卡頓本身似乎沒有什麼，但蝴蝶夫人鍾了情，便一發而不可收拾。她一直癡心的等待屏卡頓能夠再來。別後，她為屏卡頓生下一子，摒除了許多生活上的誘引和困難，她始終矢志不渝。但等到第二次又會見了屏卡頓時，她發現屏卡頓已是使君有婦了。於是她把兒子交付給她心愛的人，她剖腹自殺了。（頁六五－六六）

司馬桑敦對約翰朗《*Madame Butterfly*》的殖民主義性質是有一定認識的。他在介紹了這部小說的情節之後，接著又介紹了它在日本的影響。

這部悲劇，據說曾經瘋狂了美國，但確也深深感染了戰後日本。戰後日本在盟軍佔領之下時，日本許多女子以其降服的與犧牲的精神，獻身於她們的征服者，確也替她們的國家間接直接免除了不少不必要的損害。而美國軍人在佳人入抱之時自也樂得英雄氣短了。就這樣，由蝴蝶夫人形成的一種氣氛，幾乎在日本觀光宣傳中成了一個極端重要的「心戰」項目。（頁六六）

15　同註5，頁六二。

司馬桑敦對這部作品的殖民主義性質的認識，不僅限制在作品中，還延伸到二戰後它對日本社會的影響。二戰後日本接受美軍的監管，許多日本女子又重蹈蝴蝶夫人的覆轍，她們的犧牲反過來為國家出了一臂之力，司馬桑敦對這種逆說性的悲劇早有明察。特在〈西南紀行〉中提醒讀者。但我們從他的文章中可以了解到他對蝴蝶夫人所感動的是她那真實的愛情。

我可以把〈藝妓小江〉中的小江拿來與蝴蝶夫人作一個比較。司馬桑敦從約翰朗的小說中得到的蝴蝶夫人的形象是，美麗、鍾情、犧牲的和等待的女人。這與小江的形象多麼接近。同是藝妓，抱著同樣真摯的愛情。蝴蝶夫人在長崎的山崖上每天用望遠鏡注視著出入港口的外國船隻，希望能看到屏卡頓的船；而小江卻是在東京與日光之間，再三地等待著藤村操的到來，等待戀人的形象如出一轍。蝴蝶夫人因為屏卡頓有了新夫人而自殺；小江也因為藤村操另有新歡而隱入華岩瀑布之底。悲劇的結尾又是多麼相似。她們所抱的愛情，正像小江說的那樣，「愛情就是愛情，沒有條件，沒有分類和程度，也更沒有時間與空間。」這也可以說是司馬自己的愛情觀，他把發生在長崎的愛情故事與自己的愛情觀糅合在一起，透過小江的人物塑造，刻劃出他自己構思的日本女性的真摯的愛的模型。

司馬桑敦了解「蝴蝶夫人」不僅是透過約翰朗的小說和歌劇，流行歌曲也是一個重要管道。在〈西南紀行〉中他寫到：

長崎的夜晚，到處不斷的散揚著最紅女歌手美空雲雀的歌聲。歌就是「蝴蝶夫人」的。美空

雲雀的歌聲，是屬於一種低音的，你在她的歌聲中會感到哀怨、歎息，同時也感到一種難得抗拒的誘引和挑撥。（頁六六）

這裡說的美空雲雀的歌曲〈蝴蝶夫人〉是從一九五七年開始流行的，正是〈藝妓小江〉寫作的前一年。實際上〈蝴蝶夫人〉的流行歌並不始於美空雲雀，早在一九三三年由西條八十作詞，古賀正男作曲的〈お蝶夫人の唄〉就已流行。一九三六年佐藤八郎作詞，大村能章作曲的〈お蝶夫人の唄〉、一九三九年藤浦光作詞，竹岡信夫作曲的〈長崎のお蝶さん〉等，〈蝴蝶夫人〉的歌曲以不同的詞曲，不同的歌手多次在日本流行，而且所有新的流行都集中在大都會。生活在東京的司馬桑敦在去長崎之前就已耳熟於這首流行歌，

藤田梨那與周勵研究《回望故土》提綱。（二〇〇七年八月十二日，東京昄田橋）

也是極自然、容易的事情了。在〈藝妓小江〉中，司馬桑敦描寫中禪寺湖畔的夜景時也沒有忘記用了流行歌曲：「湖上的燈光已開始閃爍。湖畔的咖啡館正用擴音機遙遠的播送著日本人喜歡聽的傷感曲子。」在這個夜晚，在這個傷感曲子的迴響中，藤村操登場，使小江絕望而消失在瀑布中。這裡司馬桑敦用了「日本喜歡聽的傷感曲子」來裝飾場面，反映了他對日本流行歌曲的敏感和關心，也反映了他描寫手腕的巧妙。

小江的真摯的愛情和等待的形象，有很大一部分是來源於蝴蝶夫人的。蝴蝶夫人的矢志不渝的愛，與司馬的愛情觀相共鳴，促使他產生了一種日本女子美的形象，這個形象透過他的筆，反映到小江的形象中去。

結語

司馬桑敦對戰後日本的注目涉及到政治、歷史、文化以及一般的社會現象，在這方面充分顯示了他的做為新聞記者的觀察力。這個觀察力在小說〈藝妓小江〉中也起了很大的作用，為小說提供了豐富的素材，但在作品處理上他是採用了文學性的手法的。在小說的進展上他用了傳奇的手法，讓小江和藤村操神出鬼沒，猶實猶虛；在情節構思上，他把藤村的自殺與長崎的蝴蝶夫人的故事糅合在一起，刻意突出小江的真摯不渝的愛情，成功地塑造了一個美麗的、鍾情的、忍耐等待的日本女子的形象。這部作品的特點在於素材豐富而精練，描寫細膩而大膽，主題鮮明而優美。在其他的作品中，司馬桑敦的筆鋒基本上是渾厚、雄健、樸實的，頗有北方男兒的氣概。而〈藝妓小江〉則是一篇柔情纖麗的文字，在司馬桑敦的所有作品中別樹一幟，具有特別的色彩。

〈藝妓小江〉的寫作意識，在前面已經談到過，是受著第二十九次國際筆會大會的影響的。在國際筆會大會上司馬掌握的東西文學交流的視野，尊重各國家、各民族和個人的個性的認識，為〈藝妓小江〉的寫作奠定了穩固的基礎。司馬桑敦在介紹與會代表義大利作家摩拉比亞的文章中說：「摩拉比亞強調一個作家必須是一個歷史的證人。他在他的作品中必須刻劃了他自己的時代。不過作家必須訴諸於他自己的美觀、良心、真實，以及感情的深度。」司馬桑敦是頗同意摩拉比亞的觀點的，他的〈藝妓小江〉可以說是這一觀點的具體實踐。即腳踏歷史和社會現實，從中汲取與自己的美觀、良心、感情的深度相共鳴的成分，將它形象化，加色，加味，創造出一篇動人心弦，有普遍意義的作品。

東西冷戰時期的韓國敘述
——後殖民文本嘗試與民族主體性的探索

藤田梨那

序

司馬桑敦無疑是屬於台灣文學史的，但他與其他外省人一樣，終生不能擺脫懷鄉與流離的命運。他一生履歷了幾個生活區域：中國東北地區、台灣、日本、美國。正如陳芳明指出的那樣，「放逐與流亡是台灣文學中永恆的主題。」[1] 又正像薩伊德說的那樣：「亡命使知識人變成與來自於權力、故鄉—內在—存在的種種安慰無緣的周邊存在」，但「流亡者有兩個視點：過去留下的和現在存在的雙重透視視點。」[2] 司馬文學的主題也是以放逐與流亡為中心的。從積極的意義來看，這樣的遷徙生活反而使他接觸了不同的民族、不同的語言、不同的文化，豐富了他的思考，使他具有了薩伊德說的那種雙重透視視點。除了上述國家與地區外，他還注視過的地區就是

1　陳芳明，〈百年來台灣文學與台灣風格〉，《中外文學》第二十三卷九期，一九九五年。

2　薩伊德（Edward W. Said）著、大橋洋一譯，《知識分子論》，平凡社，頁九八。引用者譯。

韓半島。六十年代他曾兩次訪問韓國，作品中也書寫過韓半島。五十年代，六十年代正是台灣國民黨獨裁統治最殘酷的時期，與胡適的自由民主主義思想一脈相通的司馬桑敦在難以直接表達自己的政治觀點的情況下，對韓半島寄予了極大的關心。他對韓半島的書寫與他對台灣政治趨勢的洞察有著密切的關聯，也與他的民族主體性認識有著密切的關聯。近年來已出現了一些司馬研究的論文。[3] 但對司馬桑敦與韓半島的關係還無人涉及。本論文將把論述的重點放在司馬的韓半島敘述上，透過對小說〈高麗狼〉與他的韓國遊記的分析，以多元文化的視角來審視作品，探索這些作品做為嘗試階段的後殖民文本的意義，並探索他對不同民族和不同文化的多元性認識的問題及民族主體性認識的問題。

一、司馬桑敦的韓民族體驗與韓人題材創作

司馬桑敦，本名王光逖，一九一八年出生在遼寧省金縣。他與朝鮮人的接觸及對朝鮮這個國家（戰後的北朝鮮與韓國）的體驗與關心可以分為三個時期。第一個時期是少年時代，抗日時

[3] 目前有：周勵，〈火一樣的青春——記我父親王光逖在東北淪陷後的抗日活動〉（二〇〇一年）、〈台灣作家司馬桑敦和他的《野馬傳》〉（二〇〇五年）、〈司馬桑敦的短篇小說的鄉土特色〉（二〇〇六）；應鳳凰，〈《自由中國》《文友通訊》作家群與五十年代台灣文學史〉（一九九九年）；藤田梨那，〈台灣作家司馬桑敦與日本〉（二〇〇五）、〈暴力與人性的對峙〉（二〇〇六）等。

期。特別是「九・一八」事變後的游擊隊經驗。一九三二年司馬十四歲時投奔了嫩江地區的「東北抗日義勇軍」，當了少年兵，參加過幾次游擊戰。[4] 有關這個時期司馬的行蹤除了周勵的簡單的記述外，目前沒有詳細的資料可以了解，更談不到了解他與朝鮮方面的關係了。但是我們從一些關於東北游擊運動的史料可以旁側了解司馬在三十年代所處的環境。

有關「東北抗日義勇軍」的歷史，我們從楊松的〈論七年來東北抗日游擊運動的經驗和教訓〉[5] 中可以得到一些知識。楊松總結「九・一八」事變後東北地區的抗日游擊運動的特點，第一點就指出它是「自發的全民族抗日解放運動」。他說：「當時東北工人、農民、學生、教員、商人及一部分富農和資本家的子弟都紛紛參加抗日義勇軍、自衛軍和救國軍等等，都紛紛起來打日本，保護家鄉。」[6] 楊松的文章中值得注意的是他觸及到游擊隊中的朝鮮人：「在第二軍王德泰部內，差不多有一半是朝鮮人，就民族歷史、風俗、習慣等等來說，同中國人大有區別；但是，在反對共同敵人——日本帝國主義爭取朝鮮民族獨立總的政治目標下，終竟能夠團結起來，並已組織起朝鮮人的獨立軍，到朝鮮內地去游擊，喚醒朝鮮民眾上，已收到相當的效果。」[7] 從這篇文章中，我們可以了解到當時東北的抗日運動是「全民族」性的，裡邊有漢人，也有眾多的

4 周勵，〈火一樣的青春——記我父親王光逖在東北淪陷後的抗日活動〉。
5 〈論七年來東北抗日游擊運動的經驗和教訓〉，《解放》第三十四期，一九三八年。
6 同註5，頁五。
7 同註5，頁七。

朝鮮人和朝鮮族人。朝鮮族指在東北土生土長的中國少數民族，而朝鮮人則多是「日韓合併」及「三・一獨立運動」後逃亡到東北來的韓半島的人民。因此不難想像，司馬桑敦在抗日義勇軍中渡過的幾年中與朝鮮人及朝鮮族人接觸，或目睹他們的行動的機會是很多的，他與他們是戰友，是同志。他的小說〈高麗狼〉就根據了這個時期的體驗。

第二期是一九五〇年韓戰時期。此時他已在台灣，任海軍官校政治教官。這個時期正是東西抗爭和冷戰的開端，司馬並沒有涉足韓半島，但對韓戰的局勢卻非常注目。在他，這段時期可以說是想像韓半島的時期。日後他在訪韓遊記〈滔滔漢江水西流〉、〈戰場風腥板門店〉、〈雨濛濛，釜山街頭〉[8]中回憶了戰時的情景。當他看到漢江大橋時不禁吐出了十二年前的感慨：「車過漢江大橋，看到了舊橋橋基纔讓我感到十二年前那場殘酷的戰爭。我又重新回憶起那幅可怕的圖畫：破壞了的漢江大橋上面，掛滿了成千上萬受難的韓國人民。在當時，他們的希望，和他們的自由，唯一的寄託就在這座受傷了的橋了。」[9]對韓戰的如此鮮明的記憶，證明司馬桑敦當時非常關心韓半島的情形，他透過報刊上的報導、圖片已深切地感受到那場戰爭的殘酷。

他對釜山也有一番感懷，他說：「老實說，釜山，這個對自由世界貢獻過它的堅強的堡壘作用的城，是我很早就嚮往一看的歷史名城。一九五〇年八月中旬，聯軍和韓軍只剩下這最後一個堡壘，假若釜山也淪陷了的話，大韓民國和聯軍支持下的所謂自由世界，究將如何寫下這段歷

8　收入《愛荷華秋深了》，爾雅出版社，一九七七年。

9　司馬桑敦，《愛荷華秋深了》，頁一三五。

一九六三年十月，訪韓國前任大統領尹潽善（右）於漢城。

史，這是頗饒興趣的，沒有釜山，真可以說也就沒有了韓國。」[10] 司馬桑敦對釜山、漢城的記憶都與韓戰緊密聯結在一起，而且透過韓戰，他對韓半島的認識從反抗日本統治，爭取民族獨立的民族主義的層面發展到關注東西對立的局勢，思考自由世界之未來的廣大層面。

第三期是一九六三年、一九六四年兩次訪韓時期。當時司馬桑敦已以《聯合報》特派記者的身分長期旅居日本。一九六三年十一月，司馬桑敦隨中國記者團應韓國軍人執政團的邀請，訪問韓國，觀察軍人執政團革命後第一次民主選舉。訪問期間他了解了李承晚、朴正熙的政治觀點的不同，採訪了朴正熙當局的選舉會場和「四月革命」暴發地塔公園。還採訪了朴正熙的政治對手尹潽善。透過採訪，他開始警惕韓國的軍人獨裁政治的發展。除了政治采訪外，司馬桑敦還觀察了韓國的文化、歷

10 同註9，頁一九八。

史、經濟生產，韓國人與中國人不同的性格、感情表現等。一九六四年八月，他又隨張群特使再次訪韓。這次訪問中，他著重調查了韓國的學生運動，他深入到學生、大學教授、媒體工作者、一般民眾中，了解民眾對朴正熙獨裁統治的不滿，感受到韓國民眾有爭取民主自由的力量和勇氣。在第二次訪韓中他還有機會去了他嚮往已久的釜山，參拜了聯軍戰士公墓。兩次訪韓使他深入地、切實地了解了韓國，他寫下了九篇走訪紀錄，文中提示了他所關注的政治、文化的問題，特別對處在後殖民狀態下的國度與民族將如何重構自己的主體性的問題上，以韓國為一個顯著的實例，為台灣和其他後殖民國家提出了重要的啟示。

從歷史階段來看，上面三個時期正是包括韓半島在內的亞洲諸國從被殖民到獨立，以及獨立後次第進入後殖民的時代。透過上面列舉的三個時期，我們可以知道，在司馬桑敦人生的幾乎三分之二的時期內都有過與韓半島及朝鮮人的接觸和關注。特別是他擔任《聯合報》政治記者後，在他眼裡，韓半島更是具有舉足輕重意義的區域。他的所有涉及韓半島的作品都作於韓戰之後，〈高麗狼〉的發表是在一九五五年，已是東西冷戰開始之後；韓國遊記涉及的是六十年代的韓國民主主義運動。因此他的作品必然地都與從殖民到後殖民過渡的歷史現實有著密切的關聯，反應著他的時代認識。這是我們在研究時不能忽略的問題。

二、從後殖民角度解讀〈高麗狼〉：地理上、政治上的周邊性

〈高麗狼〉（一九五五年）描寫活躍在長白山中的一個游擊隊首領——一個朝鮮人的故事。這篇作品與其他「韓人題材作品」有所不同。因為從十九世紀末到二十世紀的結束，幾乎所有描寫朝鮮的作品，比如二十世紀十、二十年代郭沫若的〈牧羊哀話〉，蔣光慈的〈鴨綠江上〉，臺靜農的〈我的鄰居〉，直到二十世紀末二十一世紀初問世的夏輦生的〈船月〉、〈回歸天堂〉，都以日本統治朝鮮為背景，描寫朝鮮人民的悲苦、反抗、犧牲。這些作品成為目前韓國學者們最注目的所謂「韓人題材小說」。學術界的關心同時也界定了「韓人題材小說」的基本性質。而與這些主流性的「韓人題材小說」相比，歌頌朝鮮人反抗日本，或描寫朝鮮人流離失所悲慘命運卻沒有成為〈高麗狼〉的主題，使它顯得頗有遜色，所以至今還沒有人把它做為「韓人題材小說」研究過，筆者在很長一段時間也一直懷疑它是否可以算作「韓人題材小說」。

〈高麗狼〉被主流性的「韓人題材小說」摒至周邊，其實主要原因在於它在時間與主題的設定上與以往的「韓人題材小說」有所不同，它顯示的是一個完全不同的性質。〈高麗狼〉的時間設定在日本戰敗後，國共內戰的時期。即帝國統治的中心崩潰後，本土勢力與周邊勢力的崛起、交錯、相互抗衡的時期。這是一個從殖民到後殖民的很微妙的轉折期。所以以我們以往的論述方法和視角去看是很難進入它的深層意義中去的。筆者認為這是〈高麗狼〉一方面引起我們的關注，另一方又使我們對文本闡釋無法下手的原因。基於〈高麗狼〉時代背景的微妙性，筆者認

為，我們不妨嘗試以後殖民文學的視角和理論來分析這篇小說，力求辨認出它與眾不同的特質。

「『中心』的消亡導致對複合體的妥當性的確認。在失去『中心』的世界中，周邊性便成為建構現實的重要因素。人種、性別、心理的『正常性』、地理或社會的距離、政治上的排除等，所有周邊化的言說在此交錯，解消中心與周邊的地理區分，構成聚集複雜交錯、混合經驗的現實認識。」[11] 這是《逆寫帝國》中分析紐西蘭作家Janet Frame的作品的邊緣性問題時所提示的基本觀點。這個觀點也可以運用到〈高麗狼〉的分析上。這篇小說將地點設在中國東北的長白山原始密林中，日本戰敗後隨之而來的是中國主要政治力量共產黨和國民黨的角力抗爭，他們開始收編東北地區的游擊隊、綠林組織，以擴張自己的勢力，力圖形成新的勢力中心。登場人物高麗狼與黃老人、「我」、小宮分別體現了他們在政治上和地理上的周邊性和中心性。

（一）地理上的周邊性

〈高麗狼〉開首第一句便是：「一走進黃松甸子車站，我的嗅覺就似乎聞到了狼的氣息。」[12] 黃松甸子位於長白山東北部，是日本統治時期伐木工開發出來的小山鎮，又是通往長白山心臟部的重要孔道。高麗狼的武裝勢力範圍就是抱括黃松甸子、額穆索的長白山一帶地區。長

11　木村茂雄譯，《後殖民文學》（*The Empire Writes Back*），青土社，一九九八年，頁一八七。引用者譯。

12　司馬桑敦，《山洪暴發的時候》，文星書店，一九六〇年，頁一二七。

白山地區與朝鮮一樣，曾是日本的殖民地，在地理上屬於周邊區域；另一方面，從中國大陸的中原地區來看，它亦是屬於周邊的。這篇作品從一開始就設定了一個地理上的周邊區域，這是我們必須注意的一點。

除了高麗狼的部隊外，還有一個以黃老人為首領的綠林組織也盤踞在黃松甸子。「我」則來自重慶「中央」、小宮來自海參威。「我」本來也在長白山打游擊，是高麗狼的好朋友。但十年前離開長白山，到重慶搞抗日活動，日本戰敗後，「我」受「中央」的派遣來收編高麗狼的武裝力量。〈高麗狼〉中地理上的周邊性主要透過「我」對長白山所感到的隔絕感和疏遠感強調出來的。當「我」回到闊別十年的黃松甸子時，不由地將這個原始山林與「中央」作了一個對比：

> 我離開黃松甸子已經有十年了，如今已經面目全非，使我觸目盡都是一片陌生。這一夜，……使我溫習起幾乎被我忘掉了的那些共同困守在原始森林內的相同於動物間的溫情。雖然，這些年間政治生活上的教養，使我變得嬌弱了，退嬰了，對於這些未加琢磨的感情，感到有些粗糙；但是，出自一種誠摯的安堵，卻佔有了我的思想，我和這些人的交談，自然的便消散了另一種社會所必具備的猜疑和憂慮的情感。
>
> 我意識到在自然中鍛煉出來的人物，能和自然同樣堅強的。而我遠離自然太久了。我默默的觀察到自己軟弱了。[13]

---

13 同註12，頁一二八—一三四。

長白山是屬於原始的，在那裡生活的人是堅強的。他們的情感「相同於動物」一般的溫暖，與城市社會的「猜疑和憂慮」形成鮮明的對照。這是「周邊」與「中心」的具體對照。當時延安共產黨總部的作戰重點是：奪取城市，占領工礦區，截斷鐵路線，控制交通要道，徹底殲滅敵人。一九四五年日本投降前後，八路軍已配合蘇聯紅軍解放和掌握了東北主要城市和農村。但是他們還沒有涉足長白山原始密林，那裡便成為綠林組織、游擊隊、山賊們盤踞的地盤。在作品中作者幾次稱長白山為「原始森林」，其意在於強調長白山的周邊性。在這長白山原始密林裡盤踞著朝鮮人和朝鮮族人的武裝力量。中國東北地區的朝鮮族從中國的角度看自然是少數民族；從韓半島看，大量的朝鮮人流亡到中國東北地區，成為流亡人種聚集的地區。所以高麗狼和他的部隊在體現地理上的周邊性的同時還體現了政治上的周邊性。

（二）政治上的周邊性

〈高麗狼〉的主要情節是游擊隊首領高麗狼與國民黨和共產黨、蘇聯紅軍的較量。其中穿插了高麗狼與朝鮮姑娘「仙女」的愛情故事。高麗狼和仙女在作品中均被稱為「高麗人」，作品中沒有交代他們到底是從韓半島過來的，還是在東北土生土長的。這是一個需要澄清，但又不大容易的問題。首先，長久以來，中、朝邊境就是一個開放的地區，半島的人們可以自由來往於鴨綠江兩岸；日本統治朝鮮後，實行了向中國東北地區移民的政策，半島的朝鮮人渡過鴨綠江，到東北開懇土地；加之，「三・一」獨立運動時，大批朝鮮人逃亡東北地區，使東北地區出現了本土少數民族與韓半島人聚居的現象。他們均用朝鮮語和朝鮮生活方式，很難以國籍劃界彼此。但儘管如此，作品中還有一些線索可以幫助我們辨別來自他們自己的歸屬意圖。我們看下面的一段情節和對話。

「我」代表國民黨、小宮代表共產黨，他們帶著收編地方武裝力量的任務來找高麗狼，但他們從黃老前人那裡得知「高麗心裡別有打算」，這個「心裡別有打算」意味著什麼？當時韓半島剛剛獨立，正在醞釀政權機構，高麗狼對國共雙方都沒有靠攏的意思，他的打算或許傾向於自己的民族和國家。高麗狼、「我」和小宮，再加上突然出現的蘇聯紅軍，這正象徵了當時東北地區的政治局勢。在長白山原始密林中四局對峙，展開了一場複雜的角力爭執。高麗狼對這些政治對手採取了怎樣的態度呢？再看高麗狼與「我」的對話：

高麗狼：幹什麼都可以，只要自由自在，我們自己認為順氣就行。

我：除了自己，你已經不再考慮革命？

高麗狼：什麼革命？自己就是革命。還有比解放自己，為尋求自己的自由，更革命的事嗎？

我：難道，你不再考慮許多人民和你的國家？

高麗狼：你怎麼說的這樣抽象？你能把自己和人民分開嗎？你會說我自己不是人民嗎？你要

把我自己和國家對立起來嗎？

我：當然，我不打算把你和國家對立起來，不過單是你自己不能代表國家的！

高麗狼：相反，我以為我就代表國家！

高麗狼：我的全世界就是她，我的全靈魂就是她，除了她，我沒有別的！[14]

「我」和高麗狼圍繞著革命、自由、國家爭論，得不到一致的意見。為什麼不能一致？是因為他們所說的自由、國家的意思和角度不同，「我」是站在「中央」的立場，從掌握整個中國的角度看問題的，「我」所說的國家指中國。而高麗狼卻是站在自己的民族的立場，他所說的國家並不指中國，而是他的國家。這就反應了高麗狼的主體性意識。由此我們可以推測高麗狼帶著很強烈的韓半島人的意識，他出自內心的歸屬意識就是自己的民族和國家。

高麗狼最後說他為了保護他的夫人「仙女」而不願交出自己的力量。但實際上「仙女」是一個象徵，她象徵著高麗狼的「全世界」「全靈魂」。我們不能忽略「仙女」所象徵的世界，其實就是朝鮮戀歌〈阿里朗〉所暗示的世界。這裡表現的是在長白密林中政治方面的「中心」與「周邊」的對立，從民族角度看，又是漢、韓的對峙。有關〈阿里朗〉象徵性問題我們準備在下一節討論。「我」面對高麗狼的表白顯得很恐惑：

14 同註12，頁一三二、一四五。

我為他如此堅強肯定的語氣，喫了一驚。我們都無言，我一時找不出適當的語詞可以支援他，但我也無從反對他；其實，我等於剛剛發掘了他靈魂深處所埋藏的東西，他的愛竟是如此的頑固而執著，我是如此驚訝，因而為之一時莫知所措。[15]

「我」的心理明顯地表現出與高麗狼的隔絕，同時又不得不同意他的意見，即「我」對高麗狼的認同，使高麗狼的地位與「我」平等。這實際上是對周邊性的強調與認同。

高麗狼對小宮，開始也是以朋友相待的，但他也沒有接受小宮的收編，在蘇聯紅軍強奸了「仙女」後，高麗狼一氣之下把小宮槍斃了。對蘇聯紅軍的士兵，開始高麗狼特意宴請他們，「仙女」也來陪宴，但喝醉了的蘇軍士兵們竟合夥強奸了「仙女」，高麗狼不忍看「仙女」被糟踏，一排子彈打死了所有的蘇軍士兵，也打死了挾在裡邊的「仙女」。從那以後高麗狼開始燒殺整個額穆索，破壞蘇軍火車運行的鐵路；到此，高麗狼對「我」、小宮以至蘇聯紅軍完全採取了拒絕的態度。

一九四五年以後，國共雙方都積極開始收編和接收東北的武裝部隊，「我」和小宮正是代表了當時國共兩方的政治力量，而活動在深山密林中的游擊隊、綠林部隊都是國共雙方力求收編的周邊力量。高麗狼與他們的對立表明了日本帝國的中心崩潰後，周邊力量的抬頭，以及周邊力量拒絕接受任何企圖構成新的主流力量的收編和壓制。〈高麗狼〉的收尾部分描寫高麗狼的瘋狂狀

15 同註12，頁一四五。

態：

狼的獸性繼續高度的發作起來。我目睹著他放火燒了自己的寨子，同時，也燒了整個額穆索。清晨的昏闇中，許多老百姓，從火中驚醒，哭嚎著來往奔走，而狼卻睹情縱聲大笑。狼可怕的瘋了！……他對於一切遭遇在手下的生物，一律格殺無論。……咆哮著：「我要幹掉一切！一切！」[16]

恐怕在評價〈高麗狼〉文學價值時上面所舉的部分是最難估價的。高麗狼因「仙女」的死而獸性大發，如此瘋狂無忌，這對於主人公形象塑造上不能不承認是很不利的。作者司馬桑敦也在《山洪暴發的時候》的〈序文〉中說道：「假若有人問我，在這七篇短篇小說之中，我自己比較最中意的是那一篇的話，我該指出，我曾對〈高麗狼〉寄過很大希望的，可惜我未把它描寫成功。」[17] 他所說的描寫上的未成功，或許是指這一部分。即為了保護「仙女」而拒絕收編的行為和那以後燒殺百姓的行為，作者並沒有處理好這兩個行為的內在關聯的問題。致使作品欠缺了它必要的合理性和完整性，主題上出現分散的現象。

從「中心」與「周邊」的關係角度來看，我們能夠肯定的是作者試圖體現以前的「中心」解

16 同註15。
17 同註12，頁三。

體後，處在政治邊緣地區的無秩序，在無秩序中確認「周邊性」的強化。作者曾身經國共內戰，目睹武裝勢力間的混戰和人民生活的混亂、悲慘。[18]他試圖透過創作揭露未被寫出的歷史。正像陳芳明所指出的那樣：「這個世界從來就不是這樣的，人們這樣看世界，無非是受到主流文化或霸權論述的影響。」[19]

〈高麗狼〉作於韓戰之後，正是司馬桑敦密切關注韓半島的第二期。韓半島受著共產社會和自由社會的主宰，被南北割斷，成為東西冷戰的象徵。這個事實自然會給司馬帶來深切的反思。他的問題意識已從抵抗日本帝國主義轉移到聯結整個亞洲和世界，反抗霸權，爭取民族自由的範圍。

三、從後殖民角度解讀〈高麗狼〉：〈阿里朗〉戀歌的象徵性

〈高麗狼〉中，游擊隊首領高麗狼無疑是異民族存在的主要人物，但除了他以外，還有一個朝鮮人在作品中起了很重要的作用。那是所有游擊隊員都傾慕的「仙女」，又是高麗狼的老婆。「仙女」是一位非常美麗的朝鮮女子，作品中有這樣的描寫：

18　參看司馬桑敦，《野馬傳》及〈自序〉，文星書店，一九六七年。

19　陳芳明，《後殖民台灣》，麥田出版社，二〇〇二年，頁一〇。

她的美麗驚倒了我們游擊隊整隊的人，幾乎立刻我們便共同贈送給她一個「仙女」的綽號。……我們把她尊為女神，尤其是狼，素以情感淡泊著稱的，竟也在她唱完了他們高麗的鄉音〈阿里朗〉戀歌之後，大大的動了感情，流了很多次眼淚。狼立刻便愛上了她。[20]

必須注意的是，所有的人傾慕於「仙女」是因為她表面的美，而高麗狼的傾心則是因為聽了她唱的高麗鄉音〈阿里朗〉，他為這首歌流了很多次眼淚，這表示的是怎樣的意義呢？作品中兩次提到這首歌，歌詞用了高麗鄉音韓語的表音：

阿里朗，阿里朗，
阿里朗約！
阿里朗勾戛妻，惱麻幹達，
那魯巴里勾，戛西嫩甯姆恩！
……。[21]

作者在文中對這首歌沒有作解釋，而是在作品後面加上了注解。就是說作者故意將韓語的

20 同註12，頁一三五。
21 同註12，頁一四三。

〈阿里朗〉引進作品中，構成一個朝鮮人獨有的空間。「我」與「仙女」之間本來也有戀情，但「我」最終不能突進朝鮮人的空間。

〈阿里朗〉是朝鮮最有代表性的民歌，不僅朝鮮人誰都會唱，就是在日本、中國和亞洲其他國家也成為膾炙人口的歌曲。但這首歌的誕生卻體現了朝鮮淪為日本殖民地的悲慘歷史。宮塚利雄在他的《阿里朗的誕生》[22]一書中，披露了他對〈阿里朗〉調查的詳細資料和歷史。據他的調查，〈阿里朗〉本來是李朝末期的勞動歌，一八六九年重建景福宮時大批的農民被動員參加營造工程，在艱苦的勞動中，勞工們編了這首歌來鼓勵自己。以後朝鮮各地出現了各種各樣的〈阿里朗〉歌曲，曲調和歌詞都有所不同。但〈阿里朗〉真正成為代表朝鮮命運的歌曲是在一九二六年羅雲奎主演的電影《阿里朗》上映之後。當時朝鮮在政治、文化、經濟各方面都受到日本的統治，所有文藝作品都要受到日本總督府的嚴格檢查。這部電影巧妙地潛過日方的檢查，在漢城上映。上映之後，人氣暴發，人們都爭先恐後地跑去觀看，特別是主題歌〈阿里朗〉煽動了所有觀眾的心，以致在電影院裡，全體觀眾一起合唱。而且這首歌很快就傳遍了整個韓半島。

一九二七年京城廣播電台的開設，一九二八年日本哥倫比亞唱片公司開始錄製制朝鮮歌曲，一九三一年日語歌〈阿里朗〉唱片首次上市，即媒體傳播在朝鮮的發展促進了〈阿里朗〉歌曲的海外傳播。在日本出現了很多日本式的〈阿里朗〉流行歌曲，在中國的東北地區也十分流行。這些流行歌的歌詞都不相同，意思也多有變動。但將〈高麗狼〉中的〈阿里朗〉歌詞與這些流行歌

22 宮塚利雄，《阿里朗的誕生》，創智社，一九九五年。

相對照，我們可以發現它的歌詞與這些後來流行的歌曲不同，而與電影《阿里朗》的主題歌相近。試將二者並列如下：

〈高麗狼〉後面的註解：	電影《阿里朗》的主題歌：
阿里朗，阿里朗 越過阿里朗的嶺， 你的腳就會疼起來， 因為你是負心的薄倖人兒！	阿里朗，阿里朗，阿里朗約！ 越過阿里朗的嶺， 棄了我而去的你， 走不到一裡路你的腳就會疼起來。[23]

〈阿里朗〉的意義是怎樣的？宮塚利雄在他的著作結尾引用了慶熙大學徐延範教授的意見回答了這個問題。「民謠〈阿里朗〉是在日本殖民地時代喚醒朝鮮民族魂，點燃朝鮮民族的心燈的歌曲。……『丟掉我而去的你』的『我』暗示著祖國，人民。丟掉祖國，人民而去的人，『走不到一里路，腳就會疼起來。』這是表示愛國心高揚的內容。」[24] 做為勞動歌的〈阿里朗〉在日本帝國的殘酷統治下逐漸轉變成象徵民族的苦難和悲哀的歌曲，在日本統治時代用韓語唱〈阿里

23 《阿里朗的誕生》，頁四九。引用者譯。

24 同註23，頁三三六—三三七。

朗〉時，所有韓半島的人民都會感受到這首歌所表達的意味，都會沉浸在同一個文化氛圍和民族感情中，而統治者卻無法進入，所以在殘酷的帝國統治下，〈阿里朗〉仍是朝鮮人民可以享受的自我表達的空間。高麗狼為這首歌流了很多次眼淚，這絕不是因為感於歌聲的優美，而是因為他沉浸在朝鮮人獨有的感情空間裡，與這首歌所表達的民族感情強烈共鳴。

司馬桑敦對朝鮮民歌〈阿里朗〉一直是很重視的，滿洲國時代他在東北生活，自然會耳熟於這首歌。直到一九六三年去韓國訪問，他還談到這首歌。他在訪韓遊記〈青雲閣上霓裳舞〉中談到韓國的流行歌，他說：「韓國自家的流行歌，再沒有比〈阿里朗戀歌〉和〈鳳仙花之歌〉出名了。這兩支歌都是女低音唱的，曲調幽沉哀傷，如訴如泣。有位韓國文學家曾評價這兩支歌與韓國人民被壓迫的歷史相關，據說，〈阿里朗戀歌〉是反應李朝末葉被迫勞役的農民的歌子，歌詩情節像中國的『孟姜女』。」[25] 這裡雖然沒有指明李朝以後日本對朝鮮的統治，但在「這兩支歌與韓國人民被壓迫的歷史相關」一句話中就已暗示了受日本統治的歷史。

朝鮮民歌〈阿里朗〉在〈高麗狼〉中出現了兩次，兩個場面，這兩個場面與這首歌的象徵意義有著密切的關聯。第一次是十年前，「我」和高麗狼一起在原始密林裡初次遇到「仙女」的時候，「我們是在樺甸渾發河下游遇見的。……尤其是狼，……竟也在她唱完了他們高麗的鄉音〈阿里朗〉戀歌之後，大大的動了感情，流了很多次眼淚。」[26] 他們第一次遇見「仙女」的時

25 同註9，頁一五四。
26 同註12，頁一三五。

候也是第一次聽她唱〈阿里朗〉戀歌的時候。這個時期正是抗日時期，〈阿里朗〉戀歌正像電影《阿里朗》一樣，象徵了被殖民統治的朝鮮，反應了朝鮮人民的悲哀和反日感情。

第二次是日本投降後，「我」來訪高麗狼，偶然一隊蘇聯紅軍也巡邏來到高麗狼的陣營，晚上高麗狼宴請這些蘇聯紅軍，在席上「仙女」唱了〈阿里朗〉戀歌，但她的美麗的歌聲卻引來了巨大的不幸。蘇聯紅軍興奮之餘竟一擁而上，把「仙女」強奸了。最後蘇聯紅軍連同「仙女」都被高麗狼打死了。高麗狼的瘋狂燒殺也就由此開始。很明顯，〈阿里朗〉在這裡暗示了悲劇的開始。考慮到這部作品的寫作時期，再聯繫到作品中的時代、蘇軍的暴行，我們或許可以大膽地推測，第二次的〈阿里朗〉象徵了日本投降後接踵而至的韓戰給韓半島帶來的命運。正像徐延範教授指出的，〈阿里朗〉中的「我」象徵了朝鮮國，即「仙女」在這裡以換喻的形式象徵了朝鮮。〈阿里朗〉戀歌，第一次象徵了日本殖民地朝鮮的悲哀和反抗；第二次則象徵了二戰後再次受到東西強權國家分割、統治的朝鮮的不幸。高麗狼曾大聲疾呼：「我的全世界就是她，我的全靈魂就是她，除了她，我沒有別的！」[27] 這正表明「仙女」是一個象徵，是民族、祖國的象徵。

〈阿里朗〉戀歌在作品中所起的作用不僅於此，它還構成了劃界漢人與朝鮮人的文化空隙。作者以韓語引用此歌，在文中並沒有加解釋，顯示出這部作品的文化橫斷的性質。「我」雖然很愛「仙女」，但終無法介入高麗狼的世界，「我」最後下的判斷是：「他們都是高麗人，他和她

27 同註14。

應該是一對！」[28]「我」決定離開狼，「另找一條抗日的路去」，[29] 這就是十年前「我」離開高麗狼的理由。在這裡，高麗狼和「仙女」被他者化。「我」、小宮以及黃老人與高麗狼形成兩個即有一定交流但最終不能完全溝通的空間，這樣的局勢也可以用「中心」與「周邊」的緊張關係來表示。[30] 兩個空間是兩個不同文化的世界，〈阿里朗〉戀歌表示的是在這兩個文化的鄰接面上存在著的不可介入的差異性的空隙。這實際上正是後殖民文學的一個特性。

後殖民文學的一個中心原理就是「要試圖實現在文本中刻印出圍繞現場主體性必然存在的差異性和不在性。對完全對立的兩個話語，進而言之，對政治的、文化的同一化的可能性的明確化，同時也應是對橫在二者之間的文化空間的輪廓的描出。而這個保持空白的空間才是做為產生差異性的場所，是後殖民文學中不可欠缺的空間。」[31] 這個原理在文本實踐上時常反應在本土語言、對話的不加注解的直接引用上。〈高麗狼〉中的〈阿里朗〉可算是一個恰當的例子。這首歌確實起了一種民族誌的機能，但更重要的是它以語言的距離維持了文化橫斷式文本的「空隙」，提示著作品的主題——差異性的表明。

高麗狼的固執於「仙女」和固拒於「我」和小宮的收編都強調了上面所說的差異性。「我」

---

28 同註12，頁一三五。
29 同註28。
30 《逆寫帝國》日語版，頁一〇九。引用者譯。
31 同註30，頁一〇〇—一〇一。

與高麗狼再會的時候，這個差異性就明顯地表現出來：

> 我立刻從他面孔上看出他的一種矜持，一種不真實的矜持，……他那張慘白的面孔，和那雙為高麗人專有的細小的眼睛，都暴露出他心理上正孕藏著非常滿足的矜持。[32]

高麗狼的矜持表示著他的自負，這自負來自他擁有的強大的武裝力量和「仙女」；但同時他的矜持又拉開了他與「我」的距離。在「我」，高麗狼的矜持顯得「不真實」，而且把「高麗人專有的細小的眼睛」與狼的矜持連在一起，明顯地劃界出異民族的特點，強調了「我」與狼的差異性，「我」不得不對狼提起一種警惕心。「我」與高麗人「仙女」完全隔絕，但狼與「仙女」卻是完全的一體。他正是為保護「仙女」而拒絕任何收編的。這是「我」不能理解的，「我」完全被摒出高麗狼的世界。

> 我為他如此堅強肯定的語氣，喫了一驚。我們都無言，……我等於剛剛發掘了他靈魂深處所埋藏的東西，他的愛竟是如此的頑固而執著，我是如此驚訝，因而為之一時莫知所措。[33]

---

32 同註12，頁一三七。
33 同註12，頁一四五。

一九七六年九月，於史丹佛大學噴水池。

「仙女」對於高麗狼的意義正如上邊所述，是祖國和民族的象徵。而對於「我」來說，「仙女」只是一個美麗的高麗女人。他們「彼此無言」和「我」的「莫知所措」都表示著他們之間的這個差異性和「沉默的空隙」。「我」與高麗狼的訣別在「狼可怕的瘋了」以後，「過後不久，我和老癩不得不離開了他。他的下落再不知道了。」[34] 這正表明「我」在對「仙女」的愛上，在對高麗狼的收編上都失敗了。來自民族、文化的差異是導致這個結果的重要因素。新的「中心」對「周邊」控制的失敗，反過來說又表明了「周邊」力量的抬頭。

綜上所述，對於〈高麗狼〉這篇作品，如果仍用目前主流性的觀點，即朝鮮受日本帝國的統治，對他們的悲慘、他們的抵抗如何描寫，作者對他們的同情和共鳴如何表現，如果只從這樣的

34 同註12，頁一四九。

角度看，我們對這篇作品是很難作準確的解讀和評價的。而我們從殖民到後殖民過渡期這個角度來看時，便可以發現作品中隱含著的後殖民文學的性質，摸索到作者試圖表現的「中心」與「周邊」的關係，文化橫斷式描寫時必然要確認的存在於不同文化接觸面上的差異性，以及處在周邊空間的民族的主體性。當司馬桑敦寫作〈高麗狼〉時，即一九五〇年代，當然還沒有後殖民文學理論的出現，但當時東亞各國已進入後殖民時代，司馬對中國大陸、台灣、日本、韓國的關注意識已呈現出從殖民到後殖民的過渡，我們從他的韓國遊記中可以清楚地看到這一點。〈高麗狼〉不僅僅是對國共內戰時期的描寫，還暗示了五十年代韓半島的遭遇和命運。從這個意義來看，我們可以說這篇小說是後殖民文本的一個嘗試，為我們展示了「韓人題材小說」的新天地，我們可以把〈高麗狼〉定位為後殖民文本性格的「韓人題材小說」。

四、從六十年代旅韓遊記看「後殖民」韓國

司馬桑敦曾經兩次訪問韓國：一次是一九六三年十一月至十二月；另一次是一九六四年八月間。日後他將當時寫的旅遊記收進《愛荷華秋深了》中，在〈寫在前面〉中說：「這是一本紀錄一個人人生旅程的小集子，能向讀者提供的只是我自己的一些真實的但不成體系的思想而已。[35]

35 同註9，頁一。

在他的人生旅程中韓國起了怎樣的作用？韓國對他的「真實而不成體系的思想」起了怎樣的作用？

司馬桑敦的遊記對韓國記述的重點可以歸納為三點：一、韓國的風土與文化；二、對韓戰的回顧；三、獨立後的政治趨勢、民主政治的胎動。這三個方面實際上都反應了司馬桑敦的後殖民主義意識與民族主體性的認識。對於我們摸索戰後他的思想發展的軌道具有很大的意義。

（一）韓半島與故鄉比鄰

司馬桑敦首次訪韓的遊記一共五篇，每篇都冠著七字一行的題目，〈滔滔漢江水西流〉、〈塔公園往事堪哀〉、〈青雲閣上霓裳舞〉、〈戰場風腥板門店〉、〈尹潽善深院清秋〉，可見他對這次訪韓寄予了極大的興味。

遊記開首就記述了他剛到韓國的感觸，「從空中望見漢城的時候，我意識中重新溫習起一種大陸人的感覺，真的，高麗半島上的山光水色太像北中國的大陸了」。[36] 當他走下飛機時這種大陸的感覺更加強烈起來：「我意識到這純粹屬於大陸味道了，我更意識到這是我闊別十四年第一次在「歐亞大陸島」上登陸了。高麗半島和我的故鄉比鄰，我覺得被故鄉的風吹拂著了。」[37] 僅

36 同註9，頁一三三。
37 同註9，頁一三四。

僅幾行文字已真實地傳達了他的懷鄉激情，告訴我們，韓國對他來說是與故鄉東北相近的、喚起鄉愁的土地。這種親近感不僅來自韓國的風土、氣候，還來自漢城的文化氣氛和文化歷史，如南陽門、雍仁宮、大漢門、國立博物館、成均館大學的儒學科目、漢城的中國大使館等，都使他感受到中國文化對韓國的影響。但其實他的這種感覺恰恰與他所看到的韓國的現實形成時代倒錯性的對照。

當一位韓國朋友向他介紹了韓國被中國、日本奴役的歷史，說「如今，我們還是受人支配：一半屬於俄國，一半屬於美國！」[38]時，司馬桑敦深切地感嘆道：「從歷史角度來理解一個民族心理的形成的話，他的想法未始不應予以同情的。」[39]他首先意識到「目前這個正向民族獨立邁步的韓國」，「第一步工作則是要設盡方法來沖洗中華的色彩」[40]，即禁用漢字。對於這一點，司馬並不贊成，因為漢字的禁用與他所感受的漢城的氣氛頗有隔絕。他指出：「縱然這步工作，未必對於他們的獨立文化有建設，有效果，但，只要對於他們民族的信心有幫助，他們還是要硬幹下去的。老實說，忍受落後，寧開倒車，幾乎是現代新興國家民族主義思潮中最普遍的一個傾向，你不能責備他們，可也不能太禮讚他們。」[41]帝國的殖民地統治與語言控制有著密不可分的

38 同註9，頁一三六。
39 同註38。
40 同註9，頁一三七。
41 同註40。

關聯，可以說語言的統治體現了壓抑殖民地的最重要的特質。二戰前所有亞非及其他地區的殖民地國家都有這樣的問題存在。韓國從古代就一直受中國文化的影響和統治，語言表達均用漢字。一九一〇年淪為日本的殖民地後，又改用日語。漢字、日語長期以來牽制了他們的民族自信。所以獨立後他們第一步要作的就是文字的轉換。司馬桑敦在漢城一開始就注意到了這個問題，這時他的意識中不能沒有台灣，從日文轉向中文，在當時的台灣可謂一個巨大的文化轉向，同時這又是所有殖民地國家獨立後必經的文化獨立的道路。實際上這也是後殖民文化的一個重要的課題。司馬把韓國的文字政策看做「忍受落後，寧開倒車」的現象，這可以說是對戰後韓國的較刻薄的評價。但他以新興國家民族主義思潮的一個普遍現象來看待這個問題，客觀地承認這樣的文化轉向的必然性，承認文化轉向與民族主體性的內在關係，把它看成是由被殖民到真正獨立的過渡期中的一個文化現象。這證明他在從殖民到後殖民過渡的過程中，已開始以文化橫斷式的多元視野，來認識文化轉向與民族主體性建構的關係。

（二）回顧韓戰

司馬桑敦在遊記中幾次提到韓戰。在他第一次看到漢江時，就立刻聯想起一九五〇年的那場戰爭，他說：「看到了舊橋橋基纔讓我感到十二年前那場殘酷的戰爭。我又重新回憶起那幅可怕的圖畫：破壞了的漢江大橋上面，掛滿了成千上萬受難的韓國人民。在當時，他們的希望，和他們的自由，唯一的寄託就在這座受傷了的橋了。」[42] 韓戰時司馬桑敦在台灣，但他對這場戰爭曾非常關注。訪韓中，他特地去了板門店，觀察了這個軍事共管區的情形，自由橋、士兵住宅、不歸橋、會議室等等。一九六二年以後板門店已成了旅行觀光點，每年都有大批的東西雙方的遊客來參觀，司馬在遊記中寫道：「這些參觀的人是來找和平的象徵或是冷戰的標本？那就不得而知了；不過，就我自己來說，則是肯定了後者。」[43] 他很清楚地認識到這裡是蘇聯和美國兩大強權對峙的象徵。

司馬桑敦在第二次訪韓時，特地去了釜山，參謁了聯軍戰士公墓，釜山是司馬桑敦早就嚮往一看的歷史名城，那是因為釜山在韓戰時曾經成為聯軍和韓軍的最後一個堡壘，在這裡戰死的聯軍兵士達一萬四千多人。他特別提到了土耳其士兵的英勇，在公墓裡，他看到了土耳其士兵的墳墓，他寫道：「墓上插著土耳其國旗上彎月和星的標識，整齊的一面，排列的很遠。這整齊排列著的墓標，現在看來頗為壯觀，但，若想起當年血肉模糊的一面，卻未免令人不勝唏噓了。……我想，這個國家的人民真正自由的日子雖尚遠，但，許許多多不知名的英雄已為這自由付出很大的代價了。」[44]

司馬桑敦之所以如此重視韓戰，自然與當時台灣在國際關係上的處境以及整個亞洲的政治局

42 同註9，頁一三五。
43 同註42。
44 同註9，頁一九八。

勢密切關聯。司馬桑敦以政治記者的意識，必然要深切洞察大局和其中幾個關鍵國家的命運。韓國做為東西冷戰的標本不能不成為他關注的對象。不能否認，在司馬桑敦的意識中有對共產社會的反感，但實際上他所追求的自由世界並不等於認同美國的支配。蘇美對韓半島的控制無疑是在政治、軍事上對韓半島的再統治，所以司馬說「這個國家的人民真正自由的日子尚遠」，[45] 他所說的「這個國家」不僅指韓國，還泛指整個韓半島。他寄予韓半島的希望是民族自身的主體性的獨立和自由。

（三）對韓國政局與學生運動的關注

司馬桑敦的兩次訪韓都帶有一定的政治目的：第一次是應韓國軍人執政團邀請，為觀察軍人執政團革命後第一次民主選舉訪韓的；第二次則是台灣張群特使隨行記者身分。因此他的遊記中觸及到韓國政局的內容就比較多，可以說這是他主要的公務。但除了這樣的公務以外，他還準備了他自己的目的。其中最突出的是對韓國知識人、學生的民主主義運動的了解。比如，第一次訪韓時，他去了塔公園，那是一九六〇年四月韓國學生反對李承晚政權的民主運動的發源地，又稱「四月學生革命」，這次運動推翻了李承晚的獨裁政府，使韓國向民主主義社會邁進了一步。繼而發生的朴正熙的軍事政變是承了學生運動勝利之風一擁而衝上政壇的。司馬桑敦介紹說：「這

45 同註44。

場革命，完全由學生發動的，學生大都是赤手空拳未使用一槍一彈而獲得成功，這是值得特別一書的。……朴正熙一班人也自稱他們的軍事革命只是學生革命的延長，可見這個運動的精神在韓國政治上是具有相當分量的。」[46]司馬桑敦在分析李承晚獨裁政治及後來的軍政獨裁的朴正熙政治時，總是將韓國知識分子、學生的民主精神放在與政府對峙的位置，以對照的形式來批判獨裁政治。

司馬桑敦在第二次訪韓時更加關注了學生運動，因為當時日韓之間正在進行著日韓條約協商會議，朴正熙為了爭取日本的貸款，在戰爭責任問題和經濟協助上都大幅度地迎合了日本政府。對此韓國人民紛紛起來抗議，三月二十七日漢城學生舉行了大規模的抗議遊行。到五月二十日遊行活動擴展到全部漢城，學生與警方開始發生衝突。六月間，朴正熙宣佈非常戒嚴令；八月，政府通過了兩個法案，即《學園保護法》和《言論倫理法》。這兩個法案馬上又激起了更大範圍的國民的反對。司馬桑敦正是在這樣的情形下再次訪韓的。所以他一到漢城就開始採訪學生、教師和媒體人員，極力想了解運動的內情。他從一位漢城大學教授那裡了解到韓國學生運動與韓國民族獨立運動有著密切的關係，它繼承了一九一九年「三・一獨立運動」的傳統，在爭取民族獨立的歷史中不斷發展，已成為韓國知識分子反抗專制統治的傳統，並肯定一九六四年五月的學生運動是民族主義性質的運動。朴正熙政府對學生運動所採取的一系列措施很引起了司馬的注意，他在遊記中寫道：「最值得注意的是，這位以學生革命之延長自居的革命領導人，居然下令占領了

46 同註9，頁一四七。

學生起居的校園。這次戒嚴令，雖然七月二十五日便又解除，韓國知識分子對朴正熙槍桿子政權的印象加深了。韓國士大夫的反抗傳統是不太容易和這種槍桿當局融洽長久的。」[47] 在朴正熙當權不久的時候，司馬桑敦已洞察到他的獨裁統治的危險和必將被推翻的命運，他的洞察可謂十分尖銳和先見。

在兩次訪韓中司馬桑敦還作了另外一個公務以外的工作，那就是對韓國政治家內面與反面的了解。第一次訪韓時他冒了大家的反對，訪問了朴正熙政治對手尹潽善。訪問的目的就是「為了找尋出一些韓國政治上的特殊感覺和特殊氣氛。」[48] 尹潽善在一九一九年曾流亡上海，參與了在上海組織的韓國臨時政府的工作。司馬桑敦對他的重視在於他的民主主義思想上，司馬寫

47 同註9，頁一九一—一九二。

48 同註9，頁一六四。

一九七六年十二月九日，遊舊金山金門大橋。

道：「尹先生就是在倫敦感染了一身民主政治的空氣，他希望他的祖國能夠逐漸走上民主政治的光明大道。也就因此，一九六一年三月二十二日，當軍人執政團頒布一道《政治活動淨化法》，企圖限制民主政治中最重要的政黨的自由活動時，他便毅然由總統位置上辭職了。他是由權力寶座上走下來以反對軍人執政團的獨裁措置的。」[49] 尹潽善在一九六三年的總統大選時雖然沒能當選，但他對朴正熙政治的批判卻是本著民主主義思想的，司馬桑敦對尹潽善的政治態度是肯定的，同時也透過尹潽善的辭職指責了朴正熙獨裁統治的弊病。

司馬桑敦的第一次訪韓是為了觀察韓國軍人執政團自稱的第一次民主選舉，但他卻更多地注意到了即將當選為大總統的朴正熙的反民主的一面。比如遊記中觸及到《政治活動淨化法》，尹潽善的辭職，就是一個例子。他還提出一些資料指責「軍政府提高了間接的消費稅和減低直接稅，是有利於資本家而不利於農民，以及去年改革幣制時的失敗，使得廣大人民的生活更趨於痛苦」。[50] 因為軍政府的這些措施的失敗，在大總統選舉時樸正熙的政敵尹潽善以四五四萬餘票緊逼朴正熙，對此司馬指出：「這說明軍政府兩年半來的政績並未獲得人民普遍的支持。」[51] 第二次訪韓時他更關注了韓國人民對朴正熙政府頒布的幾個法令的反抗，除了上面已提到的反對日韓條約協商的學生運動外，他還介紹了韓國媒體界反對《言論倫理法》的情況，提到韓國公報部部

49 同註48。
50 同註9，頁一五〇。
51 同註9，頁一五二。

長李壽榮的辭職，他介紹了一個韓國評論家的意見：「韓國知識分子的命運便是反抗現實與批評現實的。……執政者想要剝奪韓國報人這種自由，是不智的，也是危險的。」[52] 司馬桑敦透過介紹這些韓國知識分子的意見，來反映他自己對他們的民主運動的贊同。

透過兩次訪韓他已對韓國的社會與政治局勢有了一個較深刻的認識。如何面對民眾的民主自由的要求？如何打開韓國經濟上的困局？如何爭取美日的經濟援助？這些是當時朴正熙政權面臨的重要問題。必然要給日後的韓國帶來巨大的風雨動亂。司馬說：「朴正熙在這風雨中怎樣走法？走向哪裡？老實說，這都是關係著整個亞洲的前途的！」[53] 他已預料到了將要來臨的長達三十二年的軍人統治和韓國民眾百折不撓的民主主義運動，更重要的是他把韓國的問題看成整個亞洲的問題，自然也包括台灣，即做為東西冷戰標本的韓國，今後該怎樣走向真正的自由民主化，正以正反兩面的現實成為亞洲各國的標本。在警惕韓國軍人獨裁政治的時候，司馬桑敦必然會意識到台灣國民黨政府的獨裁政治，早在一九四九年就進入戒嚴狀態的台灣，政治、社會各方面都與韓國十分相近。司馬桑敦如此重視韓國，與他對台灣國民黨政府的獨裁統治的認識有密切的關聯，或許他意圖以介紹和論述韓國的現狀來暗示他對台灣獨裁政治的危機感與批判。

52　同註9，頁一八三。
53　同註9，頁一九二。

五、司馬桑敦的韓國敘述的當今意義

透過以上分析證明韓半島與司馬桑敦的文學和思想都有著密切的關聯。從抗日時期到韓戰，再到六十年代，司馬桑敦都一直關注著韓半島。這段歷史自然是亞洲各殖民地國家從被殖民走向獨立的歷史，也是在經濟、文化上向後殖民過渡的過程。帝國中心的崩潰帶來周邊國家的興起，這些周邊國家在重建自己的主體性過程中必然要經過種種難關：一方面要與新興霸權抗爭；另一方面又要清洗和反利用依然存在的帝國文化。在這個過程中，韓國和台灣都可算是亞洲最典型的標本，六十年代他們都是東西冷戰的重要交點，因此司馬對韓國的重視完全基於現實的需要。他的〈高麗狼〉和韓國遊記都是他摸索周邊國家在後殖民狀態下如何表現自己的主體性的嘗試。其中有對文化橫斷中的差異性的認識，如〈高麗狼〉；也有表示「他山之石」意圖的，如韓國遊記。但做為這些書寫嘗試的思想基礎應是民主主義思想。今天，韓國和台灣都突破了政治獨裁統治，走上民主主義大道，然而南北分斷、兩岸隔絕的狀態還沒有得到解決。這些都證明了司馬當年的預見是正確的，他提示的課題一半已完成，另一半還需努力。在五十年代、六十年代，司馬就以後殖民的觀點及多元文化視角觀察和書寫了韓國，他的觀點和視野對今天我們的多元性文化認識具有一定的先行意義。

體驗東瀛風土，審視異域文化
——司馬桑敦與日本文學

藤田梨那

序言

司馬桑敦文學中有一個不能忽略的問題，那就是日本文學、日本文化給予他的影響。司馬的短篇小說〈人間到處有青山〉、〈藝妓小江〉就與日本文化和文學有關；一九五七年東京國際筆會促進司馬注目於美國學者唐納金（Donald Keene）的日本文學論，透過唐納金深化了他對戰後日本文學的認識。本論文準備透過梳理司馬桑敦的日本文化體驗，具體地分析作品，探討司馬桑敦對日本文化與文學的認識，探索在東西冷戰時期做為一個知識分子，司馬桑敦所持的文學態度，對不同文化的認識視點與模式，以及這種視點與模式在當今全球化時代的意義。

一、偽滿洲國時期的日本文化體驗

司馬桑敦的日本文化體驗可以從他的幼年期算起。一九一八年司馬桑敦出生在遼寧省金縣，幼小時就學於金縣公學堂，高中畢業後有就讀於共榮專門學校。這兩所學校都是日本所辦。金縣公學堂正式名稱是金州南金書院，成立於一九〇四年。初期的校規第一條是：「公學堂以教授支那弟子日語、德育及生活必須的知識機能為本旨。」課程為：修身、日語、漢文、算術、體操、唱歌等。[1] 司馬桑敦在公學堂讀畢初小和高小，他流利的日語就是在這樣的環境中掌握的。

一九三八年進《大北新報》作記者並兼國通社日文翻譯，[2]《大北新報》是日本人山本久治開創的報社；國通社則是「滿洲國通信社」的簡稱，一九三二年為了強化滿洲政府的內外報導組建的媒體組織，主導人有松方義三、森田久等。[3] 司馬之所以能進入日本人經營的報社，就因為他有相當的語言能力。他在《大北新報》工作的幾年中有兩件事是值得一提的。一是司馬桑敦與幾個中國記者利用《大北新報》創辦了左翼性質的文藝副刊《大北風》；二是司馬桑敦以《大北新報》記者身分曾到日本東京參加了「東亞操觚者懇談會」。「東亞操觚者懇談會」召開於一九四〇年，這一年正值日本皇紀二千六百週年，東京舉行了隆重的紀念活動，其中一項就是媒體界人士的懇談會，即「東亞操觚者懇談會」。會議召開於一九四〇年二月十一日至十四日，與會者來自當時的偽滿洲國、朝鮮和日本內地。據紀錄，偽滿洲國二十一名，北支二十二名，中支

1 參看竹中憲一，《有關「滿洲」教育的基本研究》，柏書店，二〇〇〇年，頁一二八—一二五；島田道彌，《滿洲教育史》，青史社，一九八二年，第三章「公學堂教育」，頁一一六—一四一。

2 金仲達，〈王光逖先生雪嶺鴻印〉，《野馬停蹄》，爾雅出版社，一九八二年，頁一九九。

3 〈同盟通信關係資料——國通十年史〉，《言論統治文獻資料集成》第十七卷。

十一名等，共二百餘名。[4] 這一年是太平洋戰爭暴發的前一年，據金仲達記述，司馬桑敦對當時的日本「留下了深刻的印象」[5] 司馬桑敦第一次來日，對亞洲之霸日本，一定體驗到親臨陣內的刺激，但可惜我們今天還沒有發現他對此次訪日所留下的文章。但值得注意的是，他從東京買來了日本改造社在一九三七年出版的日本最早的一套魯迅作品集《大魯迅全集》，這告訴我們司馬桑敦對魯迅曾是很重視的。

雖然司馬桑敦會操一口流利的日語，在日本人經營的報社工作，但另一方面，他又是一個積極的反日分子。他曾在十四歲時就加入了抗日游擊隊，直接參加過游擊戰。後又組織話劇團，宣傳抗日，在一九四一年曾為此被捕，經歷了三年監獄生活。

司馬桑敦隨國民黨進入台灣後，以他的報導和日語能力，被排遣到日本做《聯合報》的特派記者，從一九五四年到一九七七年，在日生活整整二十三年。在日期間司馬以日本國會記者俱樂部記者的身分，時常出入於國會議事堂，採訪日本首相和各政黨首領。同時他還到日本各地探訪古蹟名勝、採訪作家名人。北自北海道，南至長崎、鹿兒島。他的文章均發表在《聯合報》上，為台灣人民所愛讀，被譽為「東京第一支筆」。

綜上所述，司馬桑敦與日本的關係始於他幼年時代，日本式初等教育使他在啟蒙期自然地接觸了日本，學會了日語；另一方面，日本對中國的侵略又促進了他愛國與反日的精神的成長。

---

4 《出版同盟新聞》。

5 金仲達，〈王光逖先生雪嶺鴻印〉。

需要注意的是，他的經歷中實際上隱含了被殖民者對殖民者的背反——接納與抵抗——的矛盾心理。這種矛盾心理在司馬桑敦日後的作品和評論中都可以看到，而且向著文化的深度有了更深的發展。

二、抗戰小說中的日本

司馬桑敦的抗戰小說都作於台灣時代，〈人間到處有青山〉、〈湛山莊主人〉、〈外鄉人〉、〈崖〉、〈高麗狼〉，這些短篇小說都作於五十年代，因此必然地多多少少受了五十年代「戰鬥文藝」運動的影響。但日後司馬桑敦在編輯小說集《山洪暴發的時候》時，曾對自己的作品作了一次刪汰，並對僅留下來的七篇作品作了說明。他說：「這七篇之中當然並不完全洗淨了泛政治主義的色彩，但，我是儘量的使用了一種文學學徒應有的自然態度寫作了的。我在這幾篇小說裡開始探索著由一個樸素的人的立場去寫一個『人』，避免了那些約束人的目的主義或理性主義的觀念。」[6] 這幾句話反映了司馬桑敦對五十年代「戰鬥文藝」的反省與抵抗，也為我們提供了可依據的作者自身的主觀意識。

上舉的幾篇作品雖可劃分為抗戰小說，但實際上描寫抗日戰爭的作品很少，大多描寫日本戰

6 司馬桑敦，〈寫在前面〉，《山洪暴發的時候》，文星書店，頁三。

敗後的內戰和逃亡的混亂。但我們從這些作品中可以看到司馬桑敦對日本人的描寫和對日本文學的接納。例如：〈人間到處有青山〉、〈崖〉就是比較典型的作品。

〈人間到處有青山〉寫於一九五三年，它描寫「我」與東北綠林首領「青山」的一段交情。作品描寫的重點有二：一是暴力與人性的對峙；二是在遷徙狀態中人們的複雜心態。「暴力」在作品中主要表現在「青山」的殘暴上，筆者曾在〈暴力與人性的對峙——論司馬桑敦《山洪暴發的時候》〉[7]中具體地論述了這個問題，筆者曾指出這裡的暴力有兩種：一是土匪的暴力；一是日寇的暴力。日寇的暴力根據了司馬桑敦在一九四一年被日寇逮捕的體驗。「我」與「青山」就是在日寇的監獄中相遇的。筆者在這裡意圖對這篇論文作一個補充，即對「我」與「青山」在監獄中相處的那一段故事，司馬桑敦日後在另一篇作品〈越獄殺人的十九號〉中作了得具體的描述。這篇作品寫於一九七九年司馬移居美國後，在他死後才被收入《雪鄉集》。一九四一年末太平洋戰爭暴發後，日軍在東北對秘密反日的「不穩分子」進行了兩次大檢舉，即「哈爾濱左翼文學事件」又稱「一二・三〇事件」。司馬桑敦就在此時被捕，一年後又被轉送到長春監獄。〈越獄殺人的十九號〉就根據了長春監獄的那段體驗寫就。

〈越獄殺人的十九號〉中主要人物是政治犯「我」和越獄殺人的死刑犯「海天」，「海天」是殺人不眨眼的土匪頭子，幾次被逮捕，又幾次越獄。「我」則是以抗日游擊隊的嫌疑被日本憲

---

7 藤田梨那，〈暴力與人性的對峙——論司馬桑敦《山洪暴發的時候》〉，載於《世界華文文學的新世紀》，吉林大學出版社，二〇〇六年七月。

兵隊北滿特別班逮捕的。在監獄裡「我」幾次受刑，被日寇和員警打得死去活來，但堅決不肯供出自己的同夥。作品中突出描寫了日寇和特務們殘忍的酷刑，同時在這樣艱苦的環境中犯人們之間建立了堅不可摧的友情。「我」和「海天」秘密勾通，幫助「海天」再次越獄。

〈越獄殺人的十九號〉與〈人間到處有青山〉有著密切的關聯。「我」的編號是「八十號」，「海天」是「十九號」；而〈人間到處有青山〉中，「我」稱「青山」為「老海」，「青山」稱「我」為「我的八十號」。即，「我」就是「八十號」，「青山」就是「海天」，這正與〈越獄殺人的十九號〉相吻合。〈越獄殺人的十九號〉中，「我」幾次把自己的飯食讓給「海天」，對此「海天」曾感謝說：「八十號，夠朋友！我海天忘不了這筆交情，謝了。」[8]〈人間到處有青山〉中也有同樣的描寫，「我」在監獄裡也曾冒了很大的危險給「青山」送過飯，「青山」說：「十一年前在日本鬼子的監獄中，我們是萍水相逢的，誰也不認識誰。但是，都受日本鬼子的壓迫，……日本鬼子要餓死我，把我鎖起來，不准任何人給咱們飯喫，我的大弟冒險偷飯給我喫，為了這個，他挨日本人的打，他受了酷刑，他差點兒喪了命。」[9]司馬桑敦將自己入獄的經驗寫進小說中，以日寇的暴力反襯出中華民族人與人之間的感情。司馬桑敦如此執著於這個體驗，正表明他對抗日運動那段歷史記憶的深刻，對日本侵略者的憎恨。

在探討〈人間到處有青山〉與日本的關聯問題時值得注意的是，這篇小說在表現司馬桑敦

8 司馬桑敦，〈越獄殺人的十九號〉，《雪鄉集》，長青文化公司，頁二九九。

9 司馬桑敦，《山洪暴發的時候》，文星書店，頁九八。

強烈的反日精神的同時還顯示了接受日本文學影響的另一側面。土匪首領「青山」這個名字的由來與這篇小說的題目「人間到處有青山」，即是小說中提到的「埋骨何須桑梓地，人間到處有青山」中的一段詩句。但其實這首詩正是日本江戶時代一位詩僧月性（一八一七－一八五六）的詩，題目為：「將東遊題壁」，詩曰：

將東遊題壁

男兒立志出鄉關，
學若無成不復還；
埋骨何期墳墓地，
人間到處有青山。[10]

此詩是月性青年時代求學遠遊時寫下的一首詩，表示自己堅毅的求學志氣。這首詩在二十世紀初傳播到中國，在傳播過程中經歷了一番周折，一九一七年《青年雜誌》第一卷第五期中已登載了這首詩，內容為：

10 《漢文名作選》五，大修館書店，一九八七年，頁八四。

男兒立志出鄉關，
學不成名死不還；
埋骨何須桑梓地，
人生無處不青山。

——西鄉隆盛

這首詩與月性的「將東遊題壁」詩相比，除了啟句外，其他三句都多少有些出入，特別是轉句中，月性的「墳墓地」被改成「桑梓地」。「桑梓」見《詩經・小雅》，有「維桑與梓，必恭敬止。」意思是說桑樹和梓樹是父母種的，對它要表示敬意。後人多用來比喻故鄉。這兩首詩除了一些用詞上的出入外，大致意思很相近。

目前我們可以看到的《青年雜誌》上的這首詩，可以說是在中國的第一次介紹，但作者卻不是月性，而是西鄉隆盛。西鄉隆盛（一八二七—一八七七）與月性大致是同一時代的人，是日本薩摩地區的武士頭領，又是明治維新的政治家。一生幾次參與政治改革，成敗周折；又幾經內戰，一八七七年在西南戰爭時敗陣自盡，一度被稱為逆賊。但查西鄉隆盛的詩文遺稿，並無此詩。《青年雜誌》為何把這首詩作為西鄉隆盛之作來發表，至今還不得而知。但《青年雜誌》以後，這首詩卻對中國青年發生了很大的影響作用。例如毛澤東十七歲時立志出鄉讀書，臨行前給父親留下一首詩表示自己求學報國的意志：

孩兒立志出鄉關，
學不成名誓不還；
埋骨何須桑梓地，
人生無處不青山。

這首詩目前在毛澤東傳記中都被認為是以西鄉隆盛詩改寫的。[11] 特別是末兩句完全與《青年雜誌》上的詩句相同。可見《青年雜誌》上的詩和西鄉隆盛的名字一起大大影響了二十世紀初的中國。三十年代投身抗日的司馬桑敦受了這首詩的激發也是不難想像的。但〈人間到處有青山〉的「埋骨何須桑梓地，人間到處有青山」兩句與《青年雜誌》上的詩句又並不完全相同，「人間到處有青山」一句與《青年雜誌》不同，而與月性的詩相同，雖是一句之差，但足以暗示司馬桑敦的這兩句詩不一定完全來自《青年雜誌》，他很有可能直接讀過月性的詩。月性的這首詩至今在日本仍很有名氣，長期以來一直被中學國語教材所採用。少年時代一直接受日本教育的司馬桑敦在課堂上學過這首詩也是很自然的。月性也好，西鄉隆盛也好，他們都是日本人；毛澤東和司馬桑敦改寫或引用的詩原本出自日本人所作。這個事實說明在日本軍國主義急速擴張，侵略的魔掌逐漸伸向中國時，中國的知識分子對於日本文學仍然是積極地吸收的。那麼，司馬桑敦選用月

11　季國平，《毛澤東與郭沫若》，北京出版社，二〇〇三年，頁七。

性詩句的意義何在呢？

從作品看，很明顯司馬桑敦所重視的是月性詩的最後一句，這一句即是這篇小說的題目，又是登場人物「青山」這個名字的所據之典。「青山」和「我」有這樣一段對話：

青山：你記不記得我們在獄中談到死的問題？你念了一句詩……

我：埋骨何須桑梓地，人間到處有青山。

青山：唉！就是這個。上句我老是記不清。我特別記住「人間到處有青山」這句。我也特別喜歡這句。哥哥報字青山，就表示死在哪兒也不在乎的意思。兔崽子，這桿槍想打遍天下，情願打到那兒，就死到哪兒！[12]

在這裡，「人間到處有青山」與死和遷徙密切相關。「青山」率領的一隊土匪實際上是抗日的游擊組織，他們與日寇抗爭就必然要時時遷徙，時時與死相對，「青山」不怕死，不怕遷徙，「人間到處有青山」就代表了他的意志。

前邊已經提示過這篇作品的描寫重點之一，就是遷徙狀態中人們的複雜心態。作品開首就寫「我」從關外向關內遷徙。除了「我」以外，還有很多粗魯的民眾及地方官僚夾雜在一起向關內移動，貫穿整個作品的可以說就是眾多人的遷徙。這個大遷徙反映了國共內戰時期東北地區的

12　同註9，頁一〇三。

混亂狀況。在遷徙中「我」遇上了「青山」，「青山」的「死在哪兒也不在乎」的意志正給了「我」一個堅定的精神依靠。

司馬桑敦引用的兩句詩「埋骨何須桑梓地，人間到處有青山。」前一句與《青年雜誌》完全相同，而後一句卻與月性詩完全一樣。上面所舉「青山」和「我」的對話證明司馬桑敦引用這兩句詩的意思是：死不一定要死在家鄉，偌大的世間到處有可以埋骨的地方。「人間到處有青山」以「人間」來表示具體的世間範疇，與《青年雜誌》的「人生無處不青山」所表示的意義有所不同。可以說，司馬選用了月性的詩句就是為了表示「青山」的意志。

〈崖〉（一九五四年）是一篇以國共內戰最後的東北戰役為背景的戰爭小說，我們不能否認司馬桑敦的寫作動機與五十年代「戰鬥文學」沒有關係，但值得注意的是作品中並沒有轟轟烈烈的戰鬥場面，而只有全軍覆滅的慘狀，它描寫的主要是面臨國民黨軍戰敗的最後時刻人們的複雜心態——敗者的心理。敗者的心理以對鄉土的執著與偷生背叛相對立。國軍連長「張清明」在戰鬥的最後一刻「決心要與鄉土共存亡」，但國民黨官僚「沈團附」和「盧委員」卻追求「轉機」，下山投降。司馬桑敦在作品中還描寫了一個典型的敗者的形象，即日本人「宮本太太」。作品中「張清明」這樣敘述：

他覺得做為一個應該為家鄉而戰的軍人，宮本太太正好給予他一個堅強的啟示。他想：她為了保護她那不滿兩歲的兒子回到她的祖國和她亡夫的家園去，她雖遭受了一切人所不能忍受的慘遇和侮辱，但她對她希望的追求，卻毫無動搖。他想起她向他述說她從吉東山地往遼河平原進發途中她的遭遇：她先遭受了掠奪，她為流民所凌辱，她淪落為流乞，她又做了匪軍的營妓。到最後她因腿上負傷，被匪軍扔棄在途上，奄奄待斃。就在這時，他救了她。他又想起她向他所提出的單純的要求：她要他把她打死，但請求把她的兒子留下寄養，她只希望她的兒子有一天可以回到她的家鄉，他們自己的國家，仍然得以恢復她丈夫的姓氏，僅此，她就覺得無愧於她的祖國和愛她的丈夫了。……[13]

司馬桑敦為什麼要在這篇描寫國共內戰的小說中加進逃亡的日本人？日本對於中國人來說，從一九世紀末到二十世紀中葉即第二次世界大戰結束為止，一直都是加害者，隨著日本對中國的侵入，中國人民被迫離鄉背井，流浪漂泊，同時大批日本人移民到中國東北和其他地區。這種軍事的與經濟的侵略使中國人民受盡了苦難。一九四五年經過艱苦的八年抗日戰爭，持續了半個世紀的帝國主義日本終於被打倒了。日本戰敗後留在中國的大批日本移民和軍人家屬完全陷入孤立無援的恐慌狀態，在混亂中，他們冒著生命危險流浪逃亡，試圖逃回日本。但他們的逃亡是艱苦和悲慘的，有不少人未能活著逃回日本也是事實，還有大批日本孤兒不得不殘留在中國，從這一點看，可以說，日本人從「加害者」變成了「被害者」，「宮本太太」的遭遇就是敗者日本的一個寫照。

13 同註9，頁一六四。

戰爭的「加害者」與「被害者」的關係其實是司馬桑敦一生中最大的課題，他在《野馬傳》〈自序〉中回憶一九四九年隨國民黨南逃時的心情說：

> 我一路南逃，一路想著這場歷史的災難，想著我們為什麼失敗了？我一直這樣想：在這樣巨大的歷史災難中，我，和我的一些朋友固然都是受害的、無辜的，但，想到既為歷史中人是應分擔一部分歷史責任時，我，和我的一些朋友，又何嘗不正是那種使人受害和陷人無辜的人？[14]

這裡牽扯到司馬桑敦對國共鬥爭的認識問題，在此不準備作詳細的論述。僅從司馬桑敦的認識角度來解釋〈崖〉的意圖，司馬桑敦試圖從抗爭雙方的關係及抗爭雙方與歷史的關係這樣兩個角度來認識國共內戰，在抗爭關係中的被害者，從歷史的角度看時很可能又是加害者，即在對眾多無辜的生命的摧殘，對人類社會與文化的破壞上，被害者同時也是加害者，加害者同時也是被害者。日本侵略中國，自然是加害者，但同時它又給日本人民帶來了巨大的不幸，使人民成為戰爭的犧牲者、被害者。司馬桑敦把「宮本太太」加進作品中正表現了他的加害者與被害者的觀點。

「宮本太太」身受重傷，已不能動彈，她身邊帶著一個小兒，她唯一的希望就是把孩子帶回日本。作品中幾次描寫了「宮本太太」肯求「張清明」收養自己的小兒，並使他將來能回到家鄉

14 司馬桑敦，《野馬傳》，長青文化公司，一九六七年，頁一。

去。「張清明」從「宮本太太」身上感受到她對家鄉的感情和堅忍的意志，他也決心與鄉土共存亡。司馬桑敦在描寫「宮本太太」時刻意強調了對鄉土和幼小生命的執著。在作品的結尾，「張清明」的部隊即將全軍覆滅的最後一刻，作者描寫的仍然是「宮本太太」和她的兒子：

> 東方剛露微白，他首先發覺宮本太太已經死去了。她的懷中猶擁著僅有氣息的孩子，孩子的身上釘著一張白色的紙條，大概上面寫著兒子的姓氏和身世，顯然的，這是那位母親神志尚清的時候，企圖她的兒子最終能夠得救的一種安排。但是，現在他已不能轉動，他只能看著那張白紙在迎著晨風掀動著，偶爾也能聽到那個未死的孩子微弱的咿唔的聲音。
>
> 他心想：「孩子！你太無辜了！」「叫罷！能叫叫罷！只要有生命，你就叫罷！」[15]

在這裡，國家、政權的敵對已不存在，只有失去的和即將失去的生命對仍然殘留的生命的寄託和惋惜。孩子的哭聲是生命的象徵，同時也是對摧殘生命的戰爭暴力的抗議。司馬桑敦在〈崖〉中加進敗者日本人的形象，意在強調作者對鄉土和幼小生命的執著，暗示戰爭雙方對歷史的責任，及對戰爭暴力的控訴。東北出身的司馬桑敦，身經「九・一八事件」，日本的侵略培植了他的反日感情；但另一方面又為他提供了一面歷史的鏡子，提供了思考戰爭與歷史的啟示。

15 同註9，頁一八一。

三、評論家司馬桑敦——對戰後日本文學界的洞察

（一）第二十九屆國際筆會東京大會

一九五四年司馬桑敦做為《聯合報》特派記者踏上了日本的土地，此後二十三年他系統地、深刻地洞察日本社會，寫下了大量的報導與評論，為台灣讀者打開了通往日本的一扇窗戶。他在來日後第一篇文章〈東京的表情〉中寫到：

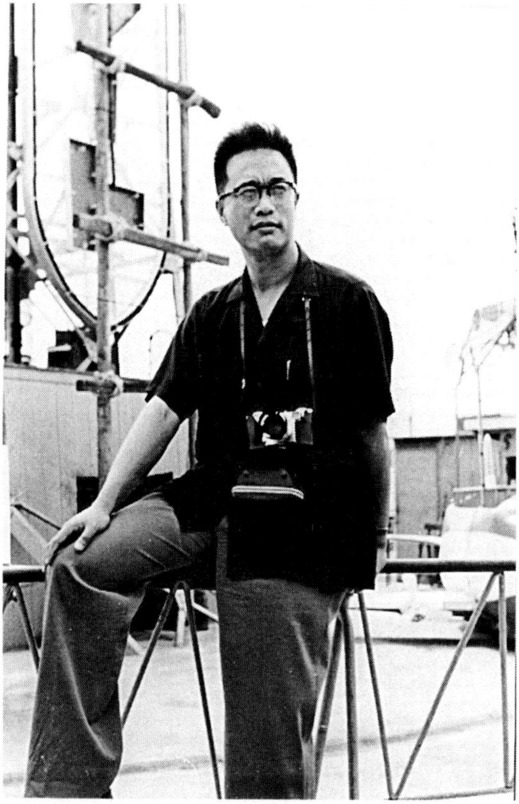

一九五四年十月，東京。

> 算來，如今距我第一次踏進此都的時間，已經有十四個年頭了。我簡直不能相信這是經驗過殘酷的轟炸的都市，實際上，一切戰爭的痕跡，都在這戰後僅暫的八個年間裡完全抹掉了。目下，東京擺在我面前所有的表現，都維持著它過去的完整；它的本來的氣韻，

它的原有的色彩，正好像別來十四年間它只是一帆風順幸運的未曾遭遇過任何風險似的。看到這番景象，想到我們憂患頻仍的中國，這真是一個難得描述的歷史的對照，越深深去想，越會與人無限感慨！[16]

司馬桑敦第一次來東京是在一九四〇年，太平洋戰爭前夜的東京充滿著慶祝皇紀二千六百年的熱鬧氣氛，整個日本正鼓著與美國抗衡，一統亞洲的鬥志。如今日本戰敗已經八年，但它仍然一如既往，絲毫不留戰爭的痕跡。眼前的東京使司馬桑敦立刻想到中國，感到「無限感慨」。這篇發自東京的第一篇報導正顯示司馬桑敦審視日本的視角，即中國與日本的相互關照。此後二十三年間的報導、評論都發自這個視角。這是我們在探討司馬桑敦與日本的問題時不可忽視的。

一九五七年第二十九屆國際筆會在東京召開，這是司馬觀察日本和世界各國文學家的一個重要機會。與會國家共有二十六國，大部分是自由圈的國家，也有一部分共產國家。司馬以香港筆會會員的身分參加了這次會議，並寫了很大篇幅的報導。如：〈記國際筆會東京大會〉、〈國際筆會群像〉等。我們透過這些報導可以了解司馬對國際筆會的認識，了解他對戰後日本文學界的認識。

這次國際筆會的主題是「東西文學之互相影響」，司馬桑敦尤其重視了這個主題，他觀察

16 《聯合報》一九五四年八月十二日、十三日連載。

這次會議的著眼點在於如何堅持文學家的良心與自由，如何認識文學與政治的關係的問題。在很多發言人中司馬桑敦重視了巴基斯坦作家馬里庫（O. H. Malik）與英國詩人斯賓坦（Spender）的論爭。馬里庫以亞洲人的立場來探討西方自由主義、民主主義、人權思想給東洋帶來的影響，強調其結果給東洋帶來了精神上的空白。舊的信仰的崩潰後，新的信仰並沒有產生，他強調新的信仰應是全人類合為一體的統一性。司馬桑敦在〈記國際筆會東京大會〉中介紹了馬里庫的具體主張：「能恢復認為尊嚴的，既非民主主義，也不是共產主義，而是宗教信仰，而馬里庫所謂的宗教信仰，既是：相信四海一家，相信人類是整體的，對於人性具有熱情的關心。」[17] 隨即司馬桑敦涉及到英國詩人斯賓坦的反駁，「他認為真正的文學創作精神，毋寧重要在尊重個性，而各個國家各個民族都有其個性，這個個性，是應被尊重的。唯有描寫出人類在時間和空間，以及歷史與地理的各種差別，才是藝術。他強調在人類樂觀的理想之中，不能產生好的藝術。」有關馬里庫和斯賓坦的發言，《朝日新聞》分別在九月四日和九月五日作了大幅度的介紹，司馬桑敦基本上將兩人的主張作了一個精練的概要。兩人的意見分歧點在於四海一家的宗教信仰與尊重個性，整體性與差異性上。司馬桑敦將這場爭論看成是「國際筆會最精彩的收穫」，並說：「老實說，就我個人意見，我是贊成斯賓坦的看法的。我認為所有否定個性的，傾向全體的理想主義，都含有一種可能產生權威的危險。」[18] 很明顯，司馬把馬里庫和斯賓坦的主張歸結為全體性與個性的

17　司馬桑敦，《扶桑漫步》，文星書店，頁一三三—一三四。

18　同註17，頁一三四。

不同立場的產物，而司馬是站在堅持個性一邊的。他之所以堅持這樣的觀點，與當時的國際形勢和司馬的認識有關。當時國際狀況正處在共產圈國家與民主制國家間政治對立最險惡的形勢下，即東西冷戰的狀態。在國際筆會東京大會上也出現了雙方的衝突。司馬桑敦對於當時的國際形勢非常敏感，他反對任何集權和霸權主義，而反對霸權主義的態度立足於他的自由民主，尊重個性的立場上，這也是他在文學創作時的基本立場。可以說，他對斯賓坦的共鳴來自他的這個基本立場。

對馬里庫和斯賓坦的爭論，《朝日新聞》評價說：「當場激起了強烈的掌聲。與其說是爭論，毋寧說是喚起興致的問題提示。會場一瞬間充滿了緊張的氣氛。」日本筆會理事高見順在他的〈國際筆會之後〉、〈筆會的收穫〉中也提及這場爭論，說：「這樣的討論充實了這次國際筆會，賴於這充實，大會獲得了成功。」[19] 這些都表明馬里庫和斯賓坦的爭論對思考文學根本性質問題，起了啟發性的作用。

在文學與政治的關係上，司馬桑敦重視了義大利作家摩拉比亞（A. Moravia）的意見。國際筆會期間，摩拉比亞在《朝日新聞》上發表了一篇題為〈作家的使命〉的文章，他針對薩爾特爾（J. P. Sartre）的文學應附屬於政治的觀點，提出反駁，並就文學與政治的不同性質作了精闢的闡釋。司馬桑敦在〈記國際筆會東京大會〉中寫到：

19 高見順，《高見順全集》第十七卷，勁草書房，一九七三年，頁四二〇。筆者譯。

摩拉比亞承認藝術家和普通人士同樣都不能擺脫政治，因之，藝術本身不免要表現政治。但是，摩拉比亞卻認為藝術家不必特為政治而藝術，因為假若一個藝術家他有他自己的政治感情與政治思想，它會自然流露於他的藝術創作之中，他不必一定標榜著什麼政治。

摩拉比亞強調一個作家必須是一個歷史的證人，他在他的作品中必須刻劃了他自己的時代。尤其必要的是：他必須歸納了種種的政治感情和各種各樣的政治理想。不過，儘管如此，作家不等於政治家，作家必須對自己的藝術創作負有絕對的責任（宣傳則不然），作家必須不斷訴諸於他自己的美觀、良心、真實，以及感情的深度。[20]

這裡觸及到摩拉比亞有關文學與政治不同性質的論點中最重要的部分，同時也反映了司馬桑敦的兩個著眼點：一是作家是歷史的證人，即現實主義的觀點。二是藝術家的異於政治的信念。前者與司馬桑敦的歷史觀、現實觀相吻合。後者則為司馬桑敦以後的文學創作奠定了一個可靠的基礎。

在國際筆會上日本代表如高見順、阿川弘之、伊藤整、加藤周一等都作了講演，然而司馬在他的文章中不曾觸及過日本代表的意見。但在另一個方面他卻對日本文學界作了切實的觀察。司馬桑敦在〈記國際筆會東京大會〉中特別涉及了匈牙利筆會中心的問題，藉此對日本筆會的態度作了一番分析。

---

20 同註17，頁一三五。

國際筆會開幕前發生了一場對匈牙利筆會中心處理問題的爭執。與會的匈牙利逃亡作家筆會中心控訴一九五六年匈牙利事件發生後「匈牙利筆會中心」違背筆會憲章，迫害匈牙利作家的行為，提出了「調查匈牙利筆會的真實情況，並在調查結果未判明之前，暫且停止匈牙利筆會中心的會員資格」的議案。對於這個議案，國際筆會執行委員會經過共產圈代表和自由圈代表的爭論，最後折衷為兩個提案：一、組織一個對匈牙利筆會中心的調查委員會。二、是否要停止匈牙利筆會中心的會員資格？對此兩案進行表決。第一案以大多數贊成而透過；第二案以一票之差被否決。投反對票的國家有：日本、埃及、捷克、比利時、波蘭、保加利亞、東德、法國。對於這場爭執，日本《產經時報》評論為「冷的熱戰」；日本筆會會長川端康成也在大會開幕辭中稱它為「政治的颱風」，可見這場爭執給筆會帶來的政治影響之大。圍繞匈牙利筆會中心處理問題的爭論把共產圈和自由圈的政治抗爭帶進了文學藝術的領域，所有與會代表都面臨了如何認識政治與文學的問題，對此司馬桑敦反應很敏感，他在〈記國際筆會東京大會〉中詳細地介紹了爭論和表決的情形。他說：

> 這一支政治插曲，對於國際筆會的全議程所佔位置雖然不大，但它所表現的各代表良心傾向的意義，是極其深重的。中國筆會推由詩人岳心出席執行委員會的，岳心由開始到最後，都是支持匈牙利亡命作家的。因為中國作家的心境無疑的是和亡命作家打成一片的：他們不專在等待自

由，他們也要行動的去爭取自由。[21]

司馬透過這場「政治插曲」觀察了各國代表的反應，即「良心傾向」，而且表明中國作家的態度，就是反對政治霸權，爭取自由。很明顯，在司馬，文學與政治的問題是極其重要的，他的認識基本上與義大利作家摩拉比亞的意見相近，基於民主主義的立場，他主張文學的獨立性、主體性。基於這個立場，司馬對投反對票的日本作了尖銳的分析：

在反對票中，發現了日本，使我極其失望，我常想：近代史上亞洲是一個廣大的被壓迫的土地，唯因如此，這面土地上具有著一切反抗的泉源，也唯有這面土地上的人民，有睿智能去理解他們要尋獲的自由。但是，日本人顯然和這面土地上的氣息，有些隔膜。[22]

對停止匈牙利筆會中心會員資格的表決中，反對國家大多是共產圈國家，但大會的東道主日本也投了反對票，司馬對此很不滿意。他所不滿的是面對蘇聯的政治壓力，日本不能和其他亞洲國家一樣，為了維護自由而勇敢地反抗，他從被壓迫者的立場面對日本，將日本與亞洲的距離拉開。

21 同註17，頁一二九。
22 同註17，頁一三〇。

實際上，日本在處理匈牙利筆會中心的問題上曾費了一番苦心，首先他們考慮到要使大會開得圓滿，不能造成會員國的分裂；另一方面，又要顧全國際筆會憲章的基本精神。日本筆會執行委員桑原武夫在〈國際筆會大會的印象〉一文中回顧當時的情形，寫道：

> 日本方面每每提倡筆會唯為融和統一所存，絕不為對立分離而存。我們為了防止筆會的政治化，而不得不採取了政治的行動。有人非難匈牙利筆會中心對蘇聯的進駐不但不抵抗反而協助，這自然有調查的必要，但在匈牙利筆會中心缺席的情況下，我們無法讓他們出來說明，也就無法停止他們的會員資格。在這種情況下我們必須避免國際筆會的分裂，這是日本筆會不動的基本方針，我們必須堅持它。[23]

這一段桑原武夫的解釋可以說代表了日本筆會的基本立場，但他也不得不承認他們的行動是帶上了政治性格的。如果我們連想到一九五六年日本在國際關係上的幾項成就，我們就能從另一個角度來理解日本筆會所作的選擇的意義了。一九五六年十月，日本經過長時間交涉，終於與蘇聯達成協議，簽訂《有關相互授與貿易發展及最惠國待遇的協定》，同年十一月國聯總會終於透過日本加入國聯的申請。日本在國際關係上的進展微妙地影響了日本筆會，如對一九五六年蘇軍介入匈牙利，即匈牙利事件發生後，日本知識分子的態度就很曖昧。日本文學評論家臼井吉見曾

23 《桑原武夫集》第五卷，頁一〇八。筆者譯。

在匈牙利事件發生後寫文章，針對附屬與「日本勞動工會總評議會」的日本知識分子的態度作了尖銳的批判。他指出：

所謂進步知識分子所支持的「總評」在英國、法國侵略埃及時，曾發出了強烈的攻擊性聲明，但對那之後發生的蘇聯侵略匈牙利卻在百方苦心之後，才發表了一個極穩妥的抗議。對蘇聯的抗議活動僅此而已。日本的右翼分子不用說，自稱「進步文化人」之輩，對於這個問題敢於站出來，表示積極的態度者，恐怕今後也不可期待。本來他們就不具備判斷事物的主體性的基準，除了擺出一副理解蘇聯、中共和日共的同伴者的姿態外，就別無任何能力可顯示了。他們從來就沒有自己去思考問題，自己發出聲音說話的自覺，所以他們只好裝傻充愣。[24]

「總評」所取的對蘇態度實際上與當時日本在國際上和政治上的動向——日蘇協定、日本加入聯合國——緊密關聯，就是說「總評」符合了政府的政治意圖。臼井吉見以揭露日本左翼知識分子在政治問題上的自相矛盾，尖銳地批判了他們的無主體性。他所指出的無主體性、無判斷基準、投機主義正是日本知識分子最根本的缺陷。臼井吉見的批評對象雖然不是日本筆會，但日本筆會在處理匈牙利筆會中心的問題上所取的態度恰恰反應了日本知識分子的這一缺陷。

英國作家威爾遜（Wilson）對日本知識分子脫離大眾、脫離現實的傾向也抱有批評的看法，

24　《匈牙利動亂與知識分子》，一九五七年一月，頁一二八。筆者譯。

會議期間，他在《朝日新聞》上發表題為〈我看到了日本——精神食糧的寶庫〉的文章，在小題目「脫離大眾的作家」中指出：

我覺得日本的作家太安逸於社會給予自己的地位，太過於拘泥為藝術專心之至，而忽略了站在一般大眾的經驗上專心努力。作家、藝術家不能離開社會和他人而生活，不能只站在高處專致力想像。我認為為藝術而藝術與共產圈諸國提倡的為人民而藝術同樣是有害於人的思想。藝術應是生命力之充實感的表現。[25]

威爾遜從作家的角度指出了日本知識分子在社會意識上的偏頗，他雖沒有直接指責匈牙利筆會中心的問題，但在批評日本作家「忽略了一般大眾的經驗」中暗示了他對日本筆會處理匈牙利筆會中心問題的不滿。威爾遜提示了藝術與社會、大眾的關聯問題，而社會與大眾的問題既是聯結了政治問題，所以他的立場與臼井吉見是相近的。

司馬桑敦與臼井吉見和威爾遜取了同樣的立場。他非常同意威爾遜的看法，在〈國際筆會群像〉中涉及了威爾遜的文章，寫到：「A・威爾遜的這個憂慮，正就是日本作家在這次筆會上表現了的。」他還指出：

25 《朝日新聞》一九五七年九月十八日。筆者譯。

亞洲的作家在文學上一如在政治上，還是一種從屬的，距離自我解放的地步，還很差，還很遠。我這套喪氣的看法，特別從舉辦這次筆會的主人身上，日本一些作家身上，獲得了證據。

本來，戰後日本文學中便充滿了從屬於歐洲作品的氣氛的，又加上，日本作家的原有的頹廢的生活態度，這一從屬的傾向，更為加強。……我特別注意到日本作家無論在會內、或在會外，都有意的避免正視威脅人類的極權主義問題。也唯因如此，在表決匈牙利亡命作家所提停止現在匈牙利國內筆會的會員資格時，日本作家便喪失了站在自由主義方面的勇氣。日本作家也許標榜他們的清高，說他們不願破壞國際筆會的精神，前來討論政治問題。其實，國際筆會的精神，要在不受政治影響，並非不抵抗政治迫害。自由並非是坐享的，而是要不斷爭取和維護的。匈牙利的自由問題，是人類權力被侵害的一個典型事件，有良心自覺的作家，又何由而不可問？[26]

司馬桑敦將日本作家在文學和政治上的態度評價為「從屬的」，即是主體性的欠缺，主體性的欠缺導致了對現實的迴避。司馬的這種觀點與臼井吉見也是一致的。他把匈牙利問題作為自由、人權的問題來看待，批判日本筆會對國際筆會憲章的不理解。政治與文學的關聯正以自由、人權為中軸點，彼此相關相聯。面對人類自由和人權問題，所有的作家，知識分子時時刻刻都在受著良心的檢驗。司馬認為國際筆會的精神就在於要爭取和維護自由與人權。司馬桑敦在此提示的是知識分子對於政治不應是從屬的、追隨的，而應保持主體性立場，以良心自覺對待。聯繫到亞洲的歷史，他進一步評論日本作家與政治的關係道：

---

26 同註17，頁一四二。

在當下的日本政治情形來看，日本作家可能不太介意於所謂自由的爭取，因為他們太自由了。但是，不能因為自由了，便不關心自由的。我發現日本作家之不談政治和逃避政治，也正是一種「政治的態度」。他們習慣於在一種夾縫狀態下表示其模棱兩可。我更發現他們之所以如此，正因為他們長時間從屬了政治的緣故。他們在他們本國的對外侵略戰爭時代，既未對侵略有過什麼抵抗，可也未看到他們對於被侵略者有所同情。他們之間有意無意的在忽略一般大眾的經驗。[27]

司馬以他那政治記者的觀察力，對當時的日本政治情形分析得很清楚。與共產圈國家相比，日本作家的生活可以說是自由的，有一定保障的，但司馬指出知識分子不能安逸於自己的現狀，而對沒有獲得自由的人不關心。日本作家迴避政治的態度實際上也是一種「政治的態度」。司馬的這個看法正是針對了高見順為日本筆會所作的辯解而言，他強調作家、知識分子在任何時候都不能擺脫與政治和社會的關聯，日本知識分子的模棱兩可的態度就是對政治的妥協。他以二戰時的經驗透視日本知識分子的取決，指出他們對殖民侵略不曾抵抗、不曾反省，「忽略一般大眾的經驗」。這個「一般大眾的經驗」與英國作家威爾遜批評日本作家時所說的「一般大眾的經驗」是同樣的意思，它不單指日本的民眾，還廣指國際範圍的大眾，匈牙利動亂就是匈牙利民眾的一

27 同註17，頁一四三。

個爭取自由的經驗，對此知識分子所取的態度正反應了對自由人權的立場，用司馬的說法就是表現了知識分子的「良心意識」。

第二十九屆國際筆會東京大會為司馬桑敦提供了一次觀察戰後日本文學界的好機會，在東西冷戰的形勢下，特別圍繞文學與政治的關係，知識分子應取的態度，東西文學的交流等問題，司馬對此作了深刻的觀察。他的〈記國際筆會東京大會〉、〈國際筆會群像〉明確地表明瞭他維護民主主義、維護自由人權的立場，對日本知識分子的批判反應了他對戰後日本文學界的認識，尖銳地、深刻地揭示了日本知識分子的本質，不僅為當時的台灣民眾提供了認識戰後日本的線索，就是在今日也仍有其意義。七十年代薩伊德（Edward. W. Said）在《論知識分子》一書中精闢地論述了知識分子的本質。強調知識分子對於政治不應是調節者，而應是積極的批判者。[28] 可以說，五十年代司馬桑敦思考的知識分子的「良心意識」在薩伊德的論述中得到了更明澈的答案。

（二）唐納金《戰後日本文學與政治》的介紹

美國哥倫比亞大學教授唐納金（Donald Keene）是著名的日本文學研究家，司馬桑敦在對戰後日本文學認識上頗受了他的影響。司馬桑敦在二十九次國際筆會上初次認識了唐納金，他在

28 薩伊德在《論知識分子》第一章「知識分子的表像」和第二章「遠離國家與傳統」中對知識分子的本質作了具體、精闢的論述。

〈記國際筆會東京大會〉中以「筆會的頭牌角色」提到了唐納金。在國際筆會上唐納金曾作了有關翻譯工作的報告，他根據自己多年來致力於日本古典和現代文學作品翻譯的經驗，強調介紹和翻譯亞洲文學作品的重要性，提出了培養高水準翻譯者的具體方案。他的提倡反應了國際筆會的主題——東西文學的相互交流，最後被納入大會的五大決議之中。司馬桑敦在〈記國際筆會東京大會〉仲介紹了大會的五大決議，強調說：「大會討論的結論，也就偏注於做為交流方法的文學翻譯工作上面。」從司馬的文章中我們可以知道他與唐納金一樣，對翻譯工作非常重視。

一九五七年仲春，攝於東京新宿御苑。

國際筆會的第二年，司馬桑敦就翻譯了唐納金的文章《戰後日本文學與政治》，一九五八年十二月，在《聯合報》上連載了六次。唐納金的日本文學研究始於二戰後，一九五三年曾在日本京都大學留學，他的第一部研究專著《日本人的西洋發現》英文版問世於一九五二年，第一部日文著作《碧眼太郎冠者》（中央公論社）出版於一九五七年。《戰後日本文學與政治》發表在一九五七年美國外交協會編輯的《*Japan between East and West*》一書中，出版後，即刻被日本朝日新聞社翻譯成日語，於一九五八年十月以《東西の谷間日本》書名出版，而司馬的翻譯僅在同年十二月就已見《聯合報》上，可見他對唐納金非常重視，反應非常迅速。司馬桑敦的翻譯，在台灣也是最早的唐納金介紹，這一事實在台灣現代文學研究史與比較文學研究史上，應具有一定的意義。

《*Japan between East and West*》所收的論文大多以論述日本政治與外交為主，唯有唐納金的論文是介紹和論述日本文學的，司馬桑敦選擇了唐納金的論文表明他對日本戰後文學的關心。他在譯文的前面首先表明了翻譯的動機：「譯者所以譯它的動機，正如其原題所表示的，因為它不但直接的介紹了戰後日本文學與藝術上的動態，同時也分析了這些動態對於政治的影響。這和譯者在其他通訊中經常希望提示出來的日本政治動向的思想背景的這個命題，很為接近。」[29] 做為一個小說家，司馬桑敦對日本文學，特別是戰後文學很是關注；同時做為一個政治記者，又必然地對日本的政治與思想抱有興趣。必須注意的是，在司馬桑敦，文學和政治並不是兩不相干的事情，而是相輔相成，表裡相關的兩個方面。他對唐納金作了這樣的評價：「唐納金的觀察，可以說是很敏銳，很透徹。這篇文章，把它當做現代日本的文明批評讀，或者當做日本政治論讀，皆

29 同註17，頁八五。

無不可。」[30]很明顯，司馬對唐納金的評價集中在文化與政治的關聯上，他的評價是很明快的。

司馬桑敦翻譯的著重點在三個方面：第一，日本一般讀者的意識；第二，日本作家的思想意識；第三，文學評論的傾向。對這三個方面，司馬已持有他自己的觀察與認識。翻譯唐納金，在一定的意義上是對他自己的觀點的印證與充實。所以他對唐納金的論文並不是無目的的全文翻譯，而是有所選擇的，在譯文中時而加進一些注解性的具體數字和解說，使讀者可以清楚地理解到他的翻譯的能動性、主體性。

第一個方面，日本一般讀者的意識。在「一般讀者傾向」一節中，唐納金詳細介紹了戰後日本一般讀者對書籍和雜誌的高度關心，同時分析這種關心的來由與政治的關係。唐納金首先承認日本人的讀寫能力是世界第一位的，指出「形成日本人這種讀書癖的原因之一，恐怕應該是由於「過了分的文化尊重」之故。[31]他將這種傾向與另一種相反的現象——對「知識分子文化」採取嘲弄態度——相對比，給予了肯定的評價。但同時也注意到這個傾向所導致的一個結果，即容易過分地信用那些所謂「文化人」的言論。實際上唐納金在他的分析中暗示了日本讀者的主體性的弱體化。

至於一般讀者與政治的問題，唐納金透過具體的書籍、雜誌的暢銷狀況，指出：「顯然大多數的日本讀者所以打開書本，與其說是為了它的政治的或者實際的內容，毋寧說是為了其文學的

---

30 同註29。
31 同註17，頁八八。

內容。不管從單行本、雜誌，抑或報紙看來，顯然的，在日本人的情趣上很難看出較明晰的政治傾向。」[32]唐納金所觸及的這種大眾的讀書傾向，在今天已經是一種普遍的現象，不足為怪。但在五十年代，六十年代，從共產社會傳播過來的馬列主義、社會主義思想對日本知識分子擁有強大的影響力，給日本社會的意識領域帶來混亂的狀況。唐納金在《戰後日本文學與政治》中也幾次提到日本的出版界和評論界都受著左傾思想的主宰，但在這種大勢之中，他仍然敏銳地洞察到一般讀者的本質，這種看法在當時可以說是大膽的，尖銳的了。司馬桑敦在翻譯中特別加上各家雜誌的具體發行數字以充實唐納金的觀點。

實際上，司馬桑敦在翻譯唐納金之前就已對日本的讀書傾向有了一番觀察，他在一九五七年的〈記國際筆會東京大會〉中，將歐洲和日本的作家作過一個比較，指出：

> 日本作家的條件，就比歐洲作家優越得多了。日本作家幸運得碰上了一個喜歡濫讀的讀者群，隨便一本無聊的小說，都會銷上十萬冊以上。反之，歐洲的出版市場，頂著名的作者，也不過六、七萬冊左右，出十萬冊便是暢銷了。[33]

司馬桑敦所說「喜歡濫讀的讀者群」與唐納金的「日本人對於任何印刷出來的東西，都有興

32 同註17，頁九〇—九二。
33 同註17，頁一四八。

趣閱讀」（《戰後日本文學與政治》）基本上都確實地捉住了日本讀者的傾向。而唐納金所分析的讀者的無政治性與「過分的文化尊重」，則對一般讀者的心理作了明晰的透視。

第二個方面，日本作家的思想意識。在「日本作家的生活活動」和「日本的老作家和新作家」兩節中，唐納金主要介紹了日本作家的情形，做為促進現代日本文學發展的重要因素，他觸及到翻譯文學，指出：「實際上，過去五十年間，翻譯文學對於日本的影響太大了。明治時代的作家們，開始在日本小說中加上了西方的心理描寫以及西方的技巧。今天的日本青年作家，大都自認為是明治時代文壇上帶來文學革命的那些人的繼承人，他們對於遼遠的祖先文化採取了一種漠視的態度。」[34] 再來看司馬，對於翻譯文學的問題，司馬也有一番見解。他指出：「日本現代文學受歐洲的影響太大，日本出版市場上也是歐洲、美國的譯作最多，……戰後日本文學中充滿了從屬於歐洲作品的氣氛的」。[35]（〈國際筆會東京大會〉）同樣是日本接受歐洲文學的影響問題，唐納金注視的是對日本古典文化的漠視；而司馬則從中揭示出日本作家的從屬性問題。實際上，二者從不同角度提起了同一個問題，即民族文化的主體性的問題。

關於文學家的政治性問題是唐納金論述中最精彩的部分。司馬桑敦在翻譯中著重選擇了唐納金對文學家的分類及分析上，把這些內容集中在「日本的文學評論家和政治」一節中。唐納金將戰後的日本作家分為兩個部分：一部分是「比較有地位的作家」，他們對於政治不會無條件的

---

34 同註17，頁一〇三。

35 同註17，頁一三六。

服從，他們更多地關心的是「他們自己作家的地位」。另一部分則是戰後登場的年輕作家，他們「大都政治意識很強。小說中生硬的寫了些論文一般的東西進去。……大都左傾作家的文章，都是糟透。」[36] 唐納金還指出大多數日本的知識分子的政治態度是很曖昧的，他說：「所有的大雜誌，幾乎都有一套政治性的編輯政策。作者自然的也就跟著這套政策跑。」[37] 他們會隨著邀稿方面的政治色彩來改換自己的態度。唐納金對日本作家、知識分子雖然沒有作明顯的批判，但他的語氣中已多少帶上了諷刺，暗示日本知識分子的無主體性。

第三個方面，文學評論的傾向。對於這個問題，唐納金分析了日本文學評論界的馬克思主義公式化的傾向，指出：「目前，在日本的文藝批評上，馬克思的公式代替了當年崇拜天皇的公式。……說老實話，日本作家有一種不懂政治而喜歡談政治的壞毛病，而一般讀者們，唯因其為小說家或者劇作家，也就容易輕信他們的胡亂云云。……日本小說家、詩人，是極端自由的。他們只要心順，是什麼政治路線都可跟著走的。」他還舉了一個例子來充實他的觀點：「和老自由主義者安倍能成一道訪問中共大陸回來的一位日本小說家，曾對學生聽眾說：『北平的大學生，讀書不愁沒有學費，一天吃三頓飽，畢業後就有事可做。請問你們日本學生怎樣呢？』下面的學生立刻呼應著喊道：『我們沒有這麼好！』這種語調，假若出自一個左傾的教育家為情尚可，但

36 同註17，頁一〇四。
37 同註17，頁一〇八。

是，做為一個小說家，卻不免令人覺得太有些過分了。[38] 唐納金在這裡批判了日本作家在政治意識上的輕率。

安倍能成是日本現代評論家，一九五四年九月曾以「中國訪問學術文化視察團」團長的身分，率十五個日本文化人訪問中國。和安倍能成一道訪問的日本小說家是誰？司馬在這部分的翻譯中加上了注解：「小說家石川達三訪莫斯科、北平歸來後，便經常串演這一套。但石川達三人們皆知他是一個自由主義者。」司馬從唐納金的文章聯想到石川達三。關於石川達三，司馬桑敦已在一九五七年題為〈新聞自由擊敗右翼〉的評論中就提及過，他說：「有一位小說家石川達三，到蘇俄及中國大陸旅行了一趟，歸來日本寫了一本《世界變了》的小冊子，他不知道從哪裡獲得了一股靈感，竟認為日本的自由過多了，意思在說自由過多反不若蘇俄、中共那樣自由不多的好。這個論法，當然在輿論界，引起了強烈的反應。許多自由主義的評論家，固然群起應論駁斥，而全國各地也展開了有記錄的討論。……結果，經過廣大多數的意見批判之下，石川達三的意見終竟被判為『謬論』了事。」[39] 石川達三訪中是在一九五六年，以「亞洲連帶文化使節團」副團長的身分歷遊了印度、埃及、蘇聯和中國。他回國後發表了隨筆《世界變了》，對日本的自由民主表示懷疑。石川達三的這篇文章引起了一場很大的「自由論爭」，特別是自由主義評論家臼井吉見與石川達三之間的爭論最為突出，論爭的交點在該怎樣把握自由的本質的問題上。司

38 同註17，頁一一〇。

39 《江戶十年》，頁四一九—四二〇。

馬桑敦在〈新聞自由擊敗右翼〉中提及這場爭論，並在同一文章中提到臼井吉見對日本共產的批評，這些都表明他對當時自由民主意識在日本文學界的反應是十分關心的。他從石川達三的文章中洞察到日本知識分子在政治意識上的曖昧性和主體性的缺乏。他翻譯唐納金時，自然也就很敏感地對共同關心的問題發生了共鳴。

上面所列三個方面，實際上是文學與政治意識之關聯問題在一般讀者、作家、評論家，這三個方面的反應，這些問題貫穿了戰後日本的文化生活。司馬桑敦翻譯和介紹唐納金的文章，目的在於試圖透過第三者的觀察與分析更客觀地揭示戰後日本的文化現象和其本質，同時也反映了司馬桑敦所持的政治觀點與文學理念。

（三）凱斯特拉事件與司馬桑敦

一九六〇年，訪日本首相岸信介（左）。

五十年代末，東西冷戰給國際筆會及各國筆會、文學家、藝術家帶來了紛紜動亂、痛苦、困惑。在日本，國際筆會東京大會的第二年，即一九五八年日本岸信介政府提出了《員警官職務執行法》的修改案，引起了日本作家、知識階層和勞動階層的強烈反抗。緊接著發生了在日外國學者向日本筆會提出抗議的事件和凱斯特拉事件。這兩個事件是相互關聯而發生的，中心圍繞了俄國作家巴斯特納克（一八九〇－一九六〇）《齊瓦哥醫生》（*Doctor Zhivago*）事件。《齊瓦哥醫生》事件發生於一九五八年，在義大利亞出版的這部俄國小說被選定為諾貝爾受獎候補作品，但作者巴斯特納克卻受到了俄國作家同盟的批判，使他不得不自行辭退了諾貝爾獎，但就是這樣，他仍受到了剝奪作者同盟身分和驅逐出境的處分。對此西方各國提出抗議，國際筆會也表示了強烈的抗議。做為國際筆會的分會，日本筆會也發表了聲明，但出於各種顧慮，聲明只限制在表示注目和遺憾的程度上。筆會專務理事高見順也發表了談話，說：「關於巴斯特納克問題，就原則來說，也許是重大的問題，但我們要考慮到發表聲明後的反響。不論何時都一定要忠實於原則，這是否是賢明的作法倒是可懷疑的。」[40] 加之，在諾貝爾獎頒獎儀式的十二月十日，日本筆會邀請了莫斯科藝術劇團團員。對此，在日外國學者英國人塞敦斯提卡、美國人魯根道夫、毛理斯三人向日本筆會提出抗議，指責日本筆會對待人權和自由的原則性問題態度不夠鮮明。他們的抗議

40 《日本筆會三十年史》，頁二四五－二四八。日本筆會的聲明文：「今回のパステルナーク問題は文学の表現及び発表に関する注目すべき事柄と思う。これが国際的な政治問題として利用されることにわれわれは強く反対するものだが、純粋な文学的かつ言論的な問題としてパステルナーク事件を遺憾なことと思う。」

書分別發表在一九五九年三月一日的《英文每日》和《新潮》雜誌上。其間，日本筆會負責人松岡洋子、高見順與三人之間進行了幾次解釋和論爭。一九五九年三月初來日訪問的英國作家凱斯特拉看到《英文每日》上的抗議書，立即發表公開信，質問日本筆會秘書長松岡洋子，並拒絕出席日本筆會為他舉行的歡迎會。凱斯特拉的抗議把這場圍繞俄國作家巴斯特納克以及創作自由的爭論擴大到日本文化界，引起了報刊媒體的注目。

司馬桑敦很敏感地注意到了上述的爭論，一九五九年三月二十八日在《聯合報》上登出〈外國作家向日本筆會抗議〉的報導和評論。他在文章中，對上述論爭的來龍去脈作了詳細的報導，報導分四個章節：「向日本筆會抗議」、「凱斯特拉的公開信」、「松岡洋子的答覆」、「心理基礎的強與弱」。對在日外國學者的抗議，司馬桑敦指出：「這三個人所不滿於日本筆會的，乃是日本筆會形式上雖主維護創作自由，而實質上對於創作自由的基本態度，頗為曖昧，特別是，關係蘇俄作家巴斯特納克的處境，日本筆會表現的態度，毋寧是值得令人懷疑的。」[41]很明顯，司馬桑敦透過在日外國學者的抗議，察覺到本質性問題就在於對自由與人權的態度上。他具體地引用了日本筆會曾對巴斯特納克事件所發表的聲明，分析了聲明的不明朗性，指出：「這個聲明內容，確如魯根道夫等三人所抗議的，其用意究係指責蘇俄當局，抑係指責諾貝爾獎當局，真是無從理解。」[42]表示他對三個在日外國學者的贊同。

41 同註17，頁一五二。
42 同註41。

司馬桑敦在〈凱斯特拉的公開信〉中介紹了凱斯特拉對巴斯特納克事件的態度：「我（凱斯特拉）所關心的，只是：巴斯特納克有權利把他的作品在他本國出版，和巴斯特納克的同胞有權利對他的作品價值提出一些經過思索後的意見。假如對於這一點，都想逃避的話，那麼，我們就難得擺脫說我們是偽善的攻擊。」[43] 司馬桑敦在這裡所注意的問題與對待魯根道夫等三人的抗議一樣，都集中在維護作家的言論自由的一點上。

與魯根道夫、凱斯特拉的觀點形成對照的是日本筆會秘書長松岡洋子的答覆。答辯信發表在《每日新聞》上，今天我們閱讀這封信，字裡行間透露著日本筆會的苦心，和過於偏重日本的立場。總的來說，日本筆會所借鑑的是二戰中的遭遇：日本筆會受國際筆會的要求對日軍轟炸重慶提出抗議，結果因此遭到日本政府的壓迫，不得不解體。因此日本筆會強調對於維護創作自由的原則上他們與凱斯特拉並無差異，所不同的只在於維護的方法上。基於戰時的經驗，筆會對《齊瓦哥醫生》事件顧慮了二點：一點是日本筆會的抗議是否會給巴斯特納克帶來更大的犧牲；另一點是國際性的抗議會損害筆會憲章中提到的「各國家間的善意的理解與相互尊重」。[44] 他們強調「抗議所導致的結果必然地會含有政治的一面」，因此要深重考慮。日本筆會的這番謹慎與一九五七年國際筆會東京大會上對匈牙利事件的態度基本上時一致的。其背景自然離不開二戰時的經驗以及一九五六年以來日本與蘇聯及國聯的關係。日本筆會的觀點與魯根道夫、凱斯特拉有

43 同註17，頁一五六。

44 〈對凱斯特拉的回答文〉，一九五九年三月五日《每日新聞》第八面。

著很大的距離，在對原則的理解和背景、體驗上雙方都很難接近。

司馬桑敦在〈松岡洋子的答覆〉中介紹了松岡洋子的答辯信的大意，他基本上同意魯根道夫、凱斯特拉的觀點，指責松岡洋子的信：「更加重的暴露了日本文化人的無勇和對自由堅持上的逃避責任。」[45]並指出這場爭論使「日本作家，引伸來說，日本一般文化人的良心和良知，真正的遭遇了一個嚴重的挑戰。」[46]

日本筆會對巴斯特納克事件所發表的聲明是否不夠堅決？我們可以從日本筆會編輯的《日本筆會三十年史》中看到當時的記錄。據記錄，凱斯特拉與日本筆會論爭後，日本筆會曾將此事連同有關資料統統向國際筆會會長安德烈・相松和書記長得比特・卡巴作了彙報，對此，國際筆會書記長在答覆信中指出日本筆會對巴斯特納克事件提出的聲明確實很曖昧，很難揣摸其真意。又指出，高見順所用「原則」一語也是欠妥的。[47]可見，從當時的國際意識的角度來看，日本筆會對巴斯特納克事件的態度確實存在很大的偏頗，他們的主張偏重於日本式思維，致使歐美各國及亞洲其他國家的作家難以理解。魯根道夫、凱斯特拉的認識是很尖銳的。

在言論自由和尊重人權的原則性問題上，日本與其他國家之間的差異來源於哪裡呢？司馬桑敦透過這次論爭注意到戰後日本的現狀、日本人的心理和日本知識分子的弱點，力圖從民族心理

45 同註17，頁一五七。
46 同註17，頁一五四。
47 《日本筆會三十年史》，日本筆會，一九六七年，頁二五一。

的深度認識日本知識分子的態度。他在「心理基礎的強與弱」一節中介紹了《朝日新聞》的一篇評論〈知識人的強與弱〉。這篇評論透過日本筆會與魯根道夫、凱斯特拉的論爭引伸分析日本知識分子與西方人的經驗和心理上的不同。第一點是個人的意識在集團中的薄弱。第二點是日本人的左翼經驗沒有歐洲人豐富，容易符合雷同。第三點是日本人的良心的原動力是一種感情性的同情，缺乏具體行動的力量。[48] 這篇評論可以說在當時眾多的維護日本筆會的評論中[49]，對日本人心理的分析是比較客觀的。

司馬桑敦在「心理基礎的強與弱」中引用了《朝日新聞》評論的一部分，表示同意該評論的觀點，繼而指出：

> 日本人的良心的源泉，只是一種感情上的同情，沒有行動因素的。反之，西方人的良心的源泉，是和社會有著結合的，他們感情的客體是：秩序、法理、正義。日本人之勇，容易表現在集體時，因為他們個體無力，一旦孤立為個人，就無從發揮了。
>
> 日本文化人中缺少一種承認知識為力量的傾向，所以，他們就處處顯得不夠有勇氣，特別是，當國際政治上布滿了「恐怖」的氣流時，這種不夠勇氣的弱點，便顯得格外的清楚。[50]

---

48 〈知識人的強與弱〉，一九五九年三月七日《朝日新聞》第二面。

49 如日本作家芹澤光治良的〈其特殊的立場——論日本筆會的事情〉等，是本著維護日本的立場的評論。

50 同註17，頁一五八—一五九。

司馬桑敦的這番論述基本上與《朝日新聞》評論的立場相同，但同時也表示出他自己的認識。他重視了勇氣與知性、勇氣與個性的關係，日本人的流於感情、個性薄弱是導致缺乏強烈的行動性勇氣的重要因素，這是司馬桑敦所指的日本人的心理基礎。

國際筆會東京大會以來，司馬桑敦注視的幾個事件：匈牙利事件、巴斯特納克事件、凱斯特拉事件，都關聯了創作自由、表現自由和人權問題。如何對待這些問題，又是對所有知識分子的良心和勇氣的檢驗。司馬桑敦的報導和評論從一九五七年的〈記國際筆會東京大會〉到一九五九年的〈外國作家向日本筆會抗議〉，始終以自由與人權問題為中心，從民主主義的立場，對日本社會和文化界作了一番細緻的觀察和分析，其中加進比較文化的視角，特別是〈外國作家向日本筆會抗議〉中更加上了對日本人心理基礎的分析，對日本社會和文化的洞察可以說又深進了一層。

四、文化認識雙重透視與實踐——〈藝妓小江〉提示的問題

司馬桑敦對日本社會、文化的觀察多顯示出雙重視點透視的模式，它包括了時間的縱向性和空間的橫向性，時間的縱向性指「過去留下來的和現在存在的」[51]；空間的橫向性則指觀察者和

51 薩伊德（Edward W. Said）著、大橋洋一譯，《知識分子論》，平凡社，頁九八。引用者譯。

被觀察者的所屬地域，以及第三觀察者的所屬地域。實際上這種模式是自我放逐的知識分子所特有的。司馬桑敦在日生活二十三年，雖然對過去的戰爭及日本帝國主義的憎恨終生耿耿於懷，對戰後日本知識分子的心理的脆弱性冷澈分析，但他並非全盤否認日本文化，相反卻是非常重視。他透過各種機會仔細地觀察日本，發現日本不同於中國的特性。短篇小說〈藝妓小江〉及幾篇日本旅遊記反映了司馬桑敦對日本文化的雙重透視性認識，是他嘗試描寫異文化的具體實踐。

〈藝妓小江〉在短篇小說集《山洪暴發的時候》中是唯一一篇描寫日本的作品。在《山洪暴發的時候》〈寫在前面〉中司馬桑敦寫道：「我是儘量的使用了一種文學學徒應有的自由態度寫作了的。我在這幾篇小說裡開始探索著由一個樸素的人的立場去寫一個『人』，避開了那些約束人的目的主義或理性主義的觀念。」[52] 這裡所涉及的「目的主義或理性主義的觀念」針對了五十年代台灣的「戰鬥文學」所代表的政治意識。司馬桑敦對「戰鬥文學」的質疑、抵抗實始於五十年代，[53] 東渡日本後自由民主意識的增長促使這種反思愈見明顯。〈藝妓小江〉寫於一九五七年國際筆會東京大會之後，特別明顯地表現了司馬的自由民主的意識。關於這篇小說，筆者已在〈台灣作家司馬桑敦與日本——以〈藝妓小江〉為例〉[54] 一文中主要圍繞兩個問題作了具體的分

52 同註9，頁三。

53 藤田梨那，〈暴力與人性的對峙——論司馬桑敦《山洪暴發的時候》〉，《世界華文文學的新世紀》，吉林大學，二〇〇六年。

54 藤田梨那，〈台灣作家司馬桑敦與日本——以〈藝妓小江〉為例〉，《東亞現代中文文學國際學報》創刊

析和論述。第一個問題是本作品所依據的史實——藤村操的自殺的問題。第二個問題是小江的人物形象與美國作家約翰朗（John Luther Long）《蝴蝶夫人》（*Madame Butterfly*，一八九八年）的關聯。透過分析所達到的結論是：小江的人物形象受了《蝴蝶夫人》中蝴蝶夫人形象的啟發，她表現了日本女性忍辱、獻身、真摯不渝的愛情，這種愛情以超時空、超理性為其特點。有關這兩個問題在此不再重複，本論文準備探討的是由這兩個問題延伸出來的更深的課題，即〈藝妓小江〉中提示的作者對日本文化的雙重透視的深層認識和其具體表現過程的問題。〈藝妓小江〉中的關鍵詞是「長崎」、「日光」、「自殺」、「偶然」。這部作品的「傳奇性」[55]也源於這幾點。雙重透視的視點包括描寫日本的美國作家與日本作家的幾個作品，以及作者對日本風土人情的觀察。

（一）從風土環境理解文化形態

司馬作品中一個不能忽視的特點是地名的意義。〈藝妓小江〉中出現的「長崎」、「日光」就是一個明顯的例子。如〈台灣作家司馬桑敦與日本——以〈藝妓小江〉為例〉所論，「長崎」與「日光」以約翰朗《蝴蝶夫人》為中軸，以小江的形象塑造為目的，發揮有機性的關聯和象徵

號，二〇〇五年。

55 隱地，〈評論《山洪暴發的時候》〉，《雪鄉集》，美國長青文化公司，一九九二年。

意義。〈藝妓小江〉的寫作直接地受了約翰朗《蝴蝶夫人》的影響。《蝴蝶夫人》（一八九八年）以美國人的視點來看日本女性，其性質屬於東方主義文學。但司馬桑敦在構思日本藝妓形象時參考的作品並不只限於此，目前可以探索到的至少有以下幾篇：

賽珍珠（Pearl. S. Buck），《愛國者》（*The Patriot*），一九三九年；

林芙美子，《放浪記》，一九三〇年；

岡本かの子，《老妓抄》，一九三八年。

〈藝妓小江〉以戰後的東京與日光為舞台，女主人公小江為了挽回自己的戀人，七次相約去日光旅行，但她七次都被爽約了。第七次，「我」偶然與小江同行去日光，被小江的執著、真摯的愛情所感動。「我」最後目睹小江投身華岩瀑布。小江固執的戀愛觀是：「愛情就是愛情。沒有條件，沒有分類和程度，也更沒有時間和空間。」[56]小江這種愛情拒絕理性的價值觀，拒絕客觀的分析，近乎一種「玄學」[57]即形而上學的思惟方式。但這正代表了她的人生態度，也代表了日本民族的心理特性。這種人生態度與作品中涉及的地域有著密切的關聯。執著、忍辱、真摯、捨身的人生態度可以在蝴蝶夫人身上找到，同樣也可以在上述三篇作品中找到。

56 同註9，頁一一四。
57 同註56。

上述三部作品中，除了岡本かの子的《老妓抄》以東京為舞台以外，其他兩篇都是以九州為舞台的作品。司馬桑敦在他的旅行記〈西南紀行〉中對以上作品有所涉及。一九六二年司馬桑敦周遊日本九州時涉足了北九洲、福岡、長崎、鹿兒島、櫻島等地方。在長崎，他參觀了格拉巴公館，體驗了約翰朗寫作《蝴蝶夫人》的靈感。〈西南紀行〉為我們揭示了〈藝妓小江〉開首的地名「長崎」的秘密。在櫻島，司馬桑敦特意拜訪了日本女作家林芙美子的故鄉，他在旅行記的「地震山搖火山口，紅顏荒塚草木哀」一章中這樣寫道：

我由鹿兒島趕搭一班最早的渡船去了櫻島。我由一個叫垂水的市鎮改搭巴士去了一下古里溫泉。古里溫泉是日本已故女作家林芙美子的故鄉，在這裡有她的紀念碑，上面由好事者題了一句話：「好花命短而多苦」，其實也就是佳人薄命的意思。林芙美子是一個私生子，她的成名作《放浪記》寫盡了她的奮鬥與放蕩的生活。她曾在剖白她自己身世時說出來她的哲學：「私生子也應該活下去，我應該為活著而活下去！」

這是一種單純的不為世俗觀念所拘束的生存態度，也許有人喜歡把它解釋為一種鬥爭的與反抗的意識，但，當我看到櫻島，領略到櫻島的氣氛，我覺得這種生存意識也許正可解釋為生活另一面的虛無主義。[58]

58 同註17，頁七八。

從上文可以判斷司馬桑敦在遊九州之前就已讀過林芙美子的《放浪記》。《放浪記》是林芙美子的自傳性的長篇小說，以日記的形式記述了她曾經度過的貧困、掙扎、流浪的生活，充滿了失落、絕望和虛無的氣味。文中「好花命短而多苦」一句原本是林芙美子寫過的一段詩句，以花的短命象徵人生，這一段詩句反映了林芙美子的人生觀和審美觀。櫻島是九州地區著名的活火山，至今仍在間斷地暴發。司馬桑敦身臨櫻島的自然環境對林芙美子的人生觀加深了理解。「私生子也應該活下去，我應該為活著而活下去！」司馬桑敦沒有將林芙美子的這句話當做無政府主義的反抗，而把它看做是否認規範，否認觀念價值的虛無主義。

在同一篇旅行記中，司馬桑敦還提到了賽珍珠的《愛國者》。他寫道：

> 由林芙美子我聯想到賽珍珠所著《愛國者》中的那位日本女主人公。她就是九州人。她的生活藝術中所含有的那種應變與堅忍的哲學，便明顯的與地震、火山暴發，以及颱風有著密切的關聯。也唯因如此，她在最大寂寞之時，會想到自殺，因為唯有自殺在她的生命觀念中有一種結果，有一種位置，除此以外便任何東西都不存在了。[59]

賽珍珠曾長期逗遛中國，《愛國者》描寫了中國青年吳伊萬一九二七年蔣介石肅清共產黨時逃亡日本九州，與日本女子木村珠結婚，上海事件後又隻身回國抗日的一段故事。這篇作品寫

59 同註17，頁七九。

於一九三九年，正值美國軍政方面注視日本，開始掀起一個日本研究熱，又正值賽珍珠獲諾貝爾文學獎（一九三八年）之際，《愛國者》是獲獎後的第一篇作品，在美國很受歡迎。《愛國者》中描寫了兩個自殺事件，一個是大資本家木村的第二個兒子木村秋雄與戀人澄枝的自殺；一個是木村珠的自殺未遂事件。木村秋雄是大資本家的兒子，他父親為他定下了門當戶對的婚姻。但他偏愛上了妓樓裡的澄枝，兩人彼此相愛，他們必然地遭到父親的反對，不能結婚。在孤獨和苦惱中，他們選擇了一起自殺的結果。木村珠是木村家唯一的一個女兒，她熱愛著吳伊萬，但她父親已為她定下與日本將軍的婚姻。為了抵抗父親所定的婚姻，木村珠最後以護身刀割手腕試圖自殺。這個行動迫使父親不得不讓步。作品中寫道：「父親固然是非常頑固的，但他終於從女兒的血中知道女兒的頑固一點也不次於自己，女人頑固起來是無法對付的。」[60] 木村珠付出了流血的代價終於與吳伊萬成婚了。

在三十、四十年代，《愛國者》的重要意義在於其中多描寫了日本人的感情表達方式和生死觀以及日本特有的自然環境，突出了島國日本的特異性。賽珍珠在作品中特設了名為「地震」的一章，描寫了長崎大地震的情形。大地震突如其來，大地搖動，房屋倒塌，海嘯沖蕩，吳伊萬的新家被摧毀了，劇烈的震蕩使吳伊萬幾乎站不住腳，不禁失聲大叫，但木村珠卻非常鎮靜，只安靜地說了一句話：「好了，我們得救了。」作品中描寫她的態度：「她好像不知道她可愛的家在

60　賽珍珠著、內山敏譯，《愛國者》，改造社，一九三九年，頁二六一。

她的背後已成了一堆廢墟似的泰然地坐著。」[61] 在房屋倒塌，親人失散的狀態中，所有的日本人都如木村珠一樣鎮靜、沉默。在中國人吳伊萬眼裡，這是一個異樣的狀態，他稱之為「沉默的奇跡」。作品中寫道：

> 珠的姿態至今還記得很清楚。她那女性的快活背後似乎有一種可以斷乎捨身的東西，那是一個與希求或不希求無關的什麼東西。像孩子一樣愉快的這些人們的心裡總有一個在關鍵時刻能夠付與忍受一切力量的頑強的覺悟。
>
> 這個島國的人們經受過對付比人力大得多的巨大敵人的訓練。他們一直與地震、火災、颱風奮戰。這個可怕的敵人不斷地訓練了他們。[62]

這裡吳伊萬對日本人的驚異與觀察深入到日本人的心理，這無疑表現了作者賽珍珠對日本的觀察與感受。日本人的外表的快活與內心的堅忍來源於他們的生死觀，而培育這種生死觀的土壤就是這個島國的自然環境。從風土的角度觀察不同地域的文化，這並非始於賽珍珠，一九三五年日本學者和辻哲郎出版《風土》一書，從風土學的角度論述了日本文化的性質。一九四六年美國學者露絲·本尼迪克特（R. Benedict）發表《菊花與劍》，論述了日本人的特質。《愛國者》則

61 同註60，頁三二七。
62 同註60，頁三三〇。

以文學的形式具現了日本文化的特色。

司馬桑敦涉足九州，感受這塊時常遭遇地震與颱風襲擊的土地的風土氣味，使他對《愛國者》和《放浪記》中的日本人的人生哲學有了深切的理解。和辻哲郎在《風土》中曾分析颱風的兩面性質與日本人心理的關係時指出：「颱風的季節性和突發性反映了人們生活的兩面性。即豐富的濕氣給人們帶來富饒的食物，同時暴風雨和洪水又給人們帶來莫大的威脅。」這樣的自然環境給日本人的氣質帶來了兩面性，即「培養了日本人的即崇尚感情的昂揚，又忌諱執拗的氣質。以櫻花來象徵這個氣質是深有意義的。這表示即急劇、匆忙、華麗地開放，又絕不過於執拗地持續，依然匆忙、恬淡地落去。」[63] 日本人的特殊性格：反抗與忍從、激揚與沉默、好戰與放棄，這樣互相矛盾的感情時常突然交替，而這突變中又顯示了日本人特有的審美觀。這正與司馬桑敦所說的「那種應變與堅忍的哲學」相印證。很明顯，司馬桑敦從風土的角度深入到文化認識層面，他一方面透過美國和日本作家的作品理解日本人的生死觀、審美觀，另一方面又透過實地考察，體會風土與文化的辨證關係。

〈藝妓小江〉中的日光是明治時代藤村操自殺的地方，又是熱愛藤村操的小江消失的地方。小江的戀愛觀、執著與放棄的突變反映了日本人特有的人生觀，而作品中的「長崎」與自殺名地「日光華岩瀑布」正是以風土襯托了日本人的特性和感情，暗示了風土培植文化的道理。

---

63 和辻哲郎，《風土》，岩波書店，一九二五年，頁一六二─一六四。

（二）「偶然」在作品中的意義

〈藝妓小江〉中「偶然」一詞很值得注意。「偶然」首先在作品開首出現：

在長崎的一間酒居的一個夜晚，一個喝醉了的日本詩人，偶然的告訴了我下面這段故事。[64]

「偶然」一詞在作品中出現了十七次。主敘者「我」在電車站上與小江相遇是一個「偶然」；「我」和小江同行去日光是一個「偶然」；兩人分手後，在日光的高空纜車上相遇又是一個「偶然」；在旅館裡不期而遇也是一個「偶然」；小江失蹤後「我」得知小江的戀人藤村操五十多年前自殺於日光也是一個「偶然」。「我」與小江的故事自始至終都以「偶然」貫穿著。作者對「偶然」並沒有作任何解釋，若不加深思，一閱而過，大多不會注意到作者的用意。反之，有些地方「偶然」以重疊的形式出現，反而給作品帶來生硬、單調的感覺。但我們需要思考的問題是作者為什麼如此執著於「偶然」一詞？「偶然」與他的寫作意圖有何等的關聯？

〈藝妓小江〉中「偶然」的用例可分為兩中情況：一種是登場人物不期而遇的場合；一種是表示心理狀態的場合。第一個場合，「我」幾次意外地與小江相遇，感到非常奇異，幾乎被

64 同註9，頁一〇五。

置於「既現實也虛緲的幻覺中」[65]，而對此小江的解釋就是「偶然」。如筆者在〈台灣作家司馬桑敦與日本〉一文中所論，其實小江與他的戀人藤村操都是精靈現身，並非現實的活人，他們穿越時間和空間，在東京和日光之間與「我」相遇。因此，「偶然」在此起了強調故事情節的傳奇性的作用。第二個場合，表示著小江的不可思議的心理。小江忽而固執地等待戀人，忽而又轉來與「我」相會，她解釋自己的心理道：「偶然，我心血來潮了，我便上來了。是的，又是偶然。」[66]對此，「我」的反應是：「我簡直為她這個玄秘的人生態度驚倒了。」[67]這裡，「偶然」表示了小江的人生態度。「我」稱它為「玄秘的人生態度」。對小江的戀愛觀，「我」也曾稱為「玄學的說法」。這些都表示了小江對人生和戀愛的拒絕理性分析的思考模式。這裡刻劃出小江的任性、固執的形象。值得注意的是在小江的固執中隱藏著「認真」、「忠實」、「嚴肅」，一種堅不可摧的意志。這正是司馬桑敦刻意描寫的日本人的特性。

司馬桑敦在〈西南紀行〉中涉及了林芙美子的《放浪記》和賽珍珠的《愛國者》，指出她們的共同點，即都與九州有關，日本人的人生觀與地震、颱風、火災有密切關聯。在關聯到日本風土時，司馬桑敦已意識到了「必然」與「偶然」的關係。他屢次使用「偶然」這個字眼。他寫道：

65 同註9，頁一一九。
66 同註65。
67 同註65。

我是一個大陸人，我無由理解在這麼一塊經常地震、地鳴與火口噴煙的火山島上居民的歷史意識如何，但是，至少，我想到，在任何人向權利、制度、倫理，都無從控制的自然恐怖下，人們唯一的現實態度只是生存的虛無主義而已。在這種空間生長出來的人，「偶然」以壓倒的優勢占領他們觀念中的任何「必然」，他們無所追求，也無可追求。[68]

很明顯，司馬桑敦在理解、認識日本的過程中意識到了風土、自然環境對文化所起的決定性作用。他將日本特有的地震、颱風、火災等自然現象歸納為「偶然」，在「偶然」與「必然」的勢力較量中透視日本人的心理。

「偶然」做為一個哲學的命題，早已被東西方的思想家、哲學家論述過。[69] 在哲學的範疇裡，「偶然」的最基礎的定義是：「獨立的二元之邂逅」。有關偶然性的論述涉及了許多角度，理論分枝煩瑣，本論文不準備更多涉及。本論文重視的是：自一九三五年到五十年代在日本曾有過的「偶然」論之熱。這一事實是否給司馬桑敦一些啟發。一九三五年日本作家中河與一發表題為〈偶然的毛毯〉、〈偶然文學論〉的兩篇文章和專著《偶然與文學》。[70] 他從文藝的角度，批

---

68 同註17，頁七九。

69 亞里士多德稱「偶然」為「邂逅」；柏拉圖和叔本華稱「偶然」為「二元的邂逅」；柏格森、尼采也都有有關「偶然」的論述。

70 中河與一，〈偶然的毛毯〉，《東京朝日新聞》，一九三五年；中河與一，〈偶然文學論〉，《新潮》雜

判了當時日本流行著的唯物辨證法的現實主義傾向，指出唯物主義的必然論不能把握充滿驚異和不可思議的現實世界。他推崇尼采、紀德、柏格森的偶然論，站在唯心論的立場，主張「在我們的生活中，無論主觀也好客觀也好，唯一存在的不過是不可見的偶然而已。」[71]即，世界的本質就是一個偶然。偶然論所追求的是「真實中的不可思議和不可思議中的真實」，他說：「最高的藝術應追求真實的不可思議，深入虛實的深奧之處，開示審美的世界。所以，當今不論是解釋現實主義還是理解浪漫主義，都需要從偶然論入手。」[72]中河與一的偶然論引起了一場爭論。與此同時在哲學和風土學領域裡也出現了有關偶然論的論著，一九三五年和辻哲郎在《風土》「藝術的風土性格」一章中從風土學的角度論述日本詩歌，他認為日本詩歌中的「連句」的格式與詩歌意象都是「偶然」的藝術性統一的產物。[73]哲學家九鬼周造亦出版《偶然性的問題》[74]一書，他繼西方哲學的偶然論思想，進一步嚴緊地系統地對「偶然」的問題作了分析和論證。值得注目的是九鬼周造特別從風土、歷史和文藝的角度重視了「偶然」的存在。他在書中特別設了「歷史與偶然」和「偶然與藝術」兩節來論述偶然的問題。在「歷史與偶然」中他寫道：

誌，一九三五年；中河與一，《偶然與文藝》，第一書房，一九三五年。

71 中河與一，〈偶然的毛毬〉，頁一〇九。

72 同註71，頁一一九。

73 《風土》，頁一九四。筆者譯。

74 九鬼周造，《偶然性的問題》，岩波書店，一九三五年。筆者譯。

自然科學偏重於對法則的合理性、必然性乃至蓋然性的關心。反之，對於歷史學來說事實的非合理性、偶然性才是具有不可忽視的生命的。例如對於暴風雨，自然科學力求尋證法則性的必然性乃至蓋然性。考慮水陸分布關係、天氣、溫度、氣壓的變化等等因素，引導出在一定的條件下同樣的暴風現象會反覆出現的必然性和最大蓋然性。自然科學的關心點在於暴風現象的抽象的週期性上。企圖從中找出預知未來的可能。反之、對於歷史學來說某年某月某日某地發生的暴風只是在它的一次性中存在著具體的問題。元寇襲來（一二八一年）時，龜山上皇向伊勢神宮祈願，願以身殉國。弘安四年（一二八一年）閏七月一日鷹島附近發生暴風，使元軍數萬全軍覆滅於大海之中。這次暴風被稱謂「伊勢神風」，成為史上特筆大書的偶然事件。歷史的非合理性以時空的一次性為基點，具體的限定性為背景，是偶然性的現象。[75]

這裡以自然現象為例，論述了自然科學與史學的不同意識。強調「偶然」在歷史和人們生活中的意義。九鬼周造的偶然性論述的重要意義在於從自然現象、風土現象導出「偶然」的歷史所與性，從「偶然」的歷史所與性延伸到對文化藝術的洞察。在這一點上他與和辻哲郎的哲學基點十分接近。

在「偶然與藝術」中，九鬼周造涉及到中河與一的偶然論，以贊同的觀點引用了中河與一的《偶然文學論》中一部分論述。同時闡述了自己的觀點。他認為藝術是將自己與偶然性相關照的

75　同註74，頁一三八。

當下性的文化形態。[76] 他將藝術與偶然性的關係分為兩點，一是藝術構造的偶然性；一是藝術以偶然為對象的特性。他指出：

藝術的自由意味著相對於一切必然的自由。在突隱突現的藝術的絕對自發性中才會有靈感與冒險的偶然性存在。……自然現象中的偶然性是難以預知的，不拘法則的，那當中有它的個性與自由；有生命的放縱、肆意的遊戲。這生命與遊戲是美的。這潑剌的超逸性所引發的驚異是能夠感動人的。[77]

九鬼周造將偶然性的感情當價界定為「驚異的情緒」[78]，從這個基點出發，藝術的對象與內容就偏重於對「偶然」的驚異與感動，「奇遇」、「奇緣」、「傳奇」等都可以說是偶然性的「驚異的情緒」在文學上的表現，這個特性明顯地表明瞭藝術與「偶然」的內在關聯。中河與一也強調「藝術應該重視偶然的契機，傳播美的感動。」[79] 對於藝術和偶然的內在關聯的問題，九鬼周造、中河與一的認識基本一致。

76 同註74，頁二二一。
77 同註74，頁二二二。
78 同註74，頁二一五。
79 同註71，頁三三七。

九鬼周造、中河與一，和辻哲郎同在一九三五年論述了偶然性的問題，而且他們幾乎不約而同地將風土、自然現象作為論證的實例。在日本文學界雖然「偶然論」並未成為主流，但它呼應了當時的日本浪漫主義文學，對現實主義文學提出根本性的質疑。中河與一始終堅持自己的觀點，一九五〇年發表了小說《失樂之庭》，以此嘗試了他所說的「非合理的美學」[80]創作，一九五二年發表隨筆《非合理的美學》，再次闡述偶然論文學。一九四八年八月，日本著名物理學家湯川秀樹與文藝評論家小淋秀雄曾在《新潮》雜誌上以「關於人的進步」的題目對談，內容也涉及到偶然論。這些論述的目的雖然在於對「偶然」的論證，但另一面又揭示了日本文化的背景與本源。

司馬桑敦在〈西南紀行〉中再三涉及到「偶然」，或許與日本的「偶然」論有關，並非出於偶然。目前尚未能夠確著司馬桑敦是否讀過他們的文章，但作為《聯合報》記者、一個在東京大學攻讀碩士、博士課程的知識分子，對當時的文化動向自然會是十分敏感的。上述文章登載在《新潮》、《改造》、《中央公論》等雜誌，及《東京朝日新聞》，都是司馬桑敦最熟悉的刊物，大多在他的《戰後日本文學與政治》（一九五八年）中提及過的。而九鬼周造、和辻哲郎的著作又是當時知識分子們的必讀之書。因此我們可以推測他的日本文化認識中一部分接受了偶然論的影響。〈藝妓小江〉中「偶然」代表了小江的人生態度，同時也提示了日本人的生死觀、人生觀及日本文化的特質。

80 中河與一，《非合理的美學》，《改造》雜誌，一九五二年，頁一四四。

司馬桑敦出於認識日本文化的目的，關注了賽珍珠的《愛國者》、林芙美子的《放浪記》、約翰朗的《蝴蝶夫人》，從外國作家和日本作家的不同角度了解日本人；他又涉足九州等地，體驗日本風土，摸索到大自然的偶然現象給日本人帶來的精神上的影響。這樣一個文化認識過程呈現出外圍與內面、風土與文化、過去與現在的雙重透視的模式。司馬桑敦對「偶然」的強調與三十年代到五十年代日本科學界、哲學界、文學界同時出現的「偶然論」相吻合，暗示了他的「偶然」論的理論背景。從這樣的角度來看，我們可以將〈藝妓小江〉定位為對日本文化的雙重透視的文學實踐。作品中「偶然」的使用雖不免有過多重複的缺點，但作者的意圖在於暗示多重視角透視的文化特質，突出作品的傳奇性，烘托日本女性的形象。

結語

司馬桑敦與日本的關係始於少年時代，戰後旅日，在日生活二十三年，即他的人生的一大半與日本密切關聯。在政治意識上他始終是反日的，但在文化認識上他是客觀的、民主的。二十三年的在日生活對司馬桑敦最有意義的是日本為他提供了一個介於東西之間的特殊的地政環境，他可以與軍人獨裁的台灣保持一定的距離，透過日本接觸美國的民主主義思想，觀察民主主義在日本的滲透與實踐，從日本考察周圍國家，如韓國，進而反思台灣。在學術和文學方面，日本可以說是一個相對自由的國度，司馬桑敦在日本接觸了東西各國的學者和文學家，唐納金的日本文學評論為他提供了認識戰後日本文化的重要線索。第二十九屆國際筆會東京大會也為他開闊了文學理念的世界，促使他確認了文學上的民主主義觀點。賽珍珠、約翰朗、林芙美子的作品為他提供了認識和描寫日本人的視角。北自北海道，南至九州鹿兒島、長崎的旅行，使他體驗了日本的風土，從風土的角度加深了對日本人、日本文化的認識。作為一個外國人，他對日本的認識由淺入深，逐漸接近文化的本質部分。小說〈藝妓小江〉是集如此多方面的觀察與思考，提示司馬桑敦的對日本文化認識的一個具體實踐。從文學的角度來看，他對異文化認識的態度在今天仍有一定的意義，即提示我們在人文與民主主義的地平上，客觀地、平等地、深入地認識他者，書寫他者。

司馬桑敦對日本文化、政治、社會作過多方面的觀察，留下了眾多的報導、隨筆、遊記。本論文僅從文學的角度論述了司馬桑敦與日本文學的關聯問題。從報導文學、遊記文學等角度研究司馬桑敦的其他作品則是今後有待推進的課題。

第四章　永遠的懷念

懷司馬桑敦

江南

王光逖（司馬桑敦）兄去世，忽悠兩載。緬懷故人，倍增悲切。十五年前，我第一次在華府結識王兄。他應「中華航空公司」之邀，自日來美，斯時仍任職台北《聯合報》東京特派員。

我原是他的忠實讀者，每一篇東京通訊，都曾細細咀嚼過，他的通訊，不僅適時，能迅速發掘問題、反映問題，而且這些問題通過他的文筆，更能生動地呈現在讀者面前。抽絲剝繭，要言不繁。

如果有明星的話，他和駐美的毛樹清，就是《聯合報》兩個最具號召力的大明星。

光逖兄雖以記者為業，但他好學深思，具一般學者的風範。留日期間，公餘進東京大學，專攻國際關係。他的《張學良評傳》，即是他預定的博士論文。

不久，他再度來美，應愛荷華聶華苓之邀，參加國際寫作班。這次停留較久，足跡幾乎遍及全美。可惜，我只是和他在華府匆匆一面。後來讀到他的《愛荷華秋深了》，才分享到此行樂趣。

一九七七年，光逖退休，王惕吾邀他去台北。為生活著想，當然以接受王的好意較佳，但他捨身求難，堅持來美。這主要是他不喜歡台北的政治空氣，表現其真正自由派追求真理的精神和信念。

翌年，我自華府西遷，交往頻繁，才有機會了解其治學與為人。因而重讀他的《野馬傳》和《山洪爆發的時候》。

王為人耿介，尤具中國人的名士氣質。重原則，明是非，年逾耳順，鬥志昂揚。他的身體不好，數度住院。但沒有人相信，南遷不久，「壯志未酬身先死」，留下朋友們合夥的《加州日報》，溘然而逝。

《加州日報》隨後夭折，幸而《論壇報》繼承遺志，成長茁壯，可告慰光逖兄於九泉之下。台北擬出司馬桑敦集，其中歷經挫折，未竟全功。唯望北京能予彌補，則這位青年抗日英雄，當更能死而瞑目矣！

（原載於《江南小語》。江南係《蔣經國傳》作者，在美國被暗殺）

蹄聲已遠
——記司馬桑敦

彭歌

司馬桑敦是最先離開春台、離開台灣的；他也是最先離開這個世間的。

我幼年在北方長大，與東北朋友交往不少。北方民眾對東北人觀感不是很好，早年有奉軍「張大帥」開府北京，做過一些不講理的事。「九・一八事變」後，有些在日本人手下當翻譯的東北人，為虎作倀，招人唾恨。這些都屬以偏概全的偏見。真正的東北人，都有一股慷慨悲歌的凛然正氣。司馬正是一個典型。

他本名王光逖，一九一八年五月四日生於遼寧省金縣城內。「九・一八事變」起，日軍佔據東北。司馬是年十三歲，開始關懷國事，勤讀報紙。第二年小學畢業，離家北上，投奔當連長的二哥，被編入「抗日救國教導隊」。二十歲那年，他因投稿機緣，進《大北新報》，與新聞工作結下不解之緣。他沒有受過正規的新聞教育，但他用平生的辛勤工作證明，他是當代最具分析力的記者之一。他代表《聯合報》擔任駐日特派員，歷年所寫的通訊，結集為《江戶十年》和《扶桑漫步》，是了解日本當時政壇與社會極有價值的作品。

我在認識他之前，就讀過他一篇報導而留下深刻印象。

一九四八年秋天，我在南京，是政治大學新聞系的學生。當時東北局勢惡化，長春、瀋陽等都市相繼被共軍佔領。司馬逃到北平之後，發表〈爬！爬！爬出來了長春封鎖線〉長文。這篇有血有淚的報告文學，憑親身經歷，對共軍的「人海戰術」做了生動地描述。那篇文章好像是先由香港的報紙轉載，再回流到廣東、湖南等各省。我讀到時並不知道作者是誰，但那「爬！爬！爬！」的題目，驚心動魄。內戰烽火，似乎就在我們身邊燃燒。在台北相識之後，提起這篇著作，才知是他的大手筆，令我對他十分佩服。

司馬寫作態度謹嚴，短篇小說篇篇精彩。他平日為人謙抑自守，甚至可說很低調；但他的小說中常常顯現一種狂野粗豪、桀驁不馴的風格，像〈山洪暴發的時候〉等篇皆是。古人評論蘇東坡的詞，「關西大漢，執銅琵琶，擊鐵綽板，唱大江東去」；每讀司馬的小說，我都有這種感觸。那樣「橫放傑出」的氣魄與風格，當時已屬少見，今天更是難求。

一九五四年，他要到日本去讀書，當時出國的機會甚難，大家都為他致賀。不過我覺得歐洲可能對他更適合，我的印象，戰後復起的日本因緣時會，但仍是一個「小擺設之國」。

司馬去日不久，參觀了一些工業，鋼鐵和造船都正走紅，他鄭重其事地寫信告訴我：日本現在可不是「小擺設」了。

這時他應聘出任《聯合報》駐日特派員。彼時台灣經濟尚未起飛，除了蔗糖、稻米之外，輕工業剛剛扎根。報紙限張在兩大張八頁。國際通訊因電話電報都很昂貴，通常是航空郵寄。司馬

《聯合報》創辦人王惕吾先生到機場迎接從日本歸來的司馬桑敦。（一九六四年六月，台北）

的通訊，每篇約三千字，刊在第二、三版上，很受同業和讀者的重視。報社對他也是禮遇有加。他有時回台北述職，都是住在王惕吾先生家中。

司馬的通訊寫得好有幾個原因：第一，他生長在東北，日本語文造詣甚深。這種「幼工」是一特殊條件；第二，他到日本後入東京大學攻讀，東京大學前身即東京帝國大學，所謂「赤門生」，在日本的政商文化界都有特殊地位，他對日本的理解，非一般淺嘗輒止者所能比；第三，更因他有深厚的文學素養，筆端常帶感情，形成另一特色。

我曾到日本多次，其中有兩回停留時間稍長，他都從郊外住處趕到市中心來陪我，觀賞日本的戲劇，參觀大學和圖書館，到神田町去逛舊書店。我們都是內心中強烈「反日」的人，但對日本人戰後的復起，不能不佩服。

司馬留日期間，寫過好幾本好論著，但他自己最重視的是長篇小說《野馬傳》，以一個東北籍京劇女演員的身世，寫出東北人的悲情。書是先在台北自費印的，第一版就寄給我存念。可是，過了幾個月忽然聽說這本書被查禁了。《野馬傳》寫出東北人在滄桑亂離中的迷失感，作者寫到國共內戰，對共產黨有批判，對國民黨也有檢討，想不到在中共沒來得及封殺之前，竟在台北被禁。

這件事，司馬生前絕口不談，但相信對他的精神打擊不小。政治干擾文學，是一個從事寫作的人最難忍受的事。

一九七七年，司馬五十九歲，自請退休後離日赴美，他的這個決定，春台朋友們都感到有幾分意外。不過，深一層想想，是可以理解的。

他在日本住了二十三年，文名遠揚，跟日本有關。但在舉世各國中，司馬最最不喜歡的國家，就是日本。離開日本是他默默的心願。

其次，司馬為世人所知，大多尊敬他是名記者，但他內心更看重的，毋寧是文學創作。他很有敬業精神，新聞工作的確作得很出色，但他有所不滿足。《野馬傳》之後，他還有更強的企圖心。

他也很有心辦報，那未免是一個比較浪漫的想法。一九八一年，他以六十三歲之年在洛杉磯病逝。

司馬逝世後，由他的夫人金仲達女士主編了一本紀念集《野馬停蹄》（台北爾雅出版），篇幅不多，但很有分量。其中如韓道誠（寒爵）的〈哭司馬桑敦〉，追述他們在東北從事地下抗日工作，先後被捕，在不同時間先後在同一間監牢中。寒爵看到牆上有用筷子劃上去的字：「王光逖某年某月某日到此。」牆上有變黑的血漬。後來在獄中相見，彼此都為對方祝福。那種血淚交凝的經驗與豪情，感人肺腑。唯其有為國犧牲的烈士心情，才能成就他那樣一型的作家。

台灣有位歌手楊烈，聲音洪亮，身材魁梧，我覺得他和我印象中壯年時期的司馬頗有幾分相似。偶爾在電視上看到楊烈，不期然就會聯想到司馬。

年輕一代愛好寫作的人，還有多少人仔細讀過司馬的小說?想到這，令人為了眼前的風花雪月感到無限蒼涼。

（寄自加州，原載《世界日報》）

追尋外公的旅程

可越

一、失明的外婆

要寫外公，先要寫我記憶中的外婆。

二〇〇二年九月二十七日，我的母親第一次來日本的第四天，外婆在中國長春去世。得知外婆去世那天，在東京我的房間裡，我和母親沒有開燈，黑暗中有窗外淡淡的月光透進屋子，母親拉著我的手，靜靜地流淚。

「你外婆，一生是個堅強的人……」母親說。

年輕時候的外婆，曾經是哈爾濱一所國際醫院的護士。俄語、日語都會說，熱愛文學。如同小說和電影裡的情節一樣，年輕美麗的外婆在醫院裡邂逅了文采橫溢的記者外公，兩人戀愛結婚，生下了三個女兒。我的母親是老二。在國內上學的時候，我只聽母親說過，一九四八年，外公離開外婆和三個女兒，去了台灣，外婆一個人帶著三個孩子，七歲的大姨、六歲的母親和一歲的三姨，在死亡邊緣掙扎，不僅頑強活了下來，三個女兒還都爭氣上了大學。外婆因為常年的積勞成疾，三十幾歲患了虹膜炎，終於在四十八歲那年雙目完全失明，從此再也沒有看到過世界的風景，整整三十七年……所以我從出生到大，外婆從來沒有「看」到過我！

很小的時候，我到外婆家，常常抬頭盯著外婆看，因為外婆的眼睛很明亮，我總覺得外婆能「看」到我。後來我曾經把當醫生作為一個理想，以為可以把外婆的眼睛治好，哪怕只有一隻眼睛……，這個理想最終也沒有實現。

外婆因為是後天失明，不會寫盲文。記得很清楚的是，高中的時候，外婆想把年輕的經歷寫成自傳，於是我要做的工作是幫外婆疊紙。一張紙，要把它疊出一條一條深深的印兒，這樣外婆可以摸著疊印兒，按行寫字。寫起來就不能停，因為一停就不知道寫到哪裡了。所以每次我都幫外婆疊紙，然後抓著她的手告訴她寫到哪裡了。等外婆寫完了，再念給外婆聽，讓外婆修改。但是外婆受的是舊時代教育，寫出來的都是繁體字，加上眼睛看不見寫作，字畫大都重疊在一起，所以念外婆的文字很吃力，常常要母親來讀。

現在想來，外婆一定有太多的故事要說，一定有太多的話要寫吧。她堅毅的嘴角總是透著剛強和一絲沉重，她失明的雙眼總似乎有很多傷感。她幾乎沒有和我提起過外公，但在我兒時的心裡，卻覺得外公一定帶給外婆很多的苦難——後來才明白，這苦難主要是時代造成的。

一個家庭的命運，與一個國家命運是連在一起的。一對夫妻的命運，是一段歷史的縮影。外婆，在歷史翻滾的大潮中，飽受身心苦難的折磨，她到生命的最後似乎也沒有原諒外公……我在這個縮影裡，試圖審視出過去和未來。

二、母親的心願

母親在臨近退休的二〇〇二年，對我說她希望從學者研究和親情追尋的雙重身分去了解外公。從一九五四年到一九七七年，外公作為《聯合報》東京特派記者在日本生活了二十三年，在日本的工作和生活是他人生的重要部分。

二〇〇二年的當時，我已經在日本生活了八年。我自然要幫助母親調查外公人生最重要的二十三年東京生活，不過這僅僅是為了母親的願望，對於外公，我有些不置可否，或者毋寧是一種旁觀者的冷眼態度。

我當時擁有的，仍然是外婆的感傷記憶。儘管她沒有和我說過很多外公的事情，而從父母隻言片語的言談中，我知道外公帶給外婆和母親的傷害。外公對我，是一個沒有記憶的概念，而母親青春歲月中關於階級鬥爭、家庭出身的無奈與傷感，對我來說，更是身邊的傷痛，彷彿是一個歷史的沉重玩笑。在恐怖不安的年代，人性和親情被政治左右，無力抗爭。「無序、狂亂、矛盾、充滿危機感」，母親一代的親情命運，在政治中渺小得如同螻蟻，無可奈何。

我們的調查就在這樣複雜的心情中開始了。

但是這個調查卻給了我一個再次了解母親的過程。從二十一歲離開家到日本留學工作，我的成年幾乎沒有和母親一起度過。兒時的母親是高高的存在，成年後，我身在異鄉，與母親是遠距離的思念和牽掛，缺乏對她思想的理解和了解。而這三年在陪同母親尋找外公足跡的過程中，我重新發現了母親，對母親有了一個再認識。她是真實和執著的。她執著地通過外公的人生經歷，從學者和親人兩個角度分析外公這個特殊的知識分子，認真，一絲不苟。她不斷地發現和思索，在繁雜的世事中，她對人性總保有一些純真的相信，我欣賞我的母親。母親的找尋與其說是尋找親生父親的歷程，不如說也是一個對中國歷史和人本身的一個思索過程，這於我，也是沒有想到的收穫。

三、找尋的過程

與母親一起調查的三年多中，我陪同母親三次在日本採訪，兩次赴美國，二〇〇八年又去過一次台灣。

在日本，我們一同拜訪了外公居住的下北澤，房東永井先生健在，他給我們講起當年外公住在樓上的情景；我們一起拜訪了位於有樂町的外國記者俱樂部，俱樂部副總裁中村先生說他記得三十年前的台灣《聯合報》記者王先生，並熱情地找出外公當年的記者號碼；我們還走訪了很多當年外公的老師和朋友——衛藤沈吉教授、高木誠一郎教授等等。在日本的三次訪問，母親在她的文章中有詳細記述，不再一一贅述。通過在日本的採訪，我們了解了很多外公的生活細節和真實側面，

日本的採訪可以說是相對順利的。

而在美國洛杉磯，我和母親走訪了外公的後任妻子金外婆生前居住的老年公寓，母親想尋找到外公去世後的遺物，老年公寓的管理員告訴我們，六年前的外公遺物都被洛杉磯政府收走，具體收到哪裡，誰都不知道。我們去了員警署，員警署說不知道；我們問律師，律師找不到；我們詢問朋友，朋友們說多年前的遺物一定早已銷毀……。我至今忘不了母親在酒店房間裡黯然神傷的絕望和無奈。她抱著一線希望萬里迢迢尋找親生父親的一些書信，一些文字，期待從當中多看到一些關於父親對女兒的眷戀和懷念，然而沒有一點點的資料留下，甚至連去向也下落不明，母親的悲傷可想而知。我以為我能幫助母親，而我無能為力。洛杉磯的夜晚吹著黑暗而抑鬱的冷風……

在洛杉磯外公的玫瑰岡墓地，母親和外公相隔五十九年「再次相見」，那是終生難忘的畫面。我的攝像機鏡頭中，母親先在花壇邊低頭整理好黑色的外衣，再抬手整理好頭髮，捧起我們買的鮮花，緩步來到外公的墓地前，蹲下輕輕擺放好鮮花。母親對著外公的墓碑，深深地、慢慢地鞠了三個躬，接著，母親輕輕地叫了一聲：「父親！」，這一聲「父親」，母親等待了五十九年吧。母親哽咽了，話音被即將湧出的淚水阻隔……沉默了一分多鐘，母親忍住淚水：「父親，

周勵、可越在司馬桑敦墓碑前。（二〇〇七年一月七日，洛杉磯玫瑰岡）

我從長春來，到日本東京，又從東京到三藩市，又從三藩市到洛杉磯，我來尋找您，我來看望您！多少年了，幾十年了，來到您的墓地，今天這個願望終於實現了。我六歲您離開我，雖然大陸的政治風風雨雨，但是幾十年，內心還是一直思念著你，一直想和您見面，沒想到，堅冰已開春回大地的時候，您卻匆匆離去。來不及向你傾訴……」

在外公墓前，母親傾訴了五十九年來想見不能見的遺憾，傾訴了外公「此處是異鄉，不是故鄉，異鄉埋骨，不收魂魄」的哀傷。看到母親哭泣，我也是泣不成聲……。我用攝像機記錄了母親追尋外公的旅程，拍攝了近三十盤錄影帶。我將拍攝的錄影整理編輯成一部紀錄片，名為《五十九年的再會》。在這部紀錄片裡，母親與外公「相見」的一刻，是最珍貴的鏡頭。（這部作品後來獲得二〇〇八年東京錄影大賽優秀作品獎）

四、外公其人

通過三年與母親的共同調查找尋中，我在外公的許多朋友口中，在外公的書籍中，看到外公立體的形象並了解了他的思想。

我也在調查過程中，對我最初對母親的「不置可否」有所反省。因為越調查越發現，外公的人生，是一個中國近代媒體人的縮影。他經歷了抗日戰爭，曾經被作為共產黨的抗日分子被日本人關進監獄，這體現在他的《野馬傳》、〈人間處處有青山〉等作品中；他又經歷了國共內戰，與國民黨一起逃往台灣，再從台灣被派到日本，在自己曾經與之作戰過的國度裡，他看到了日本戰後的經濟復興。在二十幾年的記者生涯中，他在日本反思中國人的歷史，反思自己所處的時代，反思中國的問題與矛盾，並記錄在他的《中日關係二十五年》、《人生行腳》、《扶桑漫步》等作品中。

閱讀這些作品，可以看出，外公一直在政治的漩渦之中，作為一個中國近代的媒體人，他始終在追尋「人性」的終極。什麼是「人性」的終極？趙雨在〈歷史與人性的雙重詰問〉中有很好的解釋。「人性」先於「道德和價值」，是應該先於政治的。但是在現實的殘酷戰爭中，政治的取向先於人性，造就了二十世紀中國人的悲痛。趙雨在文中說，「對於一個生長在二十一世紀的年輕生命，當他漸漸長大，當他試圖理解中國人曾經以最慘烈和最沉痛的方式經歷過二十世紀歷史，僅僅閱讀數字和概念堆砌而成的通史著作將注定無法使他消除困惑。那麼就讀一讀《野馬傳》吧。在歷史與人性的雙重詰問中，他會懂得那些無法以工具理性的方式詮釋清楚，而僅能以全部血肉身心守護和捍衛的人文價值。」

讀到這一段評價的時候，我流淚了。外公的一生，不能說是幸運的一生。他的《野馬傳》，因為結局是主人公牟小霞被國民黨槍斃，最後被台灣查封；他寫的《張老帥與張少帥》也不得蔣經國的認可，不希望他再回台灣；他在日本，寫了不少批判日本政界的文字；他欣賞毛澤東的文字，但卻批評他在大陸實行的政策……。在台灣我和母親採訪外公的朋友陳在俊老先生時，陳老先生無不惋惜地對母親說：「你父親只要改改《野馬傳》的結尾，退休後回台灣的話，《聯合報》至少會給予他終身顧問的稱號，車子房子都沒有問題。怎麼他就去了美國呢？他是太直啊！」

從他的文字和他的朋友口中可以看出，他不會寫迎合當局的文字，所以他的生前，不能說是個會聰明度日的媒體人。

然而，在他死後，能得到他人如此的評價，外公的媒體人生，又應該說是幸運的。生前不得志，但不寫違背自己「人性」的文字，對調查他的後人來說，也是我們的「幸運」。作家紀剛在紀念外公的文章中說，「文化似海，政治如江河，即使如長江、黃河那樣的巨流，畢竟各自有來龍去脈，江水不容河水。在文化層次中，不同思想信仰的人都可以交友談心，而且更能相互啟發感應；不幸，人都被迫生活在政治層次中，尤其是從混亂的大時代裡走過來的人，多少都謹慎自己的腳步。」司馬桑敦卻沒有「謹慎自己的腳步」，他不違背自己，他希望的是「說自己的話，辨公正的報紙」，他說：「中國的讀書人，只要肯付出三分良心，加上一、二分良知，再加上四、五分熱情，中國這個國家就會大有可為。」他希望創辦一份報紙，這份報紙「特別注重讀者所普遍關心的台灣、大陸海峽兩岸的問題。對於這些問題，我們除盡力追求報導上的公正翔實，不偏不倚，以掃除那些斷章取義、蒙蔽欺騙的不良報風之外，在政治上，我們則是堅持不黨不私，守正不阿；我們不替任何主義做宣傳，也不參與鼓吹任何運動」。這是一個媒體人的心聲，這個心聲也許代表了他一生的理念。這個理念體現在他所有的文章中，體現在他的「人性論」中，他為自己創建了一個媒體人的自由國度，自由烏托邦，這理念讓他竭盡全力，讓他嘔心瀝血，最後客死異國他鄉。

許多作品是要經過時代的考驗的。在時代中敢於說出真話，說出真實的聲音，這應該是真正媒體人的精神。

五、我與外公的軌跡

我到日本，是受了外公的「恩惠」。

我在高中的時候一心希望出國，離開長春那個對年少的我沒有吸引力的城市。八十年代當母親知道外公曾經在日本生活多年，建議我到大學讀日文。一九九四年我在吉林大學日文系畢業後，當時擔任亞細亞大學校長的原東京大學教授衛藤沈吉教授做我的擔保人，讓我順利地來到日本留學。

在東京我選擇了大眾傳播學、媒體學作為我碩士的專業，工作幾年後，又進入了外公曾經就讀的東京大學再次深造，現在擁有自己的媒體公司。在外公生活過二十三年的國度裡，我也在這裡作為學生和媒體人生活工作了十五個年頭。這些，似乎偶然，又帶著我與外公之間命運的必然性。

一九七七年四月，於東京。

我沒有外公的戰爭經歷，不知道「牢房的徹骨」的寒冷，不知道在曾經與之作戰過的國家裡生活二十多年的感受。我這一代，沒有戰爭的記憶，卻閱讀著戰爭的記錄。

外公在他的《中日關係二十五年》（民國六十七年聯經出版社出版）中的〈中日外交上的道義和技術〉一文中說，「你們日本人不應忘記一件事，自從甲午戰爭以來，中國人由日本人受的那股冤枉氣，一直是未得到發洩的。『以德報怨』這個政策實在中國尚未行憲時搬出來的，它若真質諸民意，恐怕日本不容易那樣占了便宜的，要知，由「九一八」到密蘇里簽降，中國犧牲了千萬的性命，喪失了數不盡的財產，到後來落得了既往不咎，日本人只能認這是奇跡，不要認為是僥倖……日本人心中根本沒有中國人那份道義的分量的。假若我們過去曾經靠某種人格道德支援外交的話，那無疑已經是錯誤了，今後若仍要靠這種人格道德的話，則更將是錯誤了。」

這段文字對於今天的日本，真是適用不過。二〇〇八年日本的最大話題之一是在日本地產商Apa組織的一個「真正近代史觀」有獎徵文活動，其中時任日本航空自衛隊幕僚長田母神俊雄撰寫的一篇文章獲得最高獎。這篇論文的中心思想是「日本沒有侵略中國，七七事變是國民黨挑撥發起，日本是『被迫』捲入戰爭；日本應行使集體自衛權，並重整軍備等」。

中國曾經因為日本的侵略蒙受了巨大的犧牲和損失，而在第二次世界大戰過去六十四年的今天，日本的政治家、學者以及普通老百姓竟然在討論當年是否是「侵略中國」，這是日本國家的重大倒退，說明中國人的「以德報怨」，中國人的「人格道義」對日本這個國家沒有起到積極作用，反而是被利用的。

社會往往是歷史的循環。我們以為歷史向前發展，一代好過一代，而很多是資訊技術的發展和進步，人類的思想根源還沒有變。

回頭觀望前輩的歷史，我們有無數可以借鑑的東西。中日關係仍然在政治中被左右，台灣和大陸的關係仍然在摸索之中。經濟利益決定了目前的國家與國家的處境，我這一代人，在和平的年代中生活，在經濟的大潮中力圖尋求我們的人生。

那麼需要媒體人做什麼呢？

超越政治，超越歷史，超越經濟利益，從人性的角度理解人，建構國家與國家的關係，追求人類社會一個以「人性為本」的終極目標——這該是媒體人共同的理念吧。

外公和我，我們有著如此近的關係，而又似乎很遠。我們雖然相隔的時代很遠；然而，我也力圖尋找人性的根本，力圖尋求媒體的公正與不阿，在困惑中思索。所幸，我沒有戰爭的記憶，我也沒有失去父親的悲傷，沒有母親那個時代的不幸與政治狂熱。我擁有的是先輩的精神延續。

在美國三藩市，外公的朋友邵老先生的一番話讓我很有感觸。他說：「我和你外公這一代，我們都是時代的悲劇人物。從大陸到台灣，從台灣到日本，從日本到美國。我們沒有了根。你還年輕，走到哪裡，都不要忘了自己的文化，要隨時問自己是誰，才能找到自己的根！」

是的。在異國他鄉的十幾年，我不斷思考，思考外婆外公的一生，思考母親，還有我這個時代。追尋的旅途還在繼續。

訪問衛藤沈吉先生（節選）

訪問者：可越、藤田梨那
時間：二〇〇四年五月
原是日文採訪記錄，中文翻譯：可越

一九五九年，王光逖在東大大學院社會研究科讀碩士課程的時候，衛藤老師是助手，對嗎？

那時（東大的）留學生較少，他（王光逖）作為研修生報名，之後馬上進入了正式的碩士班。當時的導師是植田文雄教授。我在東洋文化研究所做助手。因此，王光逖進入東大的時候，我並不認識他。一次在植田教授的家裡，我遇到了王光逖，經植田教授介紹認識了他。一九六二年，我結束了美國哥倫比亞大學的高級研究員工作回到東大，一次王光逖來找我，說植田教授要退休了，問我能否做他的指導教授，這是我從美國回來不久的事情。

那時候您的手下已經有很多學生了嗎？

是的。

那時候您和王光遜關係很好，是嗎？

是的。因為（在東京）有一位梁肅戎是長春大同學院出身。大同學院是一九三二年滿洲國建國後為培養管理滿洲國人才而建立的學校。我的父親當時是瀋陽滿鐵奉天圖書館館長，每週一次坐火車到長春，在大同學院教歷史。第一次畢業時我父親寫的文章，令很多畢業生很感動，廣為流傳。梁肅戎年輕的時候就是在大同學院讀了我父親的文章知道了我。在東京，梁肅戎告訴王光遜：「那個衛藤的父親是我大同學院的老師，他是瀋陽出生的。」王光遜因此對我產生特殊的親切感吧。他常常向我講述自己為抗日小時候拿過槍，還被日本憲兵隊抓到監獄裡的故事，我們因此成了朋友。那是一九六五年越南戰爭的時候。

和王光遜主要談些什麼呢？

最多的還是監獄中的事情，不過他對詳細的情況說得不多，也許是受到拷問的緣故吧，他似乎不願意過多提起。那時候監獄的調查有很多日本人參與。他告訴我被捕的經過，日本敗戰向南逃跑等故事，那時候他是做共產黨的工作。

他自己跑到台灣，沒有後悔嗎？

嗯。那時候他是反對共產黨的，不過，後來他對我說「國民黨更不好」。

他對張學良很感興趣，對嗎？

是的，張學良是他故鄉的英雄，他對張學良很感興趣，常常和我說起這個話題。

他寫的《張學良評傳》，可以說不是傳記而近似於歷史的記錄，您如何看？

他本來是一個詩人和文學家。他大概受過中國歷史的寫法的訓練，因此以年譜為順序進行的寫作，最初就有在事實的基礎上寫作的初衷吧。我沒有給他任何指導。他一定是小的時候受過中國人特有的歷史訓練，在台灣也學習過，特別是古典式的寫法，是遵照年譜依據事實進行的記述。

衛藤夫婦與藤田、可越等（中間老者是衛藤夫婦，左為藤田梨那，站立者為可越）。

一九六七年到一九七一年，在您的「中國史講讀」的課程中，王光逖作為講師讀了很多中國的資料，是什麼歷史？

毛澤東的《論持久戰》。

很現代的著作啊？

是的，不過對我們的學習非常有幫助。特別是《論持久戰》中出現很多日本人不懂的單詞。比如說「和三八式的一夥人不一樣」等表現。那和日本的三八式手槍的意思不同，是說一九三八年大批知識分子投奔中國共產黨，那些人體力弱，雖然愛國心強，但是沒有什麼用。所以叫他們為「三八式」。這些單詞只有王君才能懂。課程很有意思。

當時，王光逖不喜歡大陸的共產黨，但也不喜歡台灣的國民黨，對返回大陸他說過什麼嗎？

當時，在目黑那裡有一個ＬＴ事務所（廖承志開辦的事務所），如果王光逖到那裡講述自己（曾經為共產黨工作過）的經歷，是可以在那裡工作的。但是，他說不想向中國共產黨低頭，因為不是民主主義。但是，台灣一定是會回到中國的，因為人民解放軍要比國民黨軍強大很多。他很尊重毛澤東，因此提議一起讀《論持久戰》的是他。

就是說，不喜歡毛澤東領導的共產黨？

是的。他對毛澤東個人是尊敬的，但是對他的獨裁是不贊成的。比如說，很多人尊敬拿破崙，但是憎恨拿破崙的獨裁專制的法國人非常之多。

他也很恨日本嗎？

這我不太清楚。不過，日本政府承認中國政府，與中國恢復邦交的一九七二年的秋天，很冷的一個傍晚，我和他一起參加了一個亞洲政經學會後，一起在電車月台上等車……月台是個好地方（因為旁邊沒有人），可以說很多秘密的話。關於今後的去向問題，他說每天和太太爭執，一直吵架。該何去何從，無法下定決心。我說：「你們兩個人都日文這麼好，是不是可以取得日本的國籍，我可以幫助你們辦理法務省的手續。」他看著我的臉，一字一句地說：「先生，我能去加入年輕時曾作為敵人戰鬥過的國家的國籍嗎？」我沉默了。依我看來，他和太太爭執的是，他似乎想去LT事務所，今後協助中國共產黨。而是要進共產黨的機關，還是去美國，還是留在日本，他猶豫於這三個選項之間。而加入日本國籍，他是無論如何在心理上接受不了的。最後他選擇了去美國。

他對日本文化很感興趣，是嗎？

是的。我也曾經幾次問過。因為是自由主義者，因此（對日本文化）相互尊重吧。

他讀過不少胡適的文字，那是胡適在報紙上發表的文章嗎？

嗯。年輕的時候讀過很多。他經常閱讀文學革命《新青年》上最初刊載的文章。李大釗、五四運動之後中國共產黨創始人陳獨秀的文章等。

您看過台灣《聯合報》的日本通信報導嗎？他關於日本國會以及政黨方面的報導內容您如何評價？

我經常看。我認為他是對日本最了解，對日本最具有正確知識的人之一。他寫的報導基本上都是正確的。

在對中日兩國的相互理解上，您對王光遜給予很高的評價，是嗎？

是的。他在《聯合報》中，是非常難得的日本通。可以說是《聯合報》中之最。因為他在日本，每天讀日本的報紙，每天和我們以及學生談話，語言沒有任何障礙，因此在《聯合報》中，大概沒有比他更了解日本的了。

王光遜關於自己的私人生活，關於戀愛和家庭也和您談過什麼嗎？

王光遜君曾經和我幾次提到，他在大陸留下了元配妻子，沒有能一起帶出來，心裡非常掛念。我們一起上研究生課後，兩個人一起吃飯，在中國餐館，他告訴我怎麼吃最便宜，就是只點餃子湯和便宜的炒飯，「水餃湯是免費的，有這個足夠了。」我們經常一邊這樣吃飯一邊聊天。

如果有第三者在的時候他是不談家庭和監獄的話題的。只有我們兩個人的時候（他才談及）。他一定是非常想見自己的妻子和女兒們吧，雖然沒有直接說要見，但幾次都說「十分掛念」。

那大概是他去世前吧……七五年我去北京回來後給他寫信……也許那是最後的一封信，他在信中說：「七五年或者七六年自己也要去大陸，能見到女兒了。」他似乎也寫了在大陸的妻子，（不太記得了）那封信好像已經沒有了。

是在什麼氣氛下說起他妻子的話題的呢？

就是談到年輕時代的時候，比如從三八式的話題談到手槍的話題，自然就談到了（家庭的事情）。

年譜與作品目錄

年譜與作品目錄

司馬桑敦浮生霞蔚

金仲達　巴　曼

一九一八年　零歲

夏曆三月二十四日（陽曆五月四日）生於遼寧省金州城內。父親王貴昌先生，地主兼商人，有果園，有商號，金州縉紳。母金氏儒夫人，賢達能幹。司馬桑敦原名家輔，後改名光逖，儒夫人之最幼子。上有兄弟三人姊一人。與最少之三兄相差十三歲。三兄在日本三井銀行做高級職員，對他多有呵護。「老疙瘩」既得到兄長呵護，又得到父母的縱愛，滋生了他的叛逆又重義氣的性格。

一九二四年　六歲

入芸香齋私塾，讀《三字經》，百家姓。

一九二五年　七歲

入金州公學堂，旋因患傷寒，輟學一年。

一九二六年　八歲

身體康復，再入金州公學堂。

一九二八年 十歲

因學業成績優異，初小三、四年級，連續兩年被選拔擔任級長。

一九三〇年 十二歲

升入高級小學後，讀書興趣由學校課本轉向歷史小說與說部諸類，並學會利用圖書館。由這一年起開始涉獵《東周列國志》、《說唐》、《西遊記》等成本大套讀物。讀書多從家山二哥藏書特別是金州的圖書館尋得。愛書、讀書、購書，是他一生的嗜好，也是他成才的重要途徑。此時，歷史知識與國語文，很得國文老師汪良駿先生激賞與鼓勵，在良師循循善誘教導下，走上終生從文的道路。

一九三一年 十三歲

「九・一八事變」促醒其留意所置身之環境，開始關心「國家大事」。到圖書館看報，成為每日必做的事。自製剪貼簿，熟誦有關中國政治軍事人物事蹟與履歷。意識到國家弱與自己體弱，開始到武術館從師習武。

一九三二年 十四歲

春，自金公高小部畢業。家裡老人思想作怪，阻止繼續求學，不得不以天天泡圖書館來充實自己。不久，隻身北上，投奔在安達站做連長的二哥，被編入「抗日救國教導隊」。

旋被相衫三哥接出，送入瀋陽共榮學院（兩級學校，私人辦的，因校長是愛國者，被敵偽鎮壓，後停辦）攻讀。

一九三六年 十八歲

以筆名金明，初次投詩稿哈爾濱《大北新報》，作品題名〈病〉。曾自云，該詩頗有「強說愁」的病態美味道。

一九三七年 十九歲

自瀋陽共榮專科畢業，赴哈爾濱，依三兄，投考哈爾濱郵局。訓練期滿，調派小綏芬任郵政局長。不一年，新結識之友人——當地中學校長，因「反滿抗日」嫌疑被捕，感身邊危險，放棄郵局工作，重返哈爾濱。

一九三八年 二十歲

因投稿機緣加之朋友推薦進《大北新報》，任記者兼「國通社」日文翻譯，從此與新聞工作結不解緣。後創辦副刊《大北風》，任主編。

一九三九年 二十一歲

冬十一月，與周墨瑩女士結婚。周女士當時是哈爾濱市立醫院護士學校學員，畢業留醫院任護士。婚後，家居馬家溝潔淨街五十六號，成為左翼文學小組活動之場所。

一九四〇年 二十二歲

二月，與滿洲同業赴日，參加於東京舉行之「東亞操觚者」大會。對二次大戰前日本，留有深刻印象。

五月，赴冀魯邊區游擊隊，在《救國報》社任記者工作。於游擊隊中，深刻體認出游擊隊的恐怖作風與其所抱持的為「愛民族」而參加游擊隊的宗旨鑿枘不合，乃走離冀魯，曲折進上海。

暫居上海，結識畫家黑沙駱，雕刻家麥稈，及故友黃紹祖諸君子。常投稿於抗日地下刊物。記憶中尚有報導文學〈文化生活在滿洲〉，小說〈莫斯科瓦飯店〉，皆以筆名淳於清發表。〈莫斯科瓦飯店〉是最為其所喜之一篇。

妻子臨產，返哈，重回《大北新報》。

一九四一年 二十三歲

長女衍昂生。乳名達克，期待其日後有法國女傑貞奴達克之英勇。冬十二月三十一日，因「左翼作家」罪嫌被捕，投入哈爾濱秘密拘留所（日本人稱置留場）後，又轉移到偽新京監獄。同時被捕的還有關沫南、陳隄。此被稱為「左翼文學事件」。此事件餘波還包括次年七月陸續被捕的韓道誠（牢罕）、艾循、問流等人，皆為《大北風》的投稿人。

一九四二年 二十四歲

次女衍勵生。乳名巴曼，是由其所讚佩的兩位法國作家名字中，各取一字，以寄託他的文學理想。幸喜衍勵果然走上文學研究的道路。

在哈爾濱獄中關押一年，轉解新京（長春）首都員警廳監獄，於此，被判刑十五年。

一九四五年 二十七歲

八月十五日，日本敗降，出獄。自一九四一年十二月三十一日入獄，至四五年八月出獄共在獄中過活三年八個月。

一九四六年 二十八歲

東北遍地內戰頻頻，陸上交通時續時斷。有感於不能通盡了解中國大局形勢，乃大量訂閱平津及上海之書報雜誌。

創辦《星期論壇》。

編考入國立長春大學法學院經濟學系三年級。

一九四七年 二十九歲

中國共產黨已完成包圍長春的形勢，「孤島」內生活頓形緊張。

擴大《星期論壇》為日刊《論壇報》。

三女衍劭生。

一九四八年 三十歲

七月，與墨瑩訣別。

七月，經由洪熙街突圍，徒走至瀋陽。因高燒，經醫診治，於旅邸休息一週。

八月，與金琦成婚。

九月初飛抵北平，發表報告文學〈爬！爬!!爬出來了長春封鎖線〉，因而進入天津《益世報》。

一九四九年 三十一歲

一月十四日，《益世報》解散，南下。

二月初，船抵廈門，承傅曄先生介紹入海軍軍官學校任教職。

八月，隨海軍軍官學校入台。

一九五二年　三十四歲

辭卻海軍官校教職，夏，遷台北，借住好友韓道誠先生東坡山莊。

編《日本展望》雜誌。向《自由中國》、《二十世紀》、《自由論壇》等雜誌投稿。

一九五三年　三十五歲

著手寫《野馬傳》，要為自己的時代做一個記錄；要透視在混亂變遷的大時代，人性於沉浮挫折中的表象。

四月，發表〈男與女〉（反攻出版社）。

七月，〈人間到處有青山〉（《自由中國》）。

十月，〈山洪暴發的時候〉（《自由中國》）。

十二月，〈湛山莊主人〉（《自由中國》）。這篇小說被香港某影片公司改編為電影，改了題目。

一九五四年　三十六歲

二月，發表〈在寒冷的絕崖上〉（《自由中國》）。

完成《野馬傳》初稿之前五章。

五月，《異鄉人》，自由中國文藝創作集。

八月一日赴日，行前得黃紹祖先生介紹，為台灣《聯合報》兼寫日本通訊稿與群像。為香港《祖國》及《明報》月刊撰稿。

一九五五年　三十七歲

考入日本國立東京大學大學院社會科學研究碩士課程。

實任《聯合報》駐日本特派員。

一月，發表〈額穆索的狼〉（《自由中國》）。

一九五七年　三十九歲

春，獲東京大學大學院社會科學研究科國際關係論碩士學位，並繼續考入博士課程班。

夏，國際筆會於日本舉開，因寫作關係加入香港筆會。

香港《祖國》週刊總編輯部欣平先生（司馬長風）亦為筆會會員之一，來東京。兩司馬徹夜長談《野馬傳》。胡先生力促其加速完成此一長篇創作，並邀其於《祖國》週刊逐期連載。

工作、學業兼顧，形成過度疲勞，抵抗力大減，到醫院內科檢查，診斷為急性肝炎，已轉為慢性。

一九五八年　四十歲

年來時感疲憊，夏八月，到長野高原療養所，修養月餘。

秋，發表〈藝妓小江〉於香港《文學世界》秋季號。

一九五九年 四十一歲

二月，《野馬傳》於香港《祖國》週刊連載完畢。七月，友聯出版社為之結集成書。

一九六〇年 四十二歲

博士課程學分修了。博士論文〈有關太平天國國際關係的幾個側面的問題〉，共二十七萬餘字已完成（日文書寫），因論點與指導教授植田捷雄博士相左，未提出。後放棄博士學位。

一九六四年 四十六歲

六月，赴台月餘，入榮民總醫院做身體檢查，亦證實罹患慢性肝炎。

整理十年駐日所寫日本通訊稿，選出一一六篇，結集成書。十二月由《聯合報》出版，書名《江戶十年》。

七月，整理日本通訊稿，分遊記、日本文學與文學家活動、日本新聞界話題、日本政治形態、東京往來的幾位中國人物，五部分，共三十九篇，由文星書店出版，書名《扶桑漫步》。

一九六六年 四十八歲

秋，為接洽自費出版《野馬傳》事三次赴台。與《文星》蕭孟能先生深夜漫步台北街頭，仔細討論《野馬傳》，關於用字及描寫方面頗獲蕭先生助言。籠城台北《太陽旅館》，大事修改《野馬傳》。

十二月，自選一九五〇年至五九年短篇小說創作七篇，由文星書店出版，書名《山洪暴發的時候》。

一九六七年 四十九歲

《野馬傳》修改完竣，交請《聯合報》印務組胡祖潮先生代為接洽印刷。自費出版。

一九六八年 五十歲

五月十五日《野馬傳》成書，發賣。

十一月，接《聯合報》副社長劉昌平先生（後任社長）函，轉來中國國民黨第四組為內政部查禁《野馬傳》而列舉之五點查禁理由，並要其答覆。

十二月十三日，向當時中央黨部第四組主任陳裕清先生逐條答覆了五點理由，不承認《野馬傳》內容有任何理由可以失掉發行自由。但，因自己身在國外，不願為法律事務累及國內朋友分神分勞，乃「暫時」放棄為作品爭取應有發行權的法律工作。

為《野馬傳》之遭遇，心傷至深且久，大大影響其疾病及寫作情緒。

一九七〇年 五十二歲

十一月十五日，中華航空公司招待台灣駐日記者團訪問美西。訪問團行程結束後，乃自三藩市乘灰狗巴士，做橫斷美國大陸單獨旅行，沿美國西部、南部，採訪各州著名城市，直到紐約。於紐約小住月餘，採訪其鄰近各城市，及幾處有名學府。

一九七一年 五十三歲

一月底，自美返日，整理旅行筆記發表遊記文章於香港，後由爾雅出版社結集成書，書名《愛荷華秋深了》。

一九七三年　五十五歲

年來時覺胃痛，曾乘急救車入院，經診斷為膽結石。

三月，著手寫《張學良評傳》，逐期由香港《中華月報》發表。

四月，入東京慶應大學醫院，二十三日行切除膽囊手術。

五月十九日，出院，甚瘦弱，但《張學良評傳》及聯合報通訊稿，皆未中斷。

肝炎痼疾，在沈默狀態。

一九七四年　五十六歲

九月三日午前，《張學良評傳》全文脫稿。心情稍見輕鬆，卻很感疲憊。

一九七六年　五十八歲

八月底，飛美國三藩市。

九月，赴美國愛荷華，參加由詩人保羅・安格爾及其華籍夫人聶華苓主持之「國際作家寫作班」。於「國際作家班」生活約兩月餘。

十一月，飛回三藩市，下旬飛加拿大溫哥華，訪問作家陳若曦女士及段世堯博士夫婦。

十二月，做美東三日遊，至紐約，及美國首府華盛頓。年底回三藩市。

一九七七年　五十九歲

一月七日，飛返日本東京。

三月中旬，飛赴台北，辦理自《聯合報》退休手續，兩週後返日。

居台期間，自二十三年來所撰寫的日本通訊錄中，選出七十一篇，交聯經出版社出《中日關係二十五年》。

六月三日，結束旅日二十三年之生活，飛赴美國三藩市。

六月底，經王必立先生介紹，為天洋旅行社出月刊《天洋》。

七月，開始在世界日報寫〈金山人語〉及〈燈下漫筆〉。

修改《張老帥和張少帥》稿件。

十二月二十一日，完成《中日關係二十五年》一書之序文，約一萬兩千字。

一九七八年 六十歲

二月，《中日關係二十五年》成書。

五月，《天洋》月刊於出滿一年後停刊。

《張老帥和張少帥》稿件於六月中旬修改完竣。

一九七九年 六十一歲

六月，因生活，入《世界日報》門市部工作。

一九八〇年 六十二歲

二月，得急性結腸炎入院，醫生判斷為肝病進行之徵象。

六月，因工作繁累不勝負荷，自動請做半工。

一九八一年 六十三歲

一月，〈玫瑰大姐〉發表在《幼獅文藝》上，為其最後一篇文藝創作。

二月二十四日，因內出血求醫，醫生診斷為「食道靜脈血管曲張」，為之洗胃、止血、輸血。

三月，〈三郎、悄吟的〈跋涉〉歲月〉，發表在香港《明報》月刊，為其最後一篇文學隨筆。

三月，關心洛杉磯年輕友人籌備《加州日報》事，九日來洛開董事會，兩日返三藩市。

四月，辭《世界日報》。

五月二日，舉家南遷，欲將自己投入此一新聞事業，以盡報人言責。

五月十二日，因內出血，《加州日報》社長左大臧先生載其至凱撒醫院急救。留醫十日，於二十二日出院。

日夜以《加州日報》為念。病狀稍穩定，即著手編排副刊《自由港》版樣，或為歷史掌故版「天下」撰稿。

臥床為《加州日報》口述致讀者書。

六月二十五日，三度出血，送醫急救。

七月三日，行第一次「靜脈腫硬化手術」手術成功。

七月六日，又出血。

八日下午二時半，做第二次「靜脈腫硬化手術」。

十二日晨六時半，又出血。
十時左右左大臧社長到病房時光逖對左先生說：
「大臧，你要等我，等我病好了出去寫！」
午後四時，知覺漸失。
七月十三日，午前零時三十五分，平靜進入永眠。
時維夏曆辛酉六月十二日，享年六十三歲。

王光逖（司馬桑敦）著作目錄

野馬傳　香港友聯出版社，一九五九年；台灣自費改訂版（一九六七年，旋遭中華民國內政部查禁）；美國長青文化公司，一九九三年。

江戶十年　台灣聯合報社，一九六四年。

扶桑漫步　台灣文星書店，一九六四年，後轉傳記文學出版社。

山洪暴發的時候　台灣文星書店，一九六六年，後轉傳記文學出版社。

愛荷華秋深了　台灣爾雅出版社，一九七三年。

中日關係二十五年　台灣聯經出版社，一九七八年。

張老師與張少帥（各家文集）　台灣傳記文學社，一九八五年。

張學良評傳　美國長青文化公司，一九八六年第一版；香港星輝圖書公司，一九八六年第二版；台灣傳記文學出版社，一九八九年第三版。

人生行腳　台灣聯經出版社，一九八八年。

雪鄉集　美國長青文化公司，一九九二年。
東瀛借鑑　美國長青文化公司，一九九三年。

後記

本書是為紀念司馬桑敦誕辰九十週年而編寫的。

書名「回望故土」，是我們對司馬桑敦一生精神歸趨的理解。「故土」，這裡是指人類的本性，民族的歷史，個人的家鄉。

司馬桑敦從十幾歲就像野馬一樣奔馳、嘶鳴，一生筆耕不輟，用他的筆，記錄歷史，塑造人物，剖析時事，介紹見聞，表達著他的理想追求：人的自由尊嚴，民族的獨立，社會的文明，世界的和平。他在疲勞的征程中，時時回望他的家鄉，企盼她的安寧和繁榮。

這裡需要介紹一下收入本書文章的幾位作者。

藤田梨那，是日本國士館大學教授，郭沫若先生和安娜女士的外孫女。也許我們都有對親人作家相類似的複雜心態，我邀請她與我共同研究司馬桑敦，她欣然同意。她在大學承擔繁重的教學任務和管理工作，是日本郭沫若研究會副會長，但她以現代文學博士的敏捷思維和遒勁文筆，不斷地推出一篇篇有分量的司馬桑敦研究文章，令我望塵莫及，並以她的研究激情感染和推動著我。

趙雨，是我同一個教研室的年輕而非常有才氣的同事。他為司馬桑敦的人格所感動，從別的課題研究分身出來研究《野馬傳》。他認為《野馬傳》「寫出了一個自然健康的生命在這一荒謬的歷史進程中的全部苦痛，也讓後人明白，即便是在噪音和喧囂的沸騰與湮沒中，最樸素的和最原初的人性中也仍然還有一份基本的清明與清醒。」我佩服他對《野馬傳》深刻而透闢的解讀。

陳瑞雲，中國現代史研究專家，吉林大學德高望重的教授。

彭歌和江南都是司馬桑敦在台灣的朋友，他們的文章幫助我，也會讓讀者更好的認識司馬桑敦，故收集在此。

衛藤沈吉是最熟悉司馬桑敦的日本友人，藤田梨那和可越（司馬桑敦外孫女）在衛藤先生生前對他做過兩次採訪。〈訪問記〉篇幅較長，在此只能選收片斷。

謝謝各位作者，和我合作研究作家司馬桑敦，並和我共同懷念和紀念我的父親王光逖。

還要特別感謝傳記文學出版社成露茜社長對出版本書的大力支持，感謝編輯邱慶麟先生的辛勞審閱。

周勵　二〇〇八年九月於長春

國家圖書館出版品預行編目資料

回望故土：尋找與解讀司馬桑敦 / 周勵等著
-- 台北縣新店市：傳記文學，民98.12
面：公分. --（傳記系列：14）

ISBN 978 957 8506 71 8（平裝）

1. 王光逖 2. 學術思想 3. 文學評論 4. 台灣傳記

783.3886 98022532

傳記系列014

回望故土

——尋找與解讀司馬桑敦

著 者：周 勵 藤田梨那 趙 雨 可 越
出版者：傳記文學出版社股份有限公司
社 長：成露茜
特約編輯：李怡慧
封面設計：minutia 工作室
責任編輯：邱慶麟

地 址：231台北縣新店市復興路43號1樓
客服部電話：（02）8667-5461
編輯部電話：（02）8667-6489
傳 真：（02）8667-5476
e_mail：nice.book@msa.hinet.net；biogra-phies@umail.hinet.net
郵政劃撥：00036910・傳記文學出版社股份有限公司
登記證：局版臺業字第〇七一九號

總經銷：聯合發行股份有限公司
地 址：231台北縣新店市寶橋路235巷6弄6號4樓
電 話：（02）2917-8022
印 刷：世新大學出版中心

定 價：新台幣三百元
出版日期：中華民國九十八年十二月十五日